공황장애
극복의 길 위에서

공황장애 II 극복의 길 위에서

초판 1쇄 발행 2020년 12월 30일
　　4쇄 발행 2023년 07월 20일

지은이 제이콥 정
펴낸이 최영민
펴낸곳 북앤로드
인쇄 미래피앤피
주소 경기도 파주시 신촌2로 24
전화 031 - 8071 - 0088
팩스 031 - 942 - 8688
전자우편 pnpbook@naver.com
공황장애 완치 카페 http://cafe.naver.com/lovefaithjkc
등록일자 2015년 3월 27일
등록번호 제406 - 2015 - 31호

ⓒ 제이콥 정, 2020, Printed in Korea.

ISBN 979-11-91188-14-1 (03180)

공황장애
극복의 길 위에서

제이콥 정 지음

북앤로드

사랑믿음(제이콥 정)

2001년부터 2003년까지 극심한 공황장애, 광장 공포증, 우울증, 건강 염려증의 밑바닥을 경험함. 수많은 내과, 외과를 전전하고, 여러 정신과를 전전하였으나 별다른 호전을 보지 못하던 차에, 나름의 학습과 실행 노력, 인지적 습관 개선 노력을 통해 2003년 말쯤부터 공황장애를 근완치하였으며, 2004년을 거치면서 완치에 이름. 현재 필자는 어려운 처지의 공황장애 환우들을 돕기 위해 개설한 네이버 공황장애 완치 카페(http://cafe.naver.com/lovefaithjkc)에서 사역하고 있습니다.

이 책은 사랑믿음의 공황장애 완치 시리즈 제2편으로 공황장애 극복을 위해 환우들이 이해하고 깨닫고 실행해나가야 할 필수적인 것들을 담고 있습니다.

NAVER 공황장애 완치 카페

공황장애는 필자에게 정말 많은 것을 가르쳐 주었습니다.

공황장애는 극심한 병고가 무엇인지를 가르쳐 주었습니다.

공황장애는 몸을 자유롭게 움직이지 못하는 것이 얼마나 불편한지를 가르쳐 주었습니다.

공황장애는 아픔과 고통 속에서 헤어나오지 못하는 것이 어떤 느낌인지 가르쳐 주었습니다.

공황장애는 실망과 좌절과 우울의 차이를 가르쳐 주었습니다.

공황장애는 바깥에 나가는 것이 두렵고 무서워질 수 있다는 것도 가르쳐 주었습니다.

공황장애는 반전이 무엇인지도 가르쳐 주었습니다.

공황장애는 직면한다는 것과 직면을 행하는 법을 깨닫도록 가르쳐 주었습니다.

공황장애는 내면과 외면이 불일치된 결과 어떤 상태로 전락할 수 있는지를 가르쳐 주었습니다.

공황장애는 감사와 겸손의 소중함을 가르쳐 주었습니다.

공황장애는 모든 거창한 것을 다 초월하여, 그냥 잘 먹을 수 있고, 잘 소화되고, 그렇게 흡수된 자양분으로 내 몸을 잘 움직일 수 있다는 이 생명 현상이 얼마나 감사한 허락인지 그것을 깨닫도록 가르쳐 주었습니다.

한때는 적이었던 공황장애가 완치 후 이처럼 감사한 녀석이 될 줄은 꿈도 꾸지 못했습니다. 또한, 공황장애가 필자에게 새로운 길을 열어주어 이 병과 싸우는 기간 동안 기록한 내용들을 책으로 엮을 수 있는 소중한 기회를 얻었습니다.

책을 쓰는 행위는 그동안 필자의 생업과 전혀 상관없는 것이었기에, 그 과정은 결코 순탄하지 않았음도 고백합니다. 그러나 공황장애는 필자에게 끌려가는 삶이 아닌 주도하는 삶을 가르쳐 주었고, 걸어가기로 한 길을 침묵하며 걸어가는 법을 가르쳐 주었기에, 배운 그대로 묵묵히 제1편의 길을 잘 통과하여 이제 제2편의 길로 접어들었습니다.

필자의 삶 속에 이렇게 의미 있는 행위가 가능하도록 허락된 모든 병고의 경험과, 어려운 처지의 환우들에게 작은 도움을 드릴 수 있도록 허락된 모든 상황들에 진심으로 감사하는 마음입니다.

이해 작업은 악화되는 공황장애를 정지시키는 최고의 약입니다. 공황장애의 틀과 진행되는 흐름을 이해할수록, 공황장애의 악화 과정에 내가 무엇을 협조하여 더 악화시키고 있는지를 서서히 깨닫습니다. 공황장애는 조절할 수 없는 증상이 중심이 된 병으로 각종 책과 인터넷에 서술되어 있지만, 실제로 이 병을 서서히 이해해나갈수록 그 서술들은 대단히 지엽적인 줄기의 특징만을 적어놓은 것임을 깨닫게 됩니다.

필자는 제1편 〈극복의 시작〉에서 '공황장애에 대한 큰 틀의 이해'를 정리했습니다. 첫 번째 책을 접하고 공황장애의 큰 틀을 이해하면서, 어떤 환우들은 즉각적으로 자신의 '증상 악화가 멈췄다'는 기쁜 소식을 필자에게 메일이나 전화로 알려주기도 했습니다. 그 소식들을 들을 때마다 저의 과거 극복 과정에서의 기억들을 생생하게 떠올릴 수 있었기 때문에, 필자의 경험과 동일한 경험을 하는 그분들의 마음과 상황을 그대로 공감하며 느낄 수 있었고 또한 한없이 기쁜 마음이었습니다. 필자에게 기쁜 마음을 준 그 환우분들께 감사의 마음을 전해드립니다.

제1편은 '머리의 이해'를 위한 책이자 동시에 '인정과 자성'을 위한 책입니다. 1편에서 말하는 내용은 전혀 생소한 내용이 아니며, 필자가 한 명의 환자로서 경험한 것들과 그 속에서의 갈등과 고통을 동시에 곁들여 말씀드렸기 때문에, 1편을 접하신 많은 분들께서 가슴으로 공감하면서 공황장애의 틀을 이해하고 받아들이셨을 것입니다.

두 번째 책인 제2편은 제1편에 적지 못한 더 깊은 영역의 것들로, 이제부터는 '지식'이 아닌 '실행과 개선을 통한 체득'의 과정을 전달하게 됩니다.

실행하는 것과 이해하는 것은 서로 일직선 위에 놓여 있습니다. 그러나 실행 속에는 이해를 넘어선 '직면과 경험의 요소'가 더 강하게 녹아있습니다. 이해는 '표준적인 그 무엇'이지만, 실행은 사람마다 다른 상황과 미세한 습관이 강하게 작용하는 자기만의 실전 연습이요, 과정입니다. 즉, 나의 실행 과정과 똑같은 타인의 실행 과정이 함께 존재할 수 없음을 의미합니다.

내가 걸어가면서 느끼고 온몸과 가슴으로 부딪혀가야 하는 것이 바로 실행의 과정입니다. 그 실행의 과정을 올바르게 잘 해나가도록, 제2편에서는 실행 과정의 준비와 이행 그리고 그 과정에서 피할 수 없는 응급 시의 요령들까지 다루고 있습니다. 동시에 작은 요령만으로는 해결되지 않는 삶의 방향과 원칙도 다루고 있습니다.

사람마다 처한 상황은 다르고 환경도 다릅니다. 그러나 어떤 경우든지 공통된 원칙과 흐름이 있습니다. 공황장애를 앓고 경험해 보신 분이라면 누구나 그 공통된 원칙과 흐름을 고려하여 자신의 삶 속에 그것들이 긍정적으로 뿌리내리게 함으로써, 자신의 습관이 공황장애를 잘 견제해내는 데 긍정적으로 활용되도록 만들어가야 합니다.

혹자는 이런 습관의 개선 작업들은 "너무 근원적이라 골치 아프다"고 합니다. 그러나 골치 아픈 것들을 무작정 외면하고 유보해 두면, 결국 그것들은 나의 내재된 염려와 불안의 얽혀있는 실타래를 영원히 풀지 못하게 만드는 '악습'이라는 독약이 됩니다. 내 가슴속에 독약이 가득 출렁이고 있는데, 어찌 조절할 수 없는 불안이 나의 의식 위로 나타나지 않기를 바랄까요? 그야말로 가장 어리석은 기대요, 방치임을 유념해야 합니다. 그 독약이 줄어들지 않는다면 결국 공황장애는 수시로 재발하게 됨을 깨달아야 합니다.

노력의 과정은 세상과의 싸움이 아닙니다. 오로지 나 자신과의 싸움이며 자꾸만 멈추려는 '외적 게으름과의 싸움'이며, 동시에 번거롭고 귀찮아서 습관 개선의 과정을 대략 생략하고 넘어가고 싶어 하는 나 자신의 '내적 게으름과의 싸움'이기도 합니다.

한 가지 증상을 완전히 극복했다는 것은, 그 증상과 연계된 많은 내적인 것들을 함께 극복해냈음을 의미합니다. 반대로, 어떤 증상이 아직도 나에게 여전히 힘들고 고통스러워 이겨낼 자신이나 의욕이 없다는 것은, 결국 그 증상과 연결된 다양한 내적 문제와 부정적 습관들을 방치해 놓고 그 해결 노력을 실행에 옮길 의사가 없다는 것을 의미합니다.

방치한 것들은 결국 외면이요, 회피입니다. 외면되고 회피한 모든 것들은 앞으로 내게 염려와 긴장, 그리고 무기력과 우울로 나타날 것입니다.

따라서 제2편에서는 부득이 잔소리에 가까운 말씀을 드릴 수밖에 없으며, 머리 복잡한 내적 문제와 습관의 문제들도 언급하지 않을 수 없음을 미리 양해 구합니다. 그 습관의 문제들이 서로 오묘하게 결합하여 공황장애가 활성화되고 증상이 수시로 재발되도록 만드는 중요한 바탕으로 작용하기에, 그에 대한 진정한 돌파와 개선을 하는데 이 책이 큰 기여를 할 수 있기를 간절히 바랍니다.

이 책은 조절력을 쌓고, 그 쌓인 조절력을 오래 유지하고 발전시켜나가는 과정에서 필요한 몸과 마음의 자세를 지적하고, 나도 모르게 나태해지고 게을러지며 극복 과정을 쉽게 포기해버리는 심리적인 틈새를 예리하게 지적하고 교정하는 데 주안점을 두었습니다.

세상은 너무나 효율적이라서 그 효율이 나를 갉아먹기도 합니다. 나의 가슴은 효율적이지 않은데, 가슴을 제외한 나의 머리와 온몸을 모두 효율적으로 만들어야만 이 세상에서 성공하고 남에게 뒤떨어지지 않고 잘 살 수 있다고들 말합니다.

필자는 이 책을 그런 방식으로 세상에서 성공하는 요령이 아닌 가슴을 가장 원시적이고 원초적으로 되돌려서, 가장 비효율적이고 느려터진 방식으로 발간해나가기로 마음먹었습니다. 그렇게 비효율적으로 또다시 제1편과 제2편에 이어서 제3편을 향해 거북이처럼 느리고 성실하게 걸어갈 것입니다. 필자의 머리가 아닌 가슴으로 쓴 이 책이 아무쪼록 여러분들의 손 위에서, 여러분들의 가슴속으로 잘 공감되어 스며들어가길 바라며, 여러분들의 쾌유에 크게 쓰이는 도서가 되길 바라는 마음입니다.

| 차 례 |

제 1 장   극복의 지름길을 걷기 위해

제 4 장   극복 과정에서 가져야 할 분별력

제 5 장

극복을 위한 마음 조언

제 1 장

극복의 지름길을
걷기 위해

2002년 초, 아직도 한겨울 거센 바람이 살갗을 가를 만큼 거칠던 시간, 필자는 공황장애 극복을 위한 첫걸음을 떼었습니다. 지난 몇 달 간 필자를 진료한 수많은 내과 의사, 외과 의사, 정신과 의사들 그 누구도 필자에게 "몸을 직접 움직여 두려움과 공포를 직면하라."고 말해주지 않았습니다.

당시 필자는 정말 우매한 사람이었기에 이 병명이 공황장애인지도 모른 채 몇 개월 이상을 허비했고, 유명한 의사를 찾아 필자를 괴롭히던 증상 하나하나를 잘게 쪼개어 내보여주면서 그 증상들이 제각각 해결되길 기대했습니다. 마치 두더지 잡기 게임처럼 한 마리를 약으로 억제하면 새로운 두 마리가 머리를 내미는 양상으로 고통은 나날이 더 심해졌습니다.

나는 낫고 싶은데, 내 몸이 나의 의지와 상관없이 허물어져 가고 있다는 절망감. 나는 몸을 일으키고 펄쩍펄쩍 뛰어다니고 싶은데, 떨어진 기력과 심한 현기증, 메스꺼움으로 인해 불과 10분도 걸어 다닐 기력이 없는 상태. 그 어둡고 비참한 상황은 겪어 본 사람만이 알 것입니다. 하루에 먹어야 할 약은 한 주먹인데, 필자의 위장은 그 약을 소화하지 못할 정도로 약해져 있었습니다.

그 절망의 시간 속에서 결국 우울증이 찾아왔습니다. 자신이 우울증인지도 모른 채, 종일 멍하니 창밖을 바라보며 온통 회색의 뿌연 백지 상태로 그렇게 하루를 보냈습니다. 그러길 몇 주 후, 글로는 어떻게 표현할 방법이 없지만 찰나의 순간 필자의 머릿속에 '자기 노력'이라는 이미지가 스쳐갔습니다. '자기 노력을 하면 왠지 좋아질 수 있겠다' 싶은 기분.

지금은 기력이 쇠진하여 운동을 5분도 채 못할 것 같지만, 매일 차츰 늘려 간다면 언젠가는 10분이 될 것이고 서서히 체력이 늘어나면 음식도 조금씩 잘 먹을 수 있을 것 같다는 생각이 들었습니다. 그래서 시작했던 자기 노력의 원시적인 형태는 '5분 동안 움직이기'였습니다. 지금 생각하면 정말 실소를 금치 못할 단순한 노력이었지만, 당시 '5분 움직이기'를 위한 첫 발걸음은 필자에게 완치를 이루도록 하는 원동력이 되었음을 고백합니다.

물론, 자기 노력을 위한 어떤 참고나 정보도 쉽게 얻을 수 없었습니다. 당시 인터넷이나 필자가 다니던 병원의 의사들은 이 극복 노력에 대한 어떤 정보나 지침도 주지 못했던 것이 현실이었습니다.

필자는 당시 매서운 삭풍이 몰아치는 바깥을 나가기 위해 어떤 마음가짐을 가져야 하는지도 몰랐고, 그 노력 과정에서 나의 의지와 달리 강력한 예기 불안과 신체 증상을 영하 8도의 캄캄한 밤 공원 한복판에서 수없이 마주치게 될 것이라는 것도 사전에 예상치 못했습니다.

그 누구도 필자에게 노력 과정에서 조만간 부딪히게 될 어려움과 대처 요령을 미리 알려주지 않았기에, 필자는 그 현실들을 일일이 몸으로 겪고 부딪혀가며 조금씩 배워갈 수밖에 없었습니다.

이 책의 제1장에서는 극복 노력을 제대로 해나가기 위해 '미리 갖추고 정립해두어야 할 것'을 중심으로 서술합니다. 이 병을 극복하기 위해서는 앞으로 하는 모든 극복 노력의 맨 앞에 '올바르고 명료한 마음자세'가 바탕이 되어야 하기 때문입니다. 그 준비가 잘되어 있을수록, 그만큼 불필요한 절망과 회의가 나를 좌절시키지 못합니다.

공황장애 극복의 지름길은, 내가 걸어가야 할 길의 시간적 길이를 줄이는 것이 아니라, 그 길의 모습을 미리 잘 이해해둠으로써 나의 여정의 좌우에서 언제든 등장할 수 있는 몰인정한 허상들을 효율적이고 과감히 압도하여 내 발걸음의 속도를 그대로 잘 유지하는 것입니다.

제1장의 내용을 자신의 것으로 참고하고 올바른 극복 노력을 위하여 몸과 마음의 중심에 항상 두시기를 기원합니다.

노력의 목표는 조절력 습득

극복 노력의 목표는 '조절력'을 만들기 위함입니다.
극복 노력을 하면서 증상이 좋아지길 기대할수록
증상 변화만을 관찰하게 되므로 이를 피해야 합니다.

공황장애를 극복하기 위한 내 노력의 목표는 '조절력 습득'입니다. 결코 단기간의 노력을 통해 증상이 눈 녹듯 사라지는 것을 목표로 하지 마십시오. '조절력'이 생기면 몸에서의 느낌이 '부정적 염려'로 이어지지 않으며, 예기불안을 불러내지 않을 수 있습니다. 또한 '조절력'이 생기면 예기불안이 상상을 불러내는 현상을 미리 차단할 수 있고 그 결과 공황발작은 오지 않습니다.

조절력을 습득하려면 조절력 자체만이 노력의 목표가 되어야 합니다. 즉, 내가 조절력을 잘 배워가고 있는지, 유사시 조절력을 필요에 따라 발휘하여 잘 연습해 나가고 있는지 그 자체에만 모든 관심을 쏟아야 합니다. 내가 하는 모든 운동과 개선 노력은 그 '조절력을 익히기 위해서'임을 우선으로 삼아야 합니다.

공황장애가 무엇인지도 모르던 시절에 필자는 약만 잘 먹으면 공황장애가 낫는 줄 알았습니다. 약을 잘 먹고 잘 쉬면 자연스럽게 불편한 증상들이 모두 사라지는 것으로 알았습니다.

하지만 약으로만 효과를 본 증상은 약을 줄이면 다시 나타나는 것도 알게 되었습니다. 설사 약을 끊고 증상이 많이 좋아졌더라도, 그렇게 잠시 누그러진 증상에 들뜬 기분도 잠시일 뿐, 수시로 증상의 재발을 반복해가며 공황장애는 오히려 더 심화되었습니다.

반복되는 재발은 필자로 하여금 절망이라는 세계를 맛보게 해주었지만, 한편으로 '조절력'이라는 새로운 차원의 대안을 발견하도록 만드는 소중한 기회를 선물해 주었습니다.

조절력은 하나의 거대한 방벽입니다. 조절력은 내 몸 안에서 일어나는 어떤 증상도 며칠 이내에 제압하고, 더이상 다른 부정적 증세로 확대 파급되지 못하도록 나의 의지로 이를 차단할 수 있는 능력입니다. 이는 마치 강한 파도가 들이쳐도 항구를 안전하게 보호하여 위기를 막아주는 튼튼한 방파제의 역할과도 같습니다.

방파제가 높고 튼튼할수록 거대한 폭풍우가 몰려와도 안심하며 잠을 청할 수 있습니다. 안심하고 살고 싶다면 폭풍이 또 올까 염려하는 행위는 의미가 없으며, 오로지 나의 방파제를 높고 강력하게 쌓는 데 온 힘을 기울여야 합니다. 즉, 이 조절력을 강력하게 쌓는 것 자체에만 관심과 힘을 쏟고 그것만을 생각해야 합니다.

공황장애를 오래 겪고 있는 사람은, 항상 불쾌한 느낌이 나타날까 봐 염려의 촉각을 곤두세우고 그 느낌들이 행여 공황발작이 아닐까 비교하는데 모든 습관들이 특화되어 있습니다. 그런 분들은 방파제를 쌓는 것 따위에는 관심이 없고, 매사 오르내리는 증상 자체에만 오랫동안 관심을 유지해 왔기에 이러한 조절력은 결코 가질 수 없습니다.

조절력이라는 방파제를 높게 쌓을수록 두려운 것이 없어지고 불안으로부터 자유로워질 수 있습니다. 동시에, 나도 모르게 아주 자연스럽게 일평생 마음속에 상존해온 염려를 멈출 수 있게 됩니다.

모든 노력들이 '증상이 나타나지 않도록 하는 것'에만 관심을 두면, 그 관심은 매번 실망과 좌절에 부딪힙니다. 노력 과정에서는 누구에게나 불쾌한 증상들이 자신의 노력에도 불구하고 수시로 나타나기 때문입니다. 실망하는 습관에 길들여진 과거의 나는 작은 증상에도 극복 노력 해나가기를 회의하고 수시로 실망하고 절망하며 서서히 포기해 갑니다.

반면, 조절력을 높게 쌓는 것에 집중하고 있는 나는 사소한 증상의 재발에 큰 관심을 기울이지 않습니다. 방파제가 높아질수록 이런 증상이 방파제를 넘어 내 안으로 들이닥치지 못할 것을 알기에, 지금의 어려움을 훨씬 초연하게 견뎌내어 잘 인내할 수 있습니다.

조절력이 높아질수록 궁극의 목표들은 그 노력의 대가로서 자연스럽게 달성될 문제들입니다. 즉, 조절력을 높이는 것이 1순위입니다. 증상이 줄어들고 사라지는 것은 그 조절력이 높아진 것에 대한 부차적인 선물입니다. 이 두 가지 순서를 바꿔 혼동 속에 머물러 있는 한, 제대로 된 극복 노력을 유지하기 어렵다는 것을 우선 명심해야 합니다.

조절력은 언제든 멈추고 유지할 수 있는 능력

조절력은 증상을 없애는 능력이 아니라 '생각을 멈추고 노력을 유지하는 능력'입니다. 조절력은 나의 껍질이 힘들지라도, 나의 중심은 그대로 유지하는 능력입니다.

작은 느낌은 나의 의지와 상관없이 나타날 수 있습니다. 느낌이라는 본능 영역의 촉구로 발현되는 현상이기 때문입니다. 뇌의 본능 영역은 의지와는 상관없이 이런 느낌들을 끌어올릴 수 있고, 그에 대해 내면에서 작용하고 있는 원인은 바로 '불안'과 '우울'입니다.

내면에 깊게 각인된 불안과 우울은 앞으로 나의 노력에 의해 서서히 녹여내야 할 것들입니다. 하지만 본능 영역에서 일으킨 작은 느낌이 예기불안으로 커지는 단계부터는 철저하게 나의 생각이 그 원인이 됩니다. 나의 생각은 0.1초도 되지 않는 찰나의 순간에 그 느낌을 증상으로 간주하고 그에 대하여 비교 판단을 합니다. 이 단계에서 내가 하는 생각은 바로 '염려에 기초한 부정적 상상'입니다. 또한, 예기불안이 강렬한 공황발작으로 폭발하는데는, 그 사이에 역시나 나의 부정적 상상이 자리를 잡고 있습니다.

- 공황발작이 올지도 모른다는 부정적 상상
- 과거 내가 겪었던 그 증상이 올지 모른다는 부정적 상상
- 공황발작이 제대로 올 경우 '내가 어디로 피해야 하며', '누가 나를 도와줄까' 하는 부정적 상상
- 만의 하나 공황발작이 아니라 심장마비나 뇌졸중이 아닐까 하는 부정적 상상

이런 종류의 부정적 상상으로 구성된 나의 생각이 바로 예기불안과 공황발작 사이에 다리를 놓고 있음을 명심해야 합니다. 염려든 상상이든 모두 내 생각입니다. 내 생각을 언제든지 멈추는 강력한 능력, 그 능력이 바로 조절력의 첫 번째 절반입니다.

생각을 멈추는 노력들은 수많은 이해 그리고 단련과 재확인을 통해, '조건 반사'로 표현될 수 있는 일종의 습관으로 내 안에 구축됩니다. 수시로 치밀어 오르는 불쾌한 느낌과 증상에도 불구하고 나의 노력 중심이 바위처럼 흔들리지 않고, 이 노력의 추세를 굳게 밀어붙여 불쾌하게 고개를 쳐든 증상들을 내 발 아래 굴복시키

는 인내의 역량, 그것이 바로 조절력의 나머지 절반입니다.

공황장애 완치 카페에서 필자를 가장 고되게 만드는 환우의 유형이 있음을 고백(?)하자면, 자신은 "매일 열심히 노력하고 있음에도 왜 증상이 계속 나타나고 심해지나요?"라고 반복적으로 묻는 분들이 그 유형입니다. 물론, 그분들의 심정은 십분 마음을 다해 공감합니다. 저 또한 그 과정을 겪어 보았기 때문입니다. 그분들은 비록 다양한 처지와 증상에 시달리고 있을지라도, 그 속에는 명료한 공통점을 가지고 있습니다. 그 공통점은 바로 정지할 수 있는 능력에 관심이 없는 것입니다.

작은 느낌이 거대한 불안을 바로 끌어내는 것을 사전 차단하기 위해서 노력 과정에 몰입된 자신의 초점을 흩트리지 말아야 합니다. 신체 증상은 그 자체가 괴로움이기도 하지만, 내가 하는 모든 노력을 분산시키고 회의하도록 만들어갑니다. 또한, 작은 느낌을 예기불안으로 키워가는 그 자동화된 흐름을 나의 뇌 속에 하나의 기전으로 구축해갑니다. 따라서 언제든지 멈출 수 있는 능력을 배양하는 것이 바로 궁극적인 조절력을 쌓기 위한 가장 필수 전제조건 중 하나입니다.

매일 운동하고 노력함에도 불구하고 왜 이런 증상이 계속되는지 반복된 질문을 던지는 행위는 노력 초기에는 일종의 미숙함으로 이해될 수 있습니다. 그러나 장시간 지속되는 노력 과정에서 증상 변화가 주된 질문을 이루게 되면 그 자체만으로도 해당 환우가 앞으로 빠르게 호전되기 힘들 것이라는 점을 예측할 수 있습니다.

조절력은 아주 간단합니다. 부정적인 생각을 언제든지 내 의지대로 멈출 수 있고, 노력하는 나의 흐름을 그대로 유지하고 인내할 수 있도록 배워가고 연습해가는 능력입니다. 이 조절력이 확립되면 공황장애는 바로 위력을 잃습니다. 또한 공황장애로 파급된 모든 삶의 부정적 가지와 뿌리들도 녹아내리기 시작합니다.

말초적인 증상 경감을 기대하고 관찰할수록 노력의 효과는 더디게 나타나고 수시로 실망하게 됩니다. 반대로 조절력을 확립해가는 모든 과정과 보람 자체에 중심을 두고 언제든 정지할 수 있는 능력을 키워가는 것에 초점을 맞추면, 내가 하는 노력의 효과는 빠르게 나타난다는 것을 명심하십시오.

허세가 아닌 용기를 끌어내라

진정한 용기를 끌어내십시오.
외면을 강하게 보이기 위한 허세가 아닌 내면에 직면하고
밑바닥부터 강인함을 쌓아가기 위한 진정한 용기를 끌어내야 합니다.

공황장애를 이겨내기 위하여 이를 악물고 하루하루
를 버티는 생활. 그 상태를 '양호한 치유 과정'이라고 하기는 어렵
습니다. 치유 과정은 모종의 진전이 있어야 하고 환자 스스로 그
진전에 대하여 기쁨과 희망을 키워가야 비로소 좋은 치유 과정이
라고 표현할 수 있습니다.

공황장애 앞에서는 만인이 평등합니다. 아무리 돈을 써도 극복
하지 못하는 분은 평생을 안고 살아가며, 극복하는 분은 돈 한 푼
쓰지 않고도 훌륭하게 잘 극복합니다. 그만큼 공황장애 극복은 자
신의 의지에 달려있음을 가슴 깊이 새겨두어야 합니다.

공황장애 극복을 위해서는 스스로 주도해야 합니다. 다양하고
심한 증상 때문에 힘든 상황에 처한 환우가, 그 어려운 형세 속에
서 '주도권'을 서서히 회복해가는 모습을 보이는 경우가 있습니다.
그렇게 주도권을 회복해가는 분은 비용을 들이지 않고도 공황장
애를 치유하게 되며, 그렇지 못한 분은 아무리 발버둥 치고 큰 병

원을 돌아다니며 거금을 들여 병원 쇼핑을 해도, 결국 평생 공황장애에 끌려다니게 됩니다. 이는 예외가 없습니다.

세상에는 '중심을 깨달아야 낫는 병'이 있는데, 공황장애가 바로 그 전형에 속합니다. 혹자는 약만으로 이 병을 완치했다고 하지만, 그분들을 장시간 관찰해보면 결국 완치가 아닌 재발을 반복하는 경우가 대다수임을 부정할 수 없습니다. 약은 증상을 줄일 수는 있지만, 효과는 일시적이라서 결국 자신의 토양을 바꾸지는 못합니다. 이것은 비옥한 땅을 위해 끊임없이 퇴비를 주고 땅을 갈아엎는 노고를 감수하지 않고, 간단히 화학비료만으로 토질을 개선하려는 시도와 같습니다.

토질이 떨어지는 땅에서는 오로지 잡초만 자라며 그런 척박한 삶 위에서 행복이 느껴질 리 만무합니다. 이 비유를 교과서에 나오는 적당히 좋은 이야기로 가볍게 치부하는 이상, 공황장애 증상은 끊임없이 고개를 쳐들고 평생 나를 반복적으로 고통스럽게 만들어감을 명심해야 합니다. 행복감이 떨어질수록 재발 확률이 높아지기 때문입니다.

어린 시절 공갈빵을 처음 봤을 때 너무 신기했습니다. 공갈빵은 일견 굉장히 크고 하나만 먹어도 배가 부를 듯했습니다. 저렴한 값에 비해 신발주머니만큼 거대한 공갈빵은 그 자체만으로도 주목을 끌기 충분할 정도였습니다. 물론, 손가락으로 푹 찌르면 마치 풍선에 바람이 빠져나가듯 크기가 줄어들어 다 먹어도 전혀 배가 부르지 않았습니다. 즉, 공갈빵은 간식거리이며 주식은 될 수 없는 빵입니다.

허세는 바로 공갈빵과 다를 바 없습니다. 남들에게 허세를 부리면 자신의 부정적인 이미지를 강화하는데 그치겠지만, 자신에게 허세를 부리면 내면은 나를 신뢰하지 못하게 됩니다. 즉, 내면의 토양을 가장 척박하게 만드는 것이 바로 이 허세입니다.

아닌 척, 성실한 척, 노력하는 척, 생각이 깊은 척, 다 이해하고 아는 척, 다 겪고 경험한 척, 가진 척, 없는 척 등, 이런 허세는 국가 간의 전략에 써먹을 때나 칭송받을 수 있지, 자신에게 허세를 반복해서 사용하는 것은 결국 나의 내면이 더욱 황폐해지고 척박해져 아무것도 자랄 수 없게 만듭니다.

황폐해진 나의 내면, 그 토양의 근원적인 품질이 이미 떨어져 버린 나의 내면은 이 허약한 상태를 드러내지 않으려고 더욱 거창하게 부풀려진 허세들로 자신의 허약함을 감춥니다. 즉, 나의 외면은 그럴듯하게 화장하고 포장해가지만, 내면은 외면과 더욱 동떨어진 양자 간의 간격이 더 커져 서서히 겉과 속이 다른 사람이 되어갑니다.

허세는 단순히 '거짓말로 허풍을 떠는 사람'이라는 개념에 그치지 않습니다. 허세가 뿌리 깊게 내면화된 사람은 남에게 보이는 자기 자신, 남이 평가하는 자기 자신의 껍데기에 자신의 내면을 뒤늦게 끼워 맞추려고 노력합니다. 바로 그 과정에서 조급증이 생겨나고, 그 조급증은 쉽게 '염려'를 양산합니다. 뭔가를 하긴 해야 이 문제들을 감춰서 내가 더 편해지고 안전해질 것만 같은데, 바로 그 뭔가를 찾으려 노력해도, 나 자신에게서 그 노력을 잘해나갈 것이라는 진정한 확신이 들지 않습니다. 그 결과 바로 '병적인 염려'가 생겨납니다. 즉 무엇을 하든 염려로 하고, 무엇을 생각하든 염려로 생각하는 상태가 계속됩니다.

앞서 제1편 〈극복의 시작〉에서 말씀드렸듯이 염려는 불안의 주재료입니다. 불안이라는 요리는 염려를 주재료로 하여 여러 비슷한 종류의 조미료들을 섞어 만들어내는 마음의 현상입니다. 수시로 이 요리를 만들고, 이에 익숙해져 버린 나는 '어떤 요리를 만들어도 불안한 맛이 나는 요리'를 만듭니다. 즉, 삶 속에서 지금 하고 있는 모든 일이 염려스럽고 앞으로 어떤 일을 하려고 해도 마음속에는 염려가 떠오릅니다.

종일 염려와 불안이 나의 내면을 지배하고 있는 상태, 염려의 습관이 종일 나를 지배하는 이 상태에서 '공황장애'가 생겨나고 '불안장애'가 생겨납니다. 이 염려를 해결하지 않고는 공황장애를 깔끔하게 지울 수 없습니다.

내가 잘 노력하고 있다는 마음, 더 나아가 내가 잘 할 수 있다는 생각마저도 마음속에 떠오르지 않는 '당연히 그러한 상태', 바로 그 상태를 '용기'라고 합니다. 결과를 걱정하지 않고 묵묵히 지금 이 순간 매사 당연하고 자연스럽게 해나가는 것, 그 자세가 제대로 된 용기의 모습입니다.

수많은 공황장애 환자분들이 자기 노력이라는 장대한 여로에 첫발을 내딛기도 전에 주저합니다. 잘 할 수 있을지 없을지조차 판단하지 않고, "그런 노력을 해봤자 소용 있겠어?"라고 스스로 단념하고 합리화해 버립니다. 마치 허세에 가득한 공갈빵의 모양새처럼, 그런 분들의 허세에 대해 "그래서 약만 드시고 나으셨나요?"라고 물으면, 역시나 또 허세에 가득한 반응을 쏘아내기 일쑤입니다. "당신이 의사야?"

나의 토양을 근원적으로 개선해야만 제대로 나을 수 있는 병이 바로 공황장애임을 잘 알고 있음에도 불구하고, 지루하고 힘겨운 극복의 여정은 절대 사절인 분들에게 이 병은 쉽게 완치를 허락하지 않습니다. 먼저 허세를 버리고 용기를 끌어내야 합니다.

용기는 침묵 안에 있습니다. 긴말 없이 조용히 그리고 나의 껍데기가 아닌 내 안쪽에서 감지되는 염려와 불안의 흐름. 그 비정상적인 흐름들을 조용히 눈을 감고 관찰하면서 그 흐름들의 오류와 역류 현상을 올바르게 포착하고 즉시 정지하려는 노력. 바로 그 노력들을 시작하는 것이 이 질병을 극복하기 위한 중요한 덕목입니다.

필자 또한 공황장애의 밑바닥 시절 노력의 첫 발을 떼는 것이 너무나 힘들고 어려웠습니다. 아무런 의욕도 나지 않았고, 두려움에 압도되어 집 밖을 나간다는 것 자체가 두렵고 힘들었습니다. 침대에서 일어나자마자 온몸을 휘감는 현기증으로 몸을 일으킬 때마다 울렁거림과 함께 구역질이 솟구쳤습니다. 뒤늦게나마 이것이 공황장애임을 알게 되었으나, 아무리 약을 먹고 적응하려 해도 마음처럼 되지 않았습니다. 그럼에도 정신과 의사는 판에 박힌 듯 "약 드세요. 3주 뒤에 봅시다."만 반복했습니다. 당시 인터넷을 전부 뒤져도 이 병으로부터 깔끔히 나았다는 사람은 어디에서도 볼 수 없었습니다. 그 절망스럽고 힘든 시간들을 지금도 생생하게 기억하고 있습니다.

몸에 맞지 않은 약으로 인한 부작용에도 불구하고, 증상을 누르기 위해 억지로 약을 복용하였지만 도무지 개선되지 않는 그 신체 증상들과 불안. 온갖 검사와 치료를 받아도 시간이 흐를수록 필자의 고통과 우울이 심해져 감을 알면서도, 밀려있는 다음 차례의 환자들에만 신경 쓰는 의사와 간호사들. 그들은 필자에 대한 치료자로서의 주도권을 이미 잃어버린 상태였습니다.

필자를 진료하던 의사들은, 두려움과 절망의 무기력으로부터 벗어나기 위해 '몸을 일으키고 움직이라'는 권고를 하지 않았으며, 이 병으로부터 '벗어나는 방법'에 대하여 필자를 가르치려고도 하지 않았습니다. 그런 상황이 일정 시간 지속되면서 필자는 어느새 절망에 익숙해져 갔습니다. 계속 이런 식으로 흘러가면 결국 절망의 나락만이 나를 기다리고 있을 것임을 잘 알고 있었습니다.

필자는 결국 근원적인 고민을 시작했습니다. 몸에 맞지도 않는 약에 어떻게든 적응해보려 이런 식으로 줄다리기를 계속해나가는 것만이 과연 극복을 위한 유일한 방법인지, 정말 많은 회의와 고민을 하지 않을 수 없었습니다.

노력 초기에, 서둘러 나으려 발버둥 쳤던 '조급증'은 병을 이겨내는 데 도움이 되기는커녕, 오히려 증상이 나타날 때마다 매번 실망과 좌절을 재확인하는 계기만 될 뿐이었습니다. 조급하게 서두르니 염려가 커지고 염려를 반복하니 결국 남는 것은 불안뿐이었습니다. 불안 속에 오래 머물수록 절망은 더욱 커져, 우울증에 서서히 발목이 잡혀가는 자신을 발견할 수 있었습니다. 그런 힘든 상태로 이리저리 헤매면서 보낸 고민과 갈등의 시간, 그 시간 속에서 한참을 더 헤매고 난 후에서야 비로소 몸을 움직여 나가며 무엇인가 작은 계기를 만들어봐야겠다고 생각하게 됐습니다.

2001년 추운 겨울밤, 필자는 조용히 옷을 갈아입고 집 현관의 문고리를 돌려 차디찬 바깥 대기 속으로 나섰습니다. 문고리를 돌려 집 밖으로 나가야겠다는 그 간단한 행위까지 몇 주 넘게 고민을 거듭하고, "이대로 시름시름 앓다가 죽을 수 없다."라고 스스로에게 수없이 외쳤습니다.

지금 이 책에서는 그때를 불과 몇 줄의 문장으로 압축하여 기록하고 있지만, 힘든 밑바닥을 경험해보신 분들이라면 이 몇 줄 속에 가려진 절망과 고민의 시간들을 쉽게 공감할 수 있으리라 믿습니다.

바깥의 차가운 겨울 대기는 거대한 벽이었습니다. 또한 광장 공포증으로 인해 바깥은 이미 두렵고 무서운 세상이 되어버렸고, 예전에 필자가 매일 오가던 그 길들도 이미 나와는 상관이 없는 듯 느껴졌습니다. 하지만, 그 거대한 절망과 공포는 막상 밖으로 나서기 시작하면서부터 마치 공갈빵처럼 서서히 쪼그라들기 시작했습니다.

힘들고 두려웠지만 침묵 속에서 이끌어낸 용기, 굽은 허리와 무릎을 펴고 나의 내면 깊은 곳에 배수진을 쳤던 그 용기로 인해, 거대한 공포의 세계는 그날로부터 서서히 안개처럼 희미해져가기 시작했습니다. 이처럼 공황장애는 나 자신의 내면으로부터 진정한 용기를 끌어내는 작업에서부터 본격적인 극복이 시작됩니다.

내면의 용기는 끌어내서 사용할수록 특별하고 거창한 것이 아니라 '나의 당연한 일상'으로 변해갑니다. 하루하루 용기가 일상으로 변해갈수록, 그 용기의 상태가 '나의 당연한 모습'으로 발전해가게 됩니다. 즉, 불굴의 의지로 용기를 끌어낼 필요가 없고, 내 몸으로 직접 부딪히는 과정에서 느껴지는 모든 경험을 넘어선 체감들, 그 자체를 즐기면서 보람으로 느끼게 됩니다.

'용기 있는 상태'와 '용기 없는 상태'는 서로를 이해할 수 없는 강 건너에 마주 보고 존재하는 모습입니다. 용기를 끌어낸다는 것은 새로운 건너편의 '용기의 땅'으로 향하는 강을 건너가는 행위입니다.

이 병을 머리로 이해했다면, 이제 공갈빵처럼 가득 부풀려진 이 병의 실체와 맞서 이것이 얼마나 허상 덩어리인지를 직접 경험하고 체득해나갈 차례입니다. 공갈빵은 뜯어먹어 봐야 그 허상을 공감할 수 있습니다. 막상 뜯어먹기 시작하면 순식간에 그 허상이 드러나고 이후로는 웃음과 재미를 주는 간식거리 밖에 되지 못한다는 것을 명심하십시오.

직면하려는 노력에 발목을 붙잡고 늘어지는 여러 두려움과 공포, 부담감들은 곧 공황장애가 선수를 치는 안개 작전에 불과합니다. 그 안개는 허상이고 스스로 만들어낸 허세의 결과임을 유념하십시오. 나의 내면에 가득 찬 '염려가 만들어낸 안개 같은 허상'입니다.

◈ 깊게 들어가기 - 몰입과 용기, 인내

용기를 목적으로 두고 그 용기를 끌어내는 시도는 대부분 실패합니다. 인내도 그와 같아서 인내하기를 목표로 두고 매일 이를 악무는 끈기를 발휘하려 노력해도 그 인내를 오래 유지하는데 대부분 실패합니다. 물론 그 실패가 반복될수록 내가 나를 믿지 못하는 역설적인 상태에 빠지며 그만큼 내적 자존은 하락합니다.

이처럼 역설적 실패를 반복하는 이유는 목표를 맨 앞에 두었기 때문입니다. 용기와 인내는 그 자체가 목표가 될 수 없습니다. 다만, 중도에 진행되는 일련의 과정을 통해 결과적으로 용기와 인내를 덤으로 얻는 방식을 선택하는 것이 훨씬 더 성공 확률이 높음을 유념해야 합니다.

세계적 명화를 남긴 고흐. 그는 여러 어려움을 감당하여 궁핍과 장애가 강요하는 여러 한계를 관통할 수 있는 용기를 갖겠다고 결심한 적이 없습니다. 또한 인정받기에 충분한 큰 걸작을 그려낼 것이며 그때까지 아무리 힘들어도 인내하겠다고 다짐한 적도 없습니다.

고흐가 잘한 일은 그림을 그리는 그 자체, 그 과정에 깊이 '몰입'한 것입니다. 몰입을 하되 나를 쥐어짜서 초점과 집중력을 유지하는 방식의 인내가 주된 테마를 이루는 몰입이 아니라, 그저 자족,

즐거움, 보람이 주된 테마를 이루는 자발적이고 자연스러운 몰입을 한 것이 바로 고흐의 용기와 인내를 만들었습니다.

공황장애 극복 과정은 거의 예외 없이 매우 긴 시간이 소요됩니다. 그 시간 동안 우리는 정말 많은 부분을 감수하고 지불해야 합니다. 그럴 의지가 없거나 엄두가 나지 않는다면 그 사람은 결국 용기가 없는 셈입니다. 마찬가지로 그동안 고르고 품질 높게 그 노력을 유지하기 위해서는 인내 역시 내부로부터 끌어올려야 합니다. 그 인고의 시간에 첫발을 내딛도록 만드는 핵심적인 덕목은 용기가 아니라 '관심과 흥미'이며, 더 나아가 그 시간 동안 고른 노력의 항상성을 유지하도록 만드는 덕목은 인내가 아니라 '즐거움과 보람'입니다.

관심, 흥미를 느끼는 대상이자 그 추구 과정에서 즐거움과 보람으로 집중하려면 그 대상에 애정을 더해야 합니다. 공황장애 자체를 거추장스러워 당장 나로부터 떼어내겠다고 다짐할수록 '관심, 흥미, 즐거움, 보람'은 희미해져갑니다. 반대로 각종 증상들을 친근하게 여기고, 매 순간 최선을 다하면 결국 공황장애도 사라질 것이라는 희망의 꿈을 꿀수록 그 네 가지 요소는 배가 될 수 있습니다.

다른 말로 표현하면, 몰입은 곧 관심, 흥미, 즐거움, 보람이 극대화된 상태를 의미합니다. 매일하는 극복 노력을 이를 악물고 감수해야만 하는 쓰디쓴 약으로 인식할수록, 그 몰입도 요원해질 수밖에 없습니다.

공황장애 극복 과정에서 새롭게 재발견한 '몰입'의 역량은 이 병을 넘어 내 인생 전반에서 가장 결정적인 그 무엇을 해내도록 만드는 기반을 제공해 주기도 합니다. 이러한 좋은 미덕들을 이번 기회를 통해 풍부하게 배워나가시길 바랍니다. 돈을 주고도 내 것으로 만들기 어려운 그 미덕들을 바로 공황장애가 배울 기회를 제공해 주고 있는 셈입니다.

비워라

노력을 잘하기 위해 먼저 나를 비우십시오.
편하게 나으려는 마음, 빨리 호전되기를 바라는 조급한 기대를
내려놓고 오직 노력의 길을 걸어가는 것에만 몰입하십시오.

비운다 함은 말초적인 기대를 하지 않고 있는 상태이며, 조급하지 않은 상태입니다. 그리고 아무것도 상상하지 않는 상태입니다.

'약을 다시 먹기 시작했으니 공황이 금세 사라져 버릴 거야.', '며칠만 노력해도 곧바로 증상이 줄어들겠지.', '운동 도중에 증상이나 불안이 나타나지 않으면 소원이 없을 것 같아.' 이런 종류의 생각들은 모두 '말초적인 기대'에 불과합니다.

말초적인 기대를 하면 마음이 조급해집니다. 빨리 낫고 싶어 안달 나고, 노력의 효과를 곧바로 보거나 약효를 즉시 보려고 조급해집니다. 조급하면 내 생각은 활성되고 몸은 긴장하며 그 결과 불안을 더 쉽게 일으키는 상태를 불러옵니다. 조급해진 상태에서 내 몸은 균형을 잃고 갈망하는 어느 한쪽의 센서만을 잔뜩 켜둔 비정상적인 상태를 종일 유지하고 그 결과 몸의 증상은 더 심해집니다.

계속 노력해나가면서 마음속의 기대감은 긍정의 색깔을 바라보지만, 거듭 좌절과 공포를 경험한 나의 내면은 '원하는 것이 이뤄지지 않으면 어떡하지'라는 반대의 '부정적 상상'을 수행합니다.

'노력을 해도 좋아지지 않으면 어쩌지?'
'복식호흡과 이완을 해도 발작이 가라앉지 않으면 어쩌지?'
'운동 도중에 혹시 발작이나 강한 불안이 오면 어쩌지?'
'만의 하나 의사가 오진을 한 것이 아닐까?'

이 모든 생각이 바로 '부정적 상상'입니다. 아직 내게 일어나지 않았고 그런 경우가 실제로 생겨날 수 있는 확률이 매우 미미함에도 불구하고, 그 상상들에 내 몸과 기분의 상태를 더욱 절망적으로 맞춰가는 행위는 아주 심각하고 부정적인 습관이자 독약입니다.

이러한 부정적 상상을 멈추지 않는 한 호전은 없습니다. 부정적 상상은 결국 혹시 다가올지 모르는 부정적 상황에서 나의 내면이 받을 심리적 상처를 미리 합리화하고 그 충격을 완화해보려는 나의 얄팍한 방어기제의 일부라는 것을 간파해야 합니다.

극복 노력을 하기 전부터 미리 자신을 비워두십시오. 필자는 노력 초기, 바로 이 '비우기' 없이 노력을 시작한 나머지, 너무나 큰 대가를 치루고 시간을 비용으로 지불한 경험이 지금도 기억에 생생합니다. 필자의 마음속에는 조금도 불편을 겪고 싶지 않은 마음이 가득했습니다. 바닥까지 떨어진 기력으로 인해 조금만 움직여도 숨이 가빠지고 머릿속이 아득해지는 느낌이 몰려왔고 그런 증상이 두려워서 하던 운동도 멈추기 일쑤였습니다. 신체 증상이 강하게 느껴져서 크게 실망하고 좌절한 후부터는, 다음날 운동을 하기 위해 집 밖으로 나가는 행위 자체가 엄청난 부담이 되었고, 운동할 시간이 되기 전까지 몸은 이전보다 더 천근만근 무거워지고 우울감이 온몸을 압도했습니다.

노력 과정에서도 당연히 증상은 나타났으며, 움직인 효과보다 몸으로 느끼는 불쾌한 증상의 강도가 더 심한 경우도 많았습니다.

극복 노력을 더 이상 진행하지 못하는 대부분의 환우들은 이런 불편이 노력 과정에서 느껴지는 것 자체를 경험하고 싶지 않기 때문에, 도중에 증상을 경험하고 나면 곧바로 노력 행위 자체를 포기해버리는 경우가 흔합니다. 필자 또한 직접 겪었기에 그 상황과 심정을 잘 공감하고 있습니다.

공황장애를 극복하기 위해 피땀 흘리며 노력하는 과정에서는 보람 뿐 아니라 불쾌한 증상들과도 마주하게 됩니다. 또한, 내 의지와는 달리 강한 증상 재발도 겪게 될 것입니다. 심지어, 예기치 못한 상황에서 오랜만에 강렬한 예기불안과도 마주할 수 있습니다. 손가락 하나 까딱하지 못할 정도로 몸살 기운이 등장하거나 밥을 삼키지 못할 정도로 목 이물감이 갑자기 찾아올 수도 있습니다. 이런 모든 종류의 부정적인 시나리오가 내게 닥치지 않기를 염원하고 기대하지 마십시오. 기대하고 염원하면 반드시 실망과 좌절이 나를 기다리고 있을 것입니다. 미리 실망하고 좌절해둔다고 이러한 부정적 시나리오가 내게 덜 나타나는 것이 아니므로, 그러한 기대 자체를 포기하십시오.

비운다 함은 "…했으면 좋겠어!"라는 욕심과 "…하면 어쩌지?"라는 염려마저 멈춘 상태입니다. 눈을 지그시 감고, 모든 욕심과 집착을 끊고 비우십시오. 고통과 힘든 과정이 알아서 나를 피해 가기를 바라는 허무맹랑한 시나리오를 멋대로 설정해두고, 그에 부합되지 않을 경우 언제든지 실망하고 좌절하는 어이없는 자신이 되지 마십시오.

세상 그 어떤 노력도 "마음을 비우고 해야 한다."라고 고대 현인들은 조언합니다. 공황장애의 극복 노력 또한 비울수록 실망과 좌절을 덜 느낄 수 있습니다. 미리부터 마음을 잘 비워두어야 극복 노력도 잘해나갈 수 있습니다. 비우기가 마음속 깊은 곳까지 긍정적으로 뿌리내릴 때, 욕심과 집착도 서서히 가벼워지면서 이 노력 과정을 넘어 내 삶에서 등장하는 온갖 스트레스까지 확고하게 줄여주는 아주 좋은 영향력을 발휘하게 될 것입니다.

상상을 멈춰라

상상하면 염려가 시작됩니다. 노력 과정에서 하는 대부분의 상상은 부정적으로 흐르는 것을 명심하십시오. 부정적 상상을 시작하는 나 자신에게 "멈춰!"라고 강하게 명령하십시오.

보이는 것은 증거가 되지만 보이지 않는 것은 증거가 될 수 없습니다. 증거 없이 믿지 않는 것은 과학적인 자세이긴 하지만, 뇌가 흘러가는 현상은 결코 증거에 입각하지 않을뿐더러 다른 한편으로는 대단히 비과학적입니다.

우리는 시각을 선호합니다. 후각과 청각도 결국 시각을 뒷받침하는 보조 수단으로 활용됩니다. 시각적으로 해석된 기회와 위험, 아름다움과 추함에 조건반사적으로 몸과 기분을 움직여 대응합니다. 우리의 말초신경들은 시각, 청각, 후각, 촉각에 해당되는 세상의 정보들을 뇌에 전송하고, 뇌는 기존 경험된 정보와 본능을 참고하여 결과를 연산합니다. 다만, 뇌의 반응은 때론 매우 비과학적일 뿐 아니라, 정확한 증거 없이도 꽤 많은 상상을 동원하여 '지레짐작'을 수행하는 습성을 보이는 것이 항상 문제가 됩니다. 이러한 '지레짐작'을 쉽게 '상상'이라 표현할 수 있습니다.

뇌는 주어진 정보가 적을수록 더 많은 '상상'을 동원합니다. 또한, 그 상상의 동원 과정은 결코 논리적이지 않아서 부분적 단서만으로도 방대한 결론을 최단 시간 내에 직관적으로 끌어냅니다.

필자가 첫 공황발작을 경험한 것은 병원에서 통증 주사를 맞은 직후 강렬한 호흡곤란과 심계항진(두근거리는 증상)을 겪은 사건 때문이었습니다.

당시 필자는 갑자기 강렬한 불편이 전신에서 느껴지자마자, 곧바로 '심장마비', '약물 쇼크'라는 이미지를 머릿속에 떠올렸습니다. 그 이미지가 폭발적으로 거대해지면서 뒤이어 '죽음'이라는 이미지를 조건반사적으로 떠올렸습니다. 이는 마치 아기가 심하게 놀란 뒤에 경기를 자주 일으키듯, 필자의 뇌는 그 순간을 강렬하게 기억하고 마치 크게 놀란 아기처럼 수시로 무의식적이고 조건 반사적인 예기불안과 신체 증상을 반복했습니다.

첫 공황발작 이후 공황장애로 깊어져가는 단계에서는 그러한 '상상'이 자주 동원됩니다. 몸에서 느껴지는 증상들을 기초로 뇌는 더 많은 상상을 하면서 부정적 상상력을 더욱 폭발적으로 키워갑니다. 뇌는 조금만 두근거려도 심장마비와 부정맥을 떠올리고, 조금만 어지러워도 뇌졸중을 떠올립니다. 이러한 상상은 횟수를 더해갈수록, 최악의 상황에서나 고려해볼 만한 치명적 질병의 이름들을 합리적인 증거 수집 단계를 생략하고 거침없이 빠르게 떠올립니다.

영화를 많이 보는 아이보다 책을 많이 읽은 아이들은 상상력이 더 풍부합니다. 화면 스크린에서 펼쳐지는 생생한 장면과 웅장한 소리는 아주 강렬하고 구체적인 자극이기 때문에, 뇌에서는 오로지 '촉각'과 '기분'만 추가 생산해내면 아주 그럴듯한 현실감을 맛볼 수 있습니다. 반면, 글자만 나열되어 있는 책을 읽으면, 아이는 시각, 청각, 후각, 촉각, 미각까지 모든 오감에 추가로 기분이라고 부르는 육감까지 떠올려 생생한 현실감을 맛보게 됩니다. 이런 연유로 뇌의 전 영역을 고루 사용하기 위해서는 독서가 TV 시청보다 훨씬 더 뇌의 능력을 기르기 좋은 방법입니다.

공황발작과 불안의 신체 증상들은 바로 어린아이의 독서처럼 몇 가지 작은 느낌으로도 수많은 상상을 골고루 동원해가며 정말로 내가 그 치명적인 병들을 앓고 있기라도 하듯이, 나를 직접 아프게도 만들고 기력을 고갈시킬 수도 있습니다.

또한 공황장애 환자들이 흔히 경험하는 '광장 공포증'은 '상상의 극치'를 보여줍니다. 실제로 위험할 것이 없는데도, 뇌는 교통수단을 이용하거나 외출할 때마다 최악의 경우를 떠올리고 신체에 여러 불편함을 유발시킵니다. 그 결과 바깥 외출이 어려워지고 결국 삶의 질이 크게 떨어지면서, 이 병의 맨 밑바닥인 우울증의 세계에 발을 들여놓게 됩니다. 모든 것은 결국 나의 '상상'이 빚어낸 결과물들입니다.

공황장애 극복 노력에서는 앞서의 '용기'에 더하여, '상상 멈추기'가 필수적인 역량이며, 미덕이라는 것을 기억해야 합니다.

상상은 창조에 사용할 때 너무나 효율적인 도구입니다. 상상이 잘 연습되고 매사 일상에 뿌리를 내린 사람은 삶 자체가 지루하지 않습니다. 매일 보아온 것들이 새롭게 보이고 매일 먹어온 음식도 새롭습니다. 심지어 상상을 더 특별하게 발휘하는 사람은 예술, 문학, 비즈니스까지 다양한 부문에서 뛰어난 업적을 이룰 수 있습니다. 하지만 이 병을 마주함에 있어서 우리는 긍정적인 상상에 게으르기 그지없고, 반대로 '위험'을 내포한 부정적인 상상에 매우 뛰어나고 성실합니다.

공황장애를 앓는 환자분들의 대다수는 자신의 예민함을 인정합니다. 설사 외적으로 무딘 성격이라는 소리를 들어온 분일지라도, 실제로 자신의 내면이 얼마나 연약하고 흔들리며 상처받는지를 쉽게 인정합니다. 자고로 예민할수록 방어에 적극적이 되고 더욱 잘 방어하기 위해서 끊임없는 염려를 합니다. 그러한 염려가 반복될수록 부정적 상상이 강화되며, 나도 모르게 부정적인 상상 능력이 훈련되어 하나의 큰 습관을 이뤄갑니다.

따라서 일상에서 조금이라도 나에게 불이익이 예상되거나 위험 또는 불편이 예견되는 상황에서, 언제나 필요 이상의 강렬한 부정적 상상을 통해 미래를 염려하고 살아가는 모습을 보입니다. 이렇게 염려가 생활화된 사람에게는 항상 마음의 평화란 있을 수 없고, 세상은 기회와 행복을 이뤄나가는 곳이 아닌 끊임없이 나를 피곤하게 만들고 위협하게 만드는 억세고 힘든 삼차원 공간으로 느껴지게 됩니다.

또한 예민한 분은 공황장애 극복의 모든 노력들을 실행하기 직전 매 순간마다, 특유의 예민함에 기초한 부정적인 상상을 합니다. 운동을 시작하기 전부터 가슴이 두근거리는 '염려의 상상'을 먼저 떠올립니다. 심지어 '염려의 상상'이 뛰어난 분일수록 '조깅하다가 쓰러지면 어쩌지?' 내지는 '쓰러지면 누가 날 도와줄 수 있을까?' 등, 마치 영화처럼 자세하고 생생한 가상 시나리오를 떠올리며, 그것들이 현실화될까 봐 우려하면서 자신의 상태 변화를 감시합니다. 부정적 상상력이 이 정도에 이르면, 이 병을 이겨내기 위한 자기 노력의 시도마저 어려워지는 경우를 흔히 볼 수 있습니다.

부정적 상상 또한 훈련과 연습의 결과입니다. 마치 어린아이가 독서를 통해 상상력을 개발해가듯, 공황장애 이전부터 또는 최초 시작점부터 수행해온 부정적인 상상 훈련은 자신을 더욱 '치유 노력이 불가능한 상태'로 만들 수도 있습니다. 또한 수시로 걱정하고 염려하면서 나의 치유 과정이 제대로 진행되지 않을까 조바심을 내며, 종일 자신의 상태 추이를 부정적 상상을 토대로 관찰하기도 합니다.

제1편 〈극복의 시작〉에서 이해한 공황장애 극복의 노력들을 몸으로 실행해나가되, 반드시 '부정적 상상은 모조리 멈춘다!'고 강하게 마음먹어야 합니다. 스스로 부정적 상상을 떠올리는지 잘 지켜보다가, 정말로 부정적 상상을 시작하고 있음이 감지되면, 즉시 자신에게 강력하게 외치십시오.

"멈춰!" 이 외침이 나의 내면에 수만 번 충격을 가할수록 부정적 상상은 정말로 서서히 내 의지대로 멈출 수 있게 됩니다.

부정적 상상만을 골라 멈출 수 있게 해주는 약은 세상에 없습니다. 오로지 자신에게 충격을 가하는 이 강렬한 외침만이, 고질적인 부정적 상상을 멈출 수 있도록 해준다는 것을 가슴 깊이 뿌리박고 그렇게 해나가십시오. 상상을 멈추십시오. 상상은 긍정적이고 행복한 것들에서만 사용하면 족합니다.

◈ 깊게 들어가기 – 뇌의 '기준 상상'

긍정적인 사람은 매사 부정적인 사람을 잘 이해하지 못합니다. 또한 긍정적인 사람은 어떤 상황에 부닥치건 부정적인 생각보다는 긍정적인 생각을 더 잘 떠올립니다. 이러한 경향을 위해 자신의 생각을 긍정적으로 흐르게 만들려는 인위적인 노력은 필요하지 않습니다. 매우 자연스럽게 그러한 긍정적인 생각을 하기 때문입니다.

뇌에는 많은 기준들이 존재합니다. 외부로부터의 자극을 인지하면, 그 자극에 대한 반응을 결정하기 위한 처리 과정을 기존 보유한 기준, 틀 내에서 처리하려 합니다. 즉, 기준이 긍정 쪽으로 쏠려 있으면 그 사람은 본인이 애를 써도 부정적인 기준에 맞춰 반응을 연산하기 어렵고, 반대로 부정 기준 쪽으로 쏠려있다면 역시 긍정적인 반응을 연산해내기가 쉽지 않습니다. 이는 마치 일종의 습관처럼 오랜 시간 그렇게 기준이 굳어진 것으로 이해하면 됩니다.

뇌에는 '기준 체중'이라는 것이 존재합니다. 뇌가 나의 몸무게의 기준을 이미 결정해 두고 있다는 뜻으로, 그 기준 체중이 한번 고정되면 이후 음식을 많이 먹어도 체중이 늘었다가 다시 쉽게 줄어들어, 결국 원래의 기준 체중으로 수월하게 복귀할 수 있습니다. 반면, 장기간 지속적인 식습관 왜곡으로 인해 뇌의 기준 체중이 변화해서 그 수위가 높아지면, 아무리 다이어트를 하고 밥을 줄여 먹어도 체중을 줄이기가 어지간해서는 쉽지 않습니다.

뇌는 이런 방식으로 기준들을 활용하고, 비록 우리 눈으로 볼 수 없지만 수많은 기준들이 복잡하게 얽혀 우리의 인지, 행동 습관들이 움직여 나가는 폭과 범위를 규제하고 있습니다.

상상은 곧 고도의 사고 행위로서, 이 또한 뇌에서는 기준 상상을 보유하고 있습니다. 비교적 오랜 시간 수행하는 상상도 있지만, 위급하거나 위협을 느낀 그 순간 단시간 동안 수행하는 강렬한 상상도 있습니다. 이 중 후자의 단시간 상상에서는 가상 시나리오를 추론하는 사고 행위에 '염려'라는 특징적인 조미료를 함께 추가하여, 그 단시간 상상이 곧 '재앙 사고' 또는 '재앙 이미지'를 끌어냅니다.

공황장애 환우들은 예상하지 못한 순간 몸에서 강렬한 느낌을 느꼈을 때, 순간적으로 단시간 상상을 수행합니다. 워낙 짧은 시간에 이뤄지는 상상이기에 특정한 문장으로 그 상상을 진술하기가 어려울 정도로, 마치 사진의 한 컷과 같은 순간 이미지를 떠올리게 됩니다. 그 처리 시간이 매우 짧아서 이성적인 견제가 거의 이뤄질 수 없기에, 내면에 준비된 '기준 상상'이 가장 우선적으로 그 상상의 방향에 영향을 주어 매우 파국적이거나 재앙적인 상상을 끌어올립니다.

주어진 시간이 길면 우리의 의식 영역이 많은 부분에 관여하여 그 상상의 방향과 내용을 다듬을 여유가 있지만, 주어진 시간이 짧고 상황이 급박하다고 여기면 의식 영역은 그 연산 과정에 거의 개입할 여지를 허락받지 못합니다. 그 결과 강렬한 느낌을 거대한 재앙, 파멸의 상상을 통해 '심장마비, 급사, 뇌졸중' 등 최악의 이미지를 상상해냅니다.

이러한 기준 상상은 당연히 단시간 내의 의지로 바꾸기가 쉽지 않습니다. 마치 살을 빼려고 단시간 노력한다고 해서 쉽게 기준 체중을 바꾸기 어려운 것처럼 기준 상상의 수정은 매우 장시간 거듭 반복하는 과정이 필수입니다. 그 과정에 나의 공감, 정성을 실을수록 과정을 더 줄이는 경향이 강해집니다. 꾸준한 극복 노력이 장시간 유지되어야 하는 이유가 바로 기준 상상과 같은 여러 바탕 요소들을 좋게 개선해 나가야 하기 때문입니다.

멈추면 당한다. 움직여라!

몸은 항상 끊임없이 움직여야 합니다. 마음속의 두려움과 염려가
새로운 변화를 멈추도록 강요한다는 것을 명심해야 합니다.
새로운 습관들로 진화해가는 데 주저함이 없는 내가 되어야 합니다.

외적으로는 변화를 추구하지만, 내적으로는 보수적인 부류, 필자는 바로 그 부류에 속했습니다. 남들이 필자를 바라보면 별문제 없이 아주 잘 살아가는 듯 보였겠지만, 실제로 공황장애 이전 필자의 내면은 변화해가는 상황을 언제나 근심하며 살았음을 고백하지 않을 수 없습니다.

변화를 두려워하는 것은 결국 예측 불가능한 상황에 놓이기를 싫어하고 거부하는 마음으로, 내적인 두려움과 염려가 가득 찬 상태입니다. 이는 내면에서 모든 움직임을 멈추고 현재에 고착되길 희망하고 있음을 의미합니다. 문제는 모든 상황이 안정된 상황에서라면 이 '고착'이 '안주'가 될 수 있지만, 상황이 좋지 않을수록 이러한 고착은 쉽게 '회피'로 변질되는 점을 유의해야 합니다.

거대한 앞니를 자랑하던 수만 년 전 멸종한 호랑이. 1미터를 넘는 거대한 이빨을 가진 물고기. 그 거대한 화석의 주인이 세상에서 사라지게 된 이유는 그들보다 더 강한 앞니와 이빨을 가진 다른 경쟁자에 의해 멸종한 것이 아니라, 환경에 적응하지 못한 자기 자신의 문제 때문이었습니다. 상어와 악어는 수천만 년 전부터 생존해 왔지만, 그보다 더 거대하고 강했던 공룡들은 이미 모두 멸종되어 이 세상에 화석으로밖에 남아있지 않습니다.

변화하지 않으면 멸종하는 것은 자연의 섭리이고 그 섭리에 예외는 없습니다. 우리의 마음도 역시 그 섭리를 따릅니다. 변화는 곧 적응입니다. 내가 가만히 앉아서 '고착'되어 '회피'를 하면 병이 생기게 되고, 그 병은 절대로 극복할 수 없습니다.

변화의 중요성은 누차 강조해도 부족합니다. 거창한 고생물학적 예를 들지 않더라도, 이 병을 극복해나가는 과정에서 우리는 변화를 거부하려는 내 모습을 쉽게 발견하게 될 것입니다.

가슴 두근거림을 해소하려면 차근차근 늘려가는 운동을 통해 그 두근거림에 익숙해지도록 변화해야 함을 알면서도, 그 노력의 과정에서 겪어야 할 수많은 불편을 회피하려 합니다. 설사 그 두려움을 무릅쓰고 노력을 시작하더라도, 운동 중에 느껴지는 두근거림을 예민하게 관찰하고 두려워하다가 결국 운동을 길게 유지하지 못하고 회피하며 멈추는 모습은 아주 흔합니다. 여기에서 회피는 결국 위의 거대한 종들이 멸종되었던 원인인 '고착'과 다를 바 없습니다. 움직여 변화하지 않으면 포식자의 먹이가 되는 자연의 섭리대로, 공황장애를 극복해나가는 우리의 자세 또한 마찬가지입니다. 내가 변화를 두려워할수록 새로운 것에 적응하지 못하고, 결국 공황장애라는 거대한 포식자의 먹이로 전락해가는 것입니다.

변화는 새로움입니다. 하루하루 작은 노력을 꾸준히 쌓아 '새로운 내가 되어가겠다'는 마음이 공황장애 극복 과정에서 가장 중요한 마음가짐입니다.

예전의 내 몸
예전의 내 기분

공황 이전의 상태 그대로 돌아가길 염원한다면 그것은 변화가 아닙니다. 그러한 변화는 과거 악습으로의 복귀를 향해 달려가는 것과 다를 바 없습니다. 예전의 악습으로 돌아간다면 결국 이 병에 또 걸리게 될 것이기 때문입니다.

새롭게 형성된 개선된 습관을 자신에게 쌓아나가야 합니다. 또한 외부의 변화를 무작정 스트레스로 간주하는 습관도 고쳐나가야 합니다. 새로운 것에 적응하는 것, 그게 바로 진화이고 진화에 성공해야 더 잘 생존할 수 있습니다.

공황장애 완치 시리즈 제1편에서는 "힘들수록 움직이라."고 말씀드렸습니다. 힘들면 멈춰야 하고 그렇게 멈춰야만 휴식하는 것이라는 생각이 기존의 상식이었지만, 공황장애 극복 노력 과정에서는 절대 멈춰 서지 말아야 합니다.

가능한 종일 느리고 꾸준하게 움직이는 패턴을 잘 유지하는 것이 중요한 역량입니다. 이전에는 1시간만 움직여도 힘들었다면, 2시간, 3시간을 움직여도 힘이 덜 드는 요령을 습관으로 익혀 나가야 합니다.

우리가 마음과 기분을 움직임에 얹을 때 더한 아름다움을 만들어 낼 수 있지만, 이는 예술에서의 경지이지 결코 이 병을 이겨내야 하는 우리에게는 그리 유효하지 않습니다.

계속 움직이기 위해서는 마음과 기분을 정지하고 기력을 아껴 소모되는 에너지를 줄이는 요령까지 익혀나가야 합니다.

움직이되 마음을 싣지 않는 요령
생각하되 고민을 싣지 않는 요령
일을 하되 염려하지 않는 요령
노력하되 집착하지 않는 요령
열망하고 추구하되 조급해하지 않는 요령

이 요령들을 가만히 머릿속에 떠올려 보십시오. 움직이고 변화하되 과도한 에너지를 소모하지 않는 요령들입니다. 이러한 모든 요령들을 막상 실행에 옮기려 하면 스스로에게 꽤나 생소하고 새로운 것들임을 실감하게 될 것입니다. 그러나 오랜 노력을 통해 이 새로운 요령들에 익숙해져 갈수록, 종일 움직여도 전처럼 지치지 않고 노력을 지속해도 지루하지 않으며, 나아가 순간의 신체 증상을 느껴도 움직임을 멈추지 않고 굳게 변함없이 움직여갈 수 있습니다.

움직이되 움직여야 할 '핵심'에만 몰입하면 나머지는 휴식이 가능하다는 것을 깨달아야 합니다. 그 결과 우리는 움직임을 멈추지 않는 법을 제대로 익힐 수 있습니다.

이 새로운 움직이는 요령에 익숙해져서 나의 습관이 될 때까지 모든 노력을 멈추지 말아야 합니다. 내가 서 있는 여기가 전쟁터라면, 움직이지 않고 멈추는 즉시 몇 분도 되지 않아 적의 포탄이 내 머리 위에 우박처럼 떨어질 것입니다. 하물며, 이 병 또한 내가 멈추는 즉시 내 마음속에 염려와 잡념이라는 포탄들을 우박처럼 쏟아낼 것입니다.

멈추지 말고 꾸준히 기력을 아끼고, 종일 유지하면서 움직이는 노하우를 체득해 가십시오. 내가 멈추면 결국 이 병에 당합니다. 그러나 새로운 요령에 익숙해져 갈수록 나는 지치지 않고, 극복의 모든 과정은 물 흐르듯 잘 진행될 것입니다.

한 번에 하나씩

극복 노력을 시작하면서 모든 증상이 동시에 좋아지길
바라지 마십시오. 증상은 한 번에 하나씩 천천히 좋아집니다.
여러 증상이 나를 괴롭혀도, 좋아져가는 그것에 보람을 찾으십시오.

뭉뚱그려진 것은 해결될 수 없습니다. 노력해가는 과
정에서 우리는 흔히 모든 것을 뭉뚱그려 해결하려 하지만, 엉킨
실을 풀려면 한 번에 한 가닥씩 풀어야 합니다. 공황장애에서 유
발되는 모든 신체 증상들은 모두 이런 방식으로 하나씩 해소되어
갑니다.

수시로 내가 조급해져 불편함을 한꺼번에 해소하려는 욕심이 생
겨나면, 그 즉시 새로운 증상이 다시 등장하여 기존에 해소된 증
상을 대체하는 제자리걸음을 반복합니다.

필자도 이러한 제자리걸음을 수없이 반복했습니다. 두근거림과
어지러움, 호흡 불편 등. 이 노력을 시작하면서 모든 증상들이 쉽
고 빠르게 해소되어가길 필자도 모르는 사이 욕심을 부렸습니다.

매일 수 킬로미터를 걷고 또 걸었더니 두근거림은 천천히 좋아
져갔지만, 찬 겨울바람으로 인해 어지러움과 호흡 불편이 강도 높

게 더 기승을 부렸습니다. 두근거림이 약해진 기쁨도 잠시, 여전히 요지부동으로 조금도 강도가 낮아지지 않는 어지러움과 호흡 불편이 필자의 신경을 더 거슬렸고, 해소된 두근거림의 성취감은 안중에도 없이, 어지러움과 호흡 불편이 왜 강해지는지 그 높낮이의 변화에 집중하게 되었습니다. 그렇게 집중하고 관찰할수록 증상은 더욱 힘들게 느껴졌고, 심지어 '이 노력이 과연 나를 낮게 할 수 있을까' 하는 의심과 조바심이 필자를 무기력하게 만들기도 했습니다.

이 같은 상황을 수개월 겪으면서 비로소 필자는 다른 증상들의 변화들보다 줄어든 한 가지의 증상, 즉 다소 줄어든 두근거림이 내게 더 의미가 있다는 것을 깨달았습니다.

그리고 다음 차례로 호흡 불편을 해결하기 위해 강도 높은 등산을 시작했습니다. 등산해보신 분들은 잘 공감하겠지만, 가장 힘든 지점에 도달하기 직전은 정말 당장이라도 이 짓을 그만두고 싶을 정도로 극심한 호흡 곤란과 불안이 함께 치솟아 올랐고 광장 공포는 더욱 기승을 떨쳤습니다. 겨울 매서운 추위의 눈 쌓인 산에서 내가 혹시나 쓰러져서 구조되지 못할까 봐 섣부른 상상과 염려로 매일 갈등하며 그렇게 산을 오르고 또 올랐습니다. 그렇게 꾸준히 부딪혀 노력한 결과 그 대가로 서서히 호흡 불편이 사라졌습니다.

그리고 다음 차례로 어지러움과 극심한 긴장과 근육통까지 하나씩 차례로 부딪혀가면서, 필자가 목표로 한 그것만 바라보며 보람을 키워갈 수 있었습니다.

만약 필자가 두근거림, 어지러움, 호흡 불편 등 여러 가지 증상들을 오직 하나의 노력만으로 동시에 뭉뚱그려 해결하려 했다면, 아마도 극복 노력 자체를 끝까지 잘 해낼 수 없었을 것입니다.

하나씩 풀어갈수록 나머지 얽혀 있는 것들은 훨씬 더 쉽게 풀어갈 수 있고, 그 과정에서 잘 풀어가는 요령을 익히면서 서서히 그 풀리는 속도가 빨라졌습니다.

세상의 모든 것은 '가속 원리'의 지배를 받습니다. 나빠지고 좋아지는 과정 속에도 '가속'이 존재하고, 긍정과 희망을 떠올리고 이를 굳게 매일 해나가는 것 속에도 가속이 들어있습니다. 가속이 제대로 붙으려면 최초 가한 힘을 일정 시간 유지해야 합니다. 그래야 서서히 가속이 제대로 붙으면서 한 가지가 해결될 수 있고, 더욱 가속이 붙으면서 두 번째 골치 아픈 증상이 해결될 수 있습니다.

항상 꼬이고 엉켜버린 실타래의 첫 가닥을 풀어내는 작업이 가장 힘든 법입니다. 하나씩 천천히 풀어낼수록 마지막에 가서는 도저히 풀 수 없을 것처럼 보였던 실들도 제자리를 찾아 아주 빠르게 풀려나갑니다.

공황장애의 극복도 그와 같습니다. 노력 과정에서 내가 느끼는 모든 불편들이 전체적으로 빠르게 해결되길 바라면 안 됩니다. 내가 아무리 조급하게 굴어도 이 불편들은 반드시 나의 노력과 내가 허락한 시간에 따라 하나씩 차례로 좋아져 갑니다. 힘들수록 차례대로 풀어내려 노력하겠다는 마음을 가지십시오. 그래야 새로운 증상이 이미 사라진 증상을 대체해서 나타나지 않습니다. 공황장애의 극복 과정에서 이 마음가짐은 정말 중요합니다. 나의 가슴 한가운데 깊게 아로새기십시오.

◈ 깊게 들어가기- 패턴과 공식을 파악하라

의욕이 앞서면 서두르게 됩니다. 또한 서두르면 많은 에너지를 소모하게 됩니다. 뇌는 동시에 많은 것들을 두루 처리하기에는 에너지가 부족해지므로 집중해서 처리해야 할 몇 가지에 특별하게 에너지를 집중하는 방식으로 일을 합니다.

우리가 운전할 때 가야 하는 길과 주요한 이정표는 잘 보고 기억도 잘하지만, 시야에서 흘러가는 길가의 수많은 가게 간판들, 행인들이 입고 있던 옷, 줄지어 선 가로수의 종류, 이런 것들까지 모두 다 인식하고 기억해두는 것은 매우 어렵습니다. 즉, 뇌는 꼭 해야 할 것에 에너지를 집중하고 나머지에는 대략 윤곽만 알아두는 방식으로 처리해서 주어진 에너지를 최대한 효율적으로 사용하는 전략을 취합니다.

이러한 뇌의 전략을 잘 이해한 사람과 그렇지 못한 사람의 차이는 현저합니다. 잘 이해한 사람은 매사 벅찬 일을 마주치거나, 여러 가지 일이 밀려들거나, 바쁜 와중에 더 급한 일이 발생하는 상황에 처하면 자신의 뇌의 한계를 떠올리면서 가장 먼저 '우선순위'를 결정하려 노력합니다. 즉 어떤 것이 가장 급하거나 중요한지 스스로 질문을 던져 객관적으로 우선적인 일부터 차분하게 대응합니다. 반면 뇌의 특성을 이해하지 못한 사람은 몰려드는 사건의 과부하에 휩쓸려, 결국 이도 저도 잘 해내지 못하는 상황에 빠질 확률이 높습니다.

아무리 바쁘고 급해도 한 번에 하나씩. 이것은 뇌가 원초적으로 보유한 패턴의 하나입니다. 결코 뇌는 동시에 여러 가지를 높은 품질로 처리할 수 없습니다. 설사 그렇게 하더라도 너무 많은 에너지를 소모하게 되어 이를 수행하는 이로 하여금 각종 질병을 겪게 만듭니다.

이 병에도 역시 그와 같은 수많은 패턴과 공식이 존재합니다. 어떤 이는 가슴통증, 소화불량, 손발 저림, 어지럼증 등. 새로운 증상이 나타나거나 돌려가며 나타날 때마다 거의 패닉에 빠져듭니다. 그때마다 큰 불안과 염려를 수행하므로 공황장애가 그의 모든 것을 좌우하고 흔들며 주도합니다.

반면 어떤 이는 공황장애라는 병이, 한 가지 증상이 줄어들면 조만간 새로운 증상을 드러내서 그 환자를 뒤흔드는 방식으로 계속 뿌리를 고정해가는 질병임을 간파합니다. 그 패턴을 이해한 사람은 이후 증상이 새롭게 나타날 때, 조만간 이 증상도 내가 노력하든 아니든 상관없이 줄어들 것이고, 그 자리를 대신할 증상이 또 나타나게 될 것을 미리 예견합니다. 즉, 기존 증상이 편안하게 줄어들어도 지나치게 기뻐하지도 않을뿐더러, 새로운 증상이 고개를 내밀어도 그리 절망하지도 않습니다. 이렇게 이 병의 패턴을 이해한 사람은 증상의 선수 교대나 정도의 변화에 별반 개의치 않고 자신이 해야 할 극복 노력과 삶, 생업을 유지하고 그 효율을 재고하는 데 힘을 쏟습니다. 그 결과 전자의 경우보다 훨씬 잘 호전될 수 있습니다.

이렇게 파악하고 읽어낸 패턴과 공식이 쌓이면 쌓일수록, 공황장애는 그 사람에 의해 모든 것을 간파당하게 되어, 결국 뿌리 내릴 공간을 잃어갑니다. 이 병은 뭉뚱그려 조급히 나으려 할수록, 혹은 어떤 증상 한 가지에 일희일비할수록 더 심해지고 오래 유지됩니다. 느긋하고 차분하게 한 가지씩 대처해나가되, 이 병 고유의 패턴과 공식들을 잘 분별하도록 힘써 나가길 바랍니다. 그 분별이 내 안에 쌓여 조건반사적으로 이 병의 전반을 통제할수록 공황장애는 빠르게 그 힘을 잃어갑니다.

증상과 친해지고 생각과 관찰을 멈춰라

증상에 익숙해지고 관찰을 멈출수록
증상에 대한 뇌의 민감한 반응이 빠르게 사라져갑니다.

증상은 친해지기 나름입니다. 증상을 불쾌하게 규정 짓고 뇌에 이를 각인할수록, 뇌는 현재의 증상들을 더욱 힘들게 느껴갑니다. 반대로 증상과 친해지고 넋을 놓아 편히 여길수록, 뇌는 이 증상들에 덜 집중하고 그 고통의 정도를 낮게 평가합니다.

코가 막힌 사람은 음식의 맛을 느낄 수 없습니다. 음식 맛은 교과서에 규정된 4가지 맛 이외에 '향기'와 '기억', '시각'과 '청각'이 추가될 때 제대로 된 맛을 느낄 수 있습니다. 갓난아기들은 본능적으로 거부되는 맛을 제외하고 그 어떤 맛에도 적응이 가능합니다. 상식적으로 한국인들이 도저히 받아들일 수 없는 맛의 음식들이 세계 도처에 있음에도, 그 음식들이 그 나라에서 최고의 대접을 받는 이유에는 바로 맛을 해석하는 뇌에 그 비밀이 숨겨져 있기 때문입니다.

맛은 일종의 '기준 자극'입니다. 맛이라는 자극이 가해지면 눈에 보이는 그 음식의 맛깔스러움과 음식의 향기가 눈과 코를 통해 뇌로 전달됩니다. 그 단계부터 뇌는 그 음식에 대하여 고도의 연산을 시작하는데, 곧바로 음식의 모양과 색깔 그리고 향기의 경험들을 본능적으로 끌어냅니다. 익숙하고 좋은 기억으로 각인되어 있는 모양과 향기일수록 뇌는 앞서 언급한 '상상'을 동원하여, 눈앞에 놓인 음식의 선호도를 결정하고 이후 침과 소화액 분비를 시작함으로써 그 음식에 대한 반응을 물리적으로 표현합니다. 이와 동시에, 뇌는 도파민, 세로토닌 등 여러 신경전달물질을 함께 증가시켜, 앞에 놓여있는 음식에 대한 정서적 행복감의 수위를 더욱 높여줍니다.

그에 더하여, 뇌의 반응 원리에는 해당 자극 자체만 평가하는 것이 아니라, 시각, 후각, 촉각을 넘어 과거의 '기억과 경험'까지 나아가 앞으로의 '상상'까지 덧붙여서 그 자극을 판단하고 이후 회피할 것인지 가까이할 것인지를 결정합니다.

이러한 뇌의 반응은 아주 빠른 시간 내에 이루어지지만, 만약 이전에 경험해보지 못했던 생소한 자극일 경우에는 그 자극에 대한 반응을 나타내기까지 상대적으로 긴 시간을 소요하며 중간 처리 과정도 훨씬 복잡하게 진행됩니다.

자극을 받은 뇌는 현재 직면한 이 자극이 내가 기존에 경험해 본 것인지를 수차례에 걸쳐 본능적으로 수행합니다. 하지만 그 자극이 비록 새로운 것이었다고 하더라도 반복적으로 자극을 경험하게 되면 마찬가지로 '조건반사화'를 형성하면서 그 자극이 주어지자마자 곧바로 중간 비교와 판단 과정을 생략하고 결과 반응을 아주 빠르게 냅니다.

우리가 생소하게 생긴 배설물을 보면 처음에는 이를 가만히 관찰하고 경험과 상상, 추리하는 데 시간을 필요로 하지만, 이미 여러 번 경험해본 배설물을 본 경우라면, 그런 판단을 위한 시간은 불필요해집니다. 즉, 뇌는 조건반사적으로 즉각 회피를 위한 정서 반응과 행동반응을 합니다.

이처럼 뇌의 작용 원리는 맛뿐 아니라, '느낌'과 '기분'에서도 똑같이 나타납니다. 어지러움, 두근거림, 숨참, 저림과 떨림, 비현실감, 메스꺼움 등 불안이 직접 유발하는 신체적 느낌들을 반복적으로 경험할수록 뇌는 조건반사적으로 그 느낌들을 회피하도록 반응합니다.

두근거림을 경험한 지 얼마 되지 않았다면, '이게 무슨 증상인가?' 하는 일련의 비교 평가 행위를 뇌가 수행하지만, 그 두근거림이 장기화되어 갈수록 뇌는 중간 처리 과정 없이 조금만 두근거려도 바로 회피반응을 보입니다. 이 상태를 바로 '조건반사화'라고 합니다.

대다수의 공황장애 환자들은 모든 '신체 증상에 대한 조건반사화'가 이미 구축되어 있기 때문에 약간의 그 전조 느낌만 감지해도 순식간에 강한 불안을 끌어올립니다.

공황장애가 꽤 진행된 상태에서 이미 뇌에 구축되어버린 조건반사적 회피반응은 이 병의 극복을 위한 움직이기 노력을 가로막는 최대의 걸림돌입니다.

필자 또한 공황장애의 밑바닥에서 처음 움직이기 노력을 시작할 때 이 조건반사와 매일 싸웠습니다. 이 싸움의 과정을 감수하고 이겨내지 않고서는 움직이기 노력 자체를 잘 유지하기 어렵고, 궁극적으로 신체 증상에 대한 조절력을 형성할 수 없게 됩니다. 그 결과 신체 증상이 나타나면 곧바로 강도 높은 불안을 일으키는 악순환에 빠져들면서 공황장애를 장기화해 갑니다.

매일 하는 움직이기 노력은 나로 하여금 불쾌감에 더 익숙해지게 만들며, 반복적인 운동이 단순히 건강에 좋다는 차원을 넘어, 내가 겪는 모든 불쾌한 증상들에 대하여 뇌에 이미 형성된 '회피의 조건반사'를 가장 효과적으로 해소해 나가는 최고의 방법이라는 것을 명심해야 합니다.

우리가 '무의식적인 습관'이라 부르는 것은 의학적으로는 '뇌에서 조건반사화된 기전'입니다. 자극이 주어지면 자동적으로 그렇게 반응하도록 모종의 공식이 입력되어 있다는 의미입니다. 거꾸로 기존에 형성된 조건반사화된 기전을 나의 뇌로부터 경감하고 해소해 나가려면, 움직이기 노력에서 느껴지는 그 불쾌감들에 대해 더욱 익숙해지는 과정이 필요합니다. 익숙해질수록 뇌는 그 불쾌감에 대한 경계를 풀고 조건반사화된 불안을 나타내지 않게 됩니다.

몸에 나타나는 여러 불쾌감을 줄이기 위해 왜 운동이 절실히 필요한지의 이유가 바로 여기에 있습니다. 불쾌감을 감수하고 서서히 운동의 강도와 시간을 늘려가야만 내면에 뿌리박힌 느낌에 대한 조건반사 기전들을 해체해 나갈 수 있기 때문입니다.

운동을 시작하는 초기 단계에서 내 속의 조건반사가 일으키는 불쾌감은 강렬한 두려움과 불안을 자동으로 이끌어냅니다. 또한, 그 두려움과 불안은 곧바로 뇌의 '상상력'에 시동을 걸기 시작하고 '염려'하게 만듭니다. 두려움과 불안은 뇌가 자동적으로 수행하기 때문에 내 마음대로 억제하기 힘들지만, 내가 수행하는 염려는 그렇지 않습니다. 앞서의 '용기'를 끌어내서 이 염려를 멈추려 노력하면, 실제로 이를 서서히 멈춰갈 수 있습니다. 염려를 멈춘다는 것은 '부정적 예측이나 상상'을 멈추는 것을 의미합니다. 그래서 염려를 멈추고 이를 악물고 매일 운동해나가는 노력부터 해야 합니다. 절대 하루도 빠지지 마십시오.

운동 중에 증상이 나타나지 않기를 바라지 마십시오. 운동을 하면 당연히 더 어지럽고, 두근거리고, 숨이 차고, 몸이 떨리고, 차갑고 뜨거워지며, 식은땀이 흐릅니다. 불쾌한 증상들이 느껴짐에도 불구하고 이 느낌들에 익숙해져 가는 과정, 그 과정 자체에 보람을 갖고 집중하며, 염려라는 상상 행위를 멈추려고 노력해야 합니다.

물론, 운동 초기에는 하지 않으려 해도 자꾸 불쾌한 느낌을 관찰하게 됩니다. 관찰한다는 것은 머릿속을 뒤져 지금 염려하고 있는 것의 증거와 기억을 찾는 행위입니다. 따라서 느낌에 대한 생각을 멈추려면 나 자신의 관찰 행위도 함께 멈추도록 노력해야 합니다.

우리는 이미 익숙해진 것들을 예민하게 관찰하지 않습니다. 이미 익숙한 것들에 대하여 과도하게 집중하여 애써 판단하려고 하지 않는 것이 뇌의 특징이기 때문입니다.

운동 중에 나타나는 느낌에 대한 관찰을 멈추려 노력하는 모든 행위는 바로 불쾌한 느낌들에 익숙해지기 위한 과정입니다. 나의 노력에 의해 서서히 익숙해져갈수록 뇌는 그 느낌에 대한 '회피 반응'을 나타내지 않습니다. 회피 반응이 줄어든다는 것은 곧 두려움과 불안이 줄어듦을 의미합니다. 그 결과 공황장애 환자들이 호소하는 가장 힘든 각종 증상들 자체가 익숙해지는 노력에 의해 경감되어 감을 뜻합니다.

운동을 시작하고 또 해나가는 과정에서 모든 염려와 관찰을 최선을 다해 멈추십시오. 불쾌한 느낌은 당연히 나타납니다. 공황장애가 깊어지면서 나의 뇌가 염려와 관찰을 하도록 습관이 들어버렸기 때문에 당연한 현상입니다. 그러한 뇌를 건강한 습관으로 돌려놓아야만, 내가 무엇을 하건 간에 이런 불쾌감과 증상이 나타나지 않을 것입니다. 운동 과정에서 느껴지는 모든 두려움과 불안. 이 또한 뇌의 반응이고 자연스러운 과도기적 현상임을 항시 유념하고 스스로에게 자주 암시하십시오. 또한 운동 중에 증상이 느껴질 때 다음과 같이 외치십시오.

"이 느낌들은 나의 회피 습관 때문이다! 모두 허상이다!"

이렇게 강하게 외치면서 운동하십시오. 남의 눈치 볼 필요도 없이 이를 악물고 증상과 친해지십시오. 그 과정에서 '자신감'이라는 강력한 또 하나의 새로운 무기까지 덤으로 얻어갈 것입니다.

인터넷 검색을 멈춰라

염려를 조절할 수 있을 때까지 인터넷 검색을 피합니다.
인터넷 검색은 염려를 뒷받침하는 작은 증거들을 모아,
치명적인 건강염려증을 키우도록 도와주는 주된 경로입니다.

우리의 외적인 습관과 내적인 습관은 서로 다를 수 있습니다. 외적으로는 강하고 침착하게 보이며 인내심이 있어 보일지라도, 마음속 깊은 곳은 나약하고 성마르고 작은 것들에도 휘청거리는 모습일 수 있습니다. 외적으로 상처받지 않은 척해도, 내적으로 쉽게 상처받고 미래를 염려합니다. 외적으로 남이 볼 때 든든한 사람일지라도, 영혼이 자신을 바라볼 때 대단히 신뢰할 수 없고 나약하기 그지없는 존재일 수도 있습니다. 공황장애는 이처럼 안과 밖의 괴리가 클수록 잘 생겨나고, 그 정도가 더 깊어지는 병입니다.

지금 돌이켜보면 과거 필자는 내적으로 많이 나약한 사람이었습니다. 친지가 필자에게 어떤 부탁을 해오면 그것을 쉽게 거절하지 못했습니다. 사람이 좋아 거절을 못 하는 것과 마음이 약해서 거절하지 못하는 것은 큰 차이가 있습니다. 전자는 내면의 바탕이 그러하니 거절하지 못하는 마음속에 아무런 퇴적물이 남지 않지만, 후자는 내면의 바탕은 거절하고 싶지만 외적인 자신은 이를 거절하지 못하므로 내면에 '억압'이라는 무겁고 역한 퇴적물이 서서히 쌓여갑니다.

 '억압'을 오래 쌓을수록 내면에서 '유보'가 생겨나고, 그렇게 유보된 것들은 자신에 대한 신뢰감을 저하시킵니다. 그 결과 외부로부터 강렬하고 충격적인 근심의 자극이 생겨나면, 도저히 마음을 바로잡지 못하고 그 자극에 대해 극도로 불안한 반응을 나타냅니다. 공황장애라는 질환으로 인해 필자의 그 억압된 퇴적물들이 고삐가 풀려, 이제 외면 밖으로 솟구치기 시작한 상황에서 우연히 인터넷 검색을 통해 접했던 치명적인 병명이나 사례들은 필자의 불안을 수백 배로 부풀리곤 했습니다.

 꾸준한 노력으로 이 병에 대한 조절력과 자신감이 두텁게 쌓여 있는 사람이라면, 인터넷 검색을 통해 어떤 병명을 접해도 이를 가볍게 넘길 수 있습니다. 그러나 내면적 자신감이 아직 제대로 형성되지 않은 상태에서라면, 그렇게 접하는 치명적인 병명들이 나약해진 내 안으로 파고들어 안과 밖이 심하게 이격된 나의 내면에서 '건강 염려'라는 반응으로 강하게 표출될 수 있습니다.

 안과 밖의 괴리가 클수록, 부정적인 것에 더 민감하게 반응합니다. 이는 같은 정보를 얻어도, 부정적인 것이 긍정적인 것보다 훨씬 더 강렬한 자극을 주게 됨을 의미합니다. 긍정적인 것이 주는 효과가 반나절이라면, 부정적인 것이 주는 효과는 장시간 오래갑니다. 즉, 그런 사람에게 긍정적인 효과는 하루밖에 못 가지만, '더 심해지면 어쩌지, 큰 병이 아닐까?' 하는 부정적인 염려 효과는 장기간 지속됩니다.

필자에게 자주 메일과 쪽지를 보내는 환우가 계십니다. 그분은 연락이 올 때마다 항상 새로운 병명 한 가지를 갖고 옵니다. 약 2년여 전에 자신이 간암이 아닌지를 걱정했었고, 그로부터 매년 분기별로 폐암, 루게릭, 급성 호흡부전, 폐색전, 혈관성 치매 등, 행여 그 병에 해당될까 염려하며 지금도 여전히 건강염려증을 벗어나지 못하고 계십니다. 그분께서 그런 병명들을 새롭게 접하는 주된 통로는 역시 인터넷 검색입니다. 어떤 증상이 강해지거나 새로운 증상이 나타날 때면, 여지없이 인터넷 검색으로 자신의 증상과 일치하는 병명을 밤을 새워서라도 찾고 조금이라도 공통점이 발견되면 즉시 그 병이 아닐까 종일 염려합니다.

공황장애를 내 손바닥 위에서 천천히 갖고 놀 수 있을 정도가 된다면, 그때부터 인터넷 검색을 즐겨도 늦지 않습니다. 반면 그 이전에 하는 인터넷 검색은 나에게 부정적인 염려를 강화하고, 그것을 뒷받침하는 정보들만 선별적으로 골라 내 머릿속을 가득 채우기 쉽습니다.

그동안 (공황장애에게) 빼앗겼던 전세를 역전시켜 내가 제대로 반격을 취하는 형세에 이르게 될 때까지, 질병이나 증상 정보에 대한 검색은 멈추는 것이 좋습니다. 검색하면 할수록 아직 준비되지 못한 나에게 부정적인 염려들이 쌓이기 때문입니다. 앞으로 해나갈 극복 노력의 긴 여정을 통해 강력하고 두터운 조절력이 쌓일 때까지 인터넷 검색이라는 행위는 부정적임을 명심해야 합니다. 검색을 통해 만나는 부정적인 것들은 염려와 재앙적인 미래 상상을 끌어내, 이 병의 증세를 직접적으로 악화시키게 되는 주된 경로가 됨을 유념하십시오.

시간을 투자하고 허락하라

돈만큼 값비싼 것이 바로 시간입니다.
나의 극복노력에 느긋한 마음으로 시간을 투자하고
노력을 유지하십시오.

2001년 겨울, 필자가 정신과를 스스로 찾아가 "제가 공황장애인가 봐요." 라고 하며 간절한 마음으로 진료를 요청했습니다. 각종 검사와 초기 상담은 30분이 허락되었지만, 그 직후부터 진료 시간은 자꾸 짧아져 급기야 5분을 넘기지 못했습니다. 초진 이후 두 번째 진료까지 약 3주간 겪고 고민하고 갈등한 많은 것들을 의사에게 이야기하고 그에 대한 의사의 조언을 듣고 싶었지만, 다음 환자에 밀려 그 10분마저 7분으로, 다시 5분으로 줄어들기에 이르렀습니다. 필자의 이 경험은 이후 옮겨 다닌 다른 정신과들에서도 거의 예외가 없었습니다. 아마도 이 책을 읽고 계신 여러분들 중 다수는 비슷한 상황일 것입니다.

의사 입장에서는 다음 환자가 밀려있으니 5분 이내에 진료를 마쳐야겠지만, 환자 입장에서 그 5분은 지난 3주를 설명하고 조언을 듣기에는 말도 안 되는 짧은 시간입니다. 과연 5분 내에 상식적인 수준의 상담과 요법들이 잘 이뤄질 수 있을까요? 물론, 불가능합니다. 하지만, 거꾸로 의사의 입장에서 생각해 볼 필요도 있습니다. 의사는 왜 환자를 5분 내에 보내야만 했을까요? 그 이유는 결국 '돈'입니다. 돈 문제는 아주 불편한 진실이지만 엄연한 현실이기에 언급하지 않을 수 없습니다.

환자의 절대다수는 의사의 1시간 평균 인건비와 기대 수익을 고려하지 않습니다. 의사 또한 사람이기에 환자 한 명 한 명을 차근하게 진료하여 환자의 쾌유를 바라는 마음일 것입니다.

하지만, 환자의 대부분은 그 의사가 소요하는 시간을 돈으로 계산해서 그 돈을 지불할 능력이나 의지가 없습니다. 1시간 깊은 상담과 정신요법에 수십만 원 이상을 지불할 환자는 드물기도 하거니와 실제로 돈이 있다고 해도 그 돈을 아까워하는 것이 바로 인간의 마음이기 때문입니다.

내가 만약 이런 돈을 갖고 있지 못하거나 지불할 의사가 없다면 돈을 대체할 다른 것을 대가로 지불해야 합니다. 그 대가는 이 병의 극복을 위한 길고 충분한 시간입니다.

많은 분들께서 이 병이 낫는 것이 '인생의 1순위'라고 말합니다. 인생에서 1순위라 함은, 가장 소중하고 비중이 높은 모든 것을 투자할 수 있음을 의미합니다. 그러나 그 염원이 무색하게도 자신이 가진 것들 중 아무것도 이 병의 극복에 투자하려 하지 않습니다. 여기서 투자란 곧 땀, 돈, 애착, 애정, 보람, 시간까지 모든 것을 포함하는 개념입니다. 특히 이 투자 요소들 중에서 위에 말씀드린 '시간 투자'는 가장 중요합니다.

초기 내가 하는 모든 노력들은 서툴고 어설픕니다. 이 병을 오래 앓았더라도 병에 대해 잘 알고 극복해가는 능력과는 전혀 별개입니다. 즉, 노력의 시간이 짧다면 이 병을 얼마나 긴 시간 앓았건 상관없이 모두 초보입니다. 초보는 당연히 서툴고 조절력이 떨어지며 연약합니다. 그 결과 노력의 초기에는 당연히 힘들고, 노력한 시간 대비 그 효과가 잘 나타나지 않습니다. 하지만, 노력해갈수록 서서히 '노력하는 방법에 대한 요령'이 생겨납니다. 그 노력의 요령이 서서히 쌓여가면서 어느새 '전문가 다운 노력'을 하게 되고, 그 결과 호전 속도는 눈부시게 가속이 붙습니다.

많은 환우들이 노력의 초기를 넘기지 못하고 포기해 버리거나 그 초기의 노력 언저리에서 매번 뱅글뱅글 맴돌다 한탄합니다.

"왜 아무리 노력해도 좋아지지 않을까?"

이 실망과 좌절의 한탄을 필자도 토로해보았고, 이 좌절감은 언제나 노력 중임에도 갑작스럽게 강한 증상이나 예기불안을 겪을 때 어김없이 가슴 밑바닥으로부터 밀고 올라와 필자의 모든 의지를 용암처럼 녹여버리곤 했습니다. 하지만, 그럴 때마다 실망과 좌절, 우울한 기분을 바라보지 않으려 노력했고 그 노력의 시간이 쌓여갈수록 '언제든지 기분을 멈출 수 있는 능력'을 배울 수 있었습니다.

기분을 멈추면 시간을 허락할 수 있게 됩니다. 시간을 투자하고 허락하는 모든 행위 또한 노력 과정에서 서서히 배워가는 미덕입니다.

시간은 '가속'의 성질을 지닙니다. 가속은 그 흐름의 속도가 빨라지는 현상입니다. 내가 해야 할 노력 또한 가속이 제대로 붙을 때까지 그 초기의 느리고 답답한 시간을 견뎌내야 합니다. 갓 출발한 차는 엔진의 회전수에도 불구하고 그리 시원스럽게 나아가지 못합니다. 시끄럽게 소음을 뿜어내는 엔진 소리는 나의 치열한 노력이고 그럼에도 불구하고 진전의 속도는 느립니다. 하지만, 이후 서서히 속도가 붙을수록 엔진은 회전을 덜 하고도 차를 아주 빠르게 밀어내기 시작합니다. 바로 이 타이밍이 최고의 연비를 만끽하는 구간입니다. 즉, 내 노력의 효율이 정점에 이르는 시기입니다.

평상시 하는 보통 수준의 노력만으로도 나의 호전 속도에 아주 빠르고 경쾌하게 진전의 속도가 붙은 상태. 그렇게 잘 호전해가는 것을 염원하고 있다면, 초기 갓 출발한 차의 맹렬하고 힘찬 엔진의 회전을 떠올리십시오. 내가 투자하고 허락하는 노력의 시간에 제대로 가속이 붙으려면 초기의 이 힘든 구간은 세상의 당연한 이치입니다. 많은 분들이 그 이치마저 생략하려 하지만, 그것은 우매한 욕심일 뿐이며 더 나아가 꼼짝할 수 없는 어리석음의 진흙 수렁에 빠지게 되는 것임을 명심하십시오.

시간은 '관성'이라는 속성을 지닙니다. 관성이란 '특정 방향으로 나아가는 힘이 그대로 유지되려고 하는 현상'으로, 이는 전 우주와 만물에 변치 않는 진리 중 하나입니다. 문제는 이 관성이 정서와 신체 증상으로 나타난다는 점입니다. 날마다 노력해가면서 호전의 흐름을 타기 시작하면, 그 흐름은 멈추지 않으려는 특성을 가집니다.

즉, 한번 제대로 호전이 시작되어 가속이 붙으면 노력이 계속 유지되는 한 전반적으로 호전 방향 쪽으로 흘러가는 경향은 쉽게 멈추지 않습니다. 이는 짧고 굵게 노력을 유지하는 것이 중요한 것이 아니라, 가늘고 길게 시간을 투자해서 꾸준히 노력하는 것이 더 중요하다는 것을 의미합니다.

어떤 노력이든 단시간 유지하는 것은 그리 어렵지 않습니다. 하지만 장시간 노력을 유지해야 한다면, 아무리 사소한 것일지라도 쉽지 않습니다. 하루도 빠짐없이 간단한 맨손체조를 하루 세 번 평생 하라고 하면, 그 약속을 잘 지켜내는 사람은 수천 명 중 몇 명이 채 되지 않습니다. 반면, 눈 딱 감고 42.195km 마라톤을 단 한 번만 완주하라고 하면, 그것을 해내는 사람은 수천 명 중 최소 수백 명은 넘습니다. 아무리 사소한 노력이고 별 것 아닌 행위라도 그 노력을 긴 시간 유지하는 것은 훨씬 더 어려운 일입니다.

노력을 오래 유지하려면, 자신에게 시간을 허락해야 합니다. 시간은 거창한 다짐이 아닌 '넋을 놓고 집착을 포기하는 마음'으로 해야 진정으로 허락될 수 있습니다. 내가 넉넉히 허락한 시간, 그 시간이 바로 이 병을 깔끔히 완치해낼 때까지의 가장 중요한 밑거름이 됩니다.

잠시 하는 강도 높은 움직이기 노력은 나에게 반짝 희망의 불꽃을 보여줄 수는 있어도, 이 병의 뿌리까지 완치에 이르게 하지는 못합니다. 반면, 매일 넋을 놓고 해나가는 완만하고 꾸준한 노력들은 나의 내면 뿌리까지 약효를 발휘하면서 이 병의 완치에 이르게 합니다.

내 형편상 값비싼 것들을 허락할 수 없다면, 돈만큼 값비싼 '시간'이라도 허락해야 합니다. 그 시간이 있어야만 허락되는 '가속'이라는 경지에 내가 확고하게 올라설 때, 드디어 내 노력의 약효가 제대로 나타나고 나의 내면 깊은 곳으로부터 불안이 제대로 녹아가기 시작합니다. 그 불안을 녹여내야 이 병이 제대로 사라집니다. 충분한 시간을 허락하고 그 시간을 오래 유지하십시오.

타인이 낫게 해줄 것이라고 믿지 말라

공황장애는 스스로 치유하고 마무리하는 병입니다.
타인은 단지 나에게 갈림길에서 옳은 방향을 알려주는 길잡이 역할에 불과합니다. 의사건 누구건 나의 공황장애를 낫게 해줄 것이라고 믿는 순간, 공황장애와 함께하는 시간은 훨씬 더 길어질 것입니다.

기대가 이뤄지지 않으면 좌절을 맛보게 됩니다. 공황장애에 접어든 모든 분들은 의사나 한의사가 이 병을 깔끔하게 치료해 주길 간절히 바랍니다. 그들에게 자신의 몸을 맡기고, 그들의 지시에 잘 따르면서 마치 감기 낫듯 저절로 이 병이 쾌적하게 나아가길 희망합니다.

과거 필자 또한 예외가 아니었습니다. 필자는 2001년에 1회, 2002년에 1회, 그렇게 두 번 공황장애가 깊어졌을 무렵 종합병원에 입원했습니다. 극심한 위장장애로 아무것도 먹을 수가 없어 기력이 밑바닥을 쳤고, 가슴이 심하게 두근거려 몇 발자국 걷기도 힘들었습니다. 밤에 눈만 감으면 이어지는 악몽과 극심한 수면 공황으로 인하여 잠자는 것조차 두려웠습니다. 당시 그토록 힘든 가운데 병원에 입원하면서 병상에 누워 곰곰이 생각해보았습니다.

'그런데 병원에서 나한테 해준 게 뭐지?'

입원 기간 중 먹은 약은 어차피 입원 전에도 먹었던 약이었고, 병원에서 받은 수백만 원이 넘는 고가의 검사들 또한 검사이지 치료가 아니었기 때문입니다. 그렇다고 특효약을 주사로 맞은 것도 아니었습니다. 어쨌든 필자는 퇴원 후 그래도 조금은 안정할 수 있었습니다.

하지만 퇴원 후 며칠 지나지 않아, 병원에서 잠시 맛본 그 안정은 결국 잠깐의 '위안'에 불과함을 실감하기 시작했습니다. 잠시 누그러졌던 증상들은 복합적이고 강렬한 증상으로 강화되면서 필자를 지속적으로 압도했고, 그때마다 병원에 다시 입원하는 상상을 떠올리다 지쳐서 삶 자체를 포기하고픈 마음까지 들었습니다. 즉, 당시 필자의 반복된 입원 행위는 결국 잠시의 '위안'일 뿐이었습니다.

이렇듯 무의미한 병원 쇼핑이 누차 반복되면서 자연스럽게 머릿속에 떠오른 생각은 '의사는 이 병을 고칠 수 있을까?' 하는 의문이었습니다. 인터넷을 뒤져보면 마치 이 병은 생물학적 질환이라서 약을 먹어야만 낫는 병처럼 적혀 있었습니다. 하지만 먹었던 약 중에서 필자를 편하게 해준 약은 별반 없었고, 시간이 지날수록 약을 바꿔보고 줄여보고 늘려보고를 반복하면서, 마치 '약으로 종합예술을 추구'하며 하루하루를 연명하는 느낌을 지울 수가 없었습니다.

그에 더하여 "이 병은 완치가 없어요!" 하고 단호하게 말했던 일부 의사들의 태도도 필자에겐 정말 큰 충격이었습니다. 병원 쇼핑을 반복하면서 이렇게 평생을 살아가야 한다는 절망적인 생각이 자신을 더 심한 우울증으로 몰아넣는 데 한 몫 단단히 했음을 인정하지 않을 수 없었습니다.

필자가 제1편에 기록한 '공황장애 완치를 위한 포괄적 개론'은 이 병을 이겨나가는데 실행해야 할 것들을 정리한 것입니다. 물론, 그 정리는 말 그대로 이 병의 이해와 극복에 대한 기본적 골격일 뿐, 실제로 그 내용을 실행에 옮기는 과정에서 겪었던 참담하고, 답답하며, 때로는 죽을 것처럼 힘들었던 시간을 담을 방법은 없었습니다.

병원을 전전하며 잠시의 위안으로 매일 버텨가던 그 시절에 느껐던 극심한 절망감. 이제 와 생각해보면 그 절망감은 결국 '확신에 찬 인도자'가 없었기 때문이었습니다. 아무도 알려주지 않고, 아무도 가르쳐주지 않으며 말해주지도 않았기 때문에, 일일이 시행착오를 거치면서 내가 지금 하고 있는 노력의 방법이 맞는 것인지 수백 번도 더 갈등의 눈물을 맛보며 노력 방법을 찾아낼 수밖에 없었기에, 당시 그 시간들은 하루하루 정말 절망스러웠고 포기하고 싶을 때도 많았음을 고백합니다.

그러나 지금 이 순간, 자기 노력이 바로 이 병을 완치하는 핵심임을 공감하는 수만 명의 환우분들이 카페에 계시고, 그중 많은 분들이 자기 노력으로 고착된 국면을 타파해나가고 계시다는 것은, 필자에게 있어 보람을 넘어 이 병으로 고통을 겪는 분들에게 정말 큰 희망이 아닐 수 없습니다.

이 병을 제대로 호전하고 있지 못하는 대다수 환우들의 가장 큰 문제는, 바로 스스로 이 병을 호전하고 마무리를 지어야 한다는 것을 모르고 있으며 알려고도 하지 않는 것입니다.

세균이 몸에 들어와 번식해나가면 환자의 노력은 별로 중요하지 않을 수 있습니다. 즉, 강력한 항생제로 그 세균들을 몰살시키면 될 일입니다. 그러나 공황장애라는 병은 다릅니다. 이 병은 공황발작까지만 내 몸의 책임이고, 공황발작 이후 발현되는 신체 증상들에 의해 공황장애로 여실히 고착되고 심화해가는 모든 과정의 책임은 바로 내 몸이 아닌 나의 생각과 습관에 있습니다.

세상에 존재하는 어떤 약들도 내 생각과 습관을 바꾸지 못합니다. 즉, 생각과 습관을 바꾸지 않고서는 재발 없는 완치는 꿈도 꿀 수 없습니다. 세상에서 나의 생각과 습관을 바꿔줄 수 있는 존재는 바로 나 자신뿐입니다. 그 어떤 조력자도 외부의 코치 역할만을 할 뿐이지, 코치가 대신 경기를 뛰어 그 선수를 스타덤에 올려놓을 수는 없는 것과 같은 이치입니다. 외부에 존재하는 의료진들은 모두 나의 코치일 수는 있어도, 내 생각과 습관을 바꿔줄 수 없기에 이 병은 철저하게 나 자신이 변해야 완치될 수 있습니다.

공황장애를 수년간 앓아왔음에도 여전히 "어떤 약을 먹어야 좋은가요?"라고 질문하기도 합니다. 오랜 기간 약을 복용했고 또 종류를 가릴 것 없이 거의 모든 약들을 돌려가며 복용했음에도, 여전히 약 언저리에서 빙글빙글 헤매고 있다는 것은 정말 안타까운 일입니다. 혹은 "잘하는 정신과나 한의원 추천 좀 해주세요."라는 질문도 부지기수로 듣습니다. 이 또한 아직도 이 병이 타인의 손에 의해 낫는 줄 착각하고 계신 분들의 전형적인 모습입니다.

세상에는 핵심이라는 것이 존재합니다. 그 핵심은 어떤 사건이나 상황 또는 사물을 구성하는 가장 중요한 줄기요, 근간이 되는 것을 의미합니다. 영화나 드라마에서 손가락 하나로 콕 찌르기만 해도 엄청난 거구의 악당이 힘없이 쓰러지는 모습을 본 적이 있을 것입니다. 장작을 도끼로 쪼갤 때 나뭇결을 잘 보고 쪼개면 가벼운 힘으로도 거대한 장작이 반으로 쪼개집니다. 작은 힘으로도 둘로 쪼개버릴 수 있는 그 핵심. 즉, 이 병을 이겨내는 데 중요한 핵심 중 하나가 바로 '이 병을 마무리 지을 존재는 바로 나 자신!'이라는 사실을 깨닫는 것입니다.

내가 움직여야 나의 염려가 멈추고, 증상과 염려 간의 끈질기게 놓여있는 거대한 다리가 안개 속에서 희미하게 실체를 드러냅니다. 작은 증상이 느껴지기만 해도 염려 행위를 반복하면서 곧바로 두려움과 불안의 땅으로 나를 건네주는 그 염려라는 이름의 다리. 안개 짙은 어둠 속에서 그 거대한 다리의 모습은 감쪽같이 그 모습을 은폐하고 있습니다. 하지만, 날이 밝아올수록 희미한 안개의 심연 속에서 그 거대한 다리의 실루엣이 떠오르듯, 내가 직접 해나가는 이 노력의 과정에서 나는 서서히 깨달아갑니다.

'아! 작은 증상을 불안과 두려움으로 곧바로 연결시켜주는 놈이 바로 이 염려란 놈이었구나!'

그 실체를 바라보는 것은 이 병의 극복을 위한 이해, 운동, 습관 개선 노력의 과정에서 자연스럽게 생겨나는 역량입니다. 극복을 하는 모든 노력은 느낌과 염려의 거대한 다리의 실체를 파악하는 것부터 시작됩니다. 그 다리는 나 외에 다른 이의 눈에는 보이지 않습니다. 다른 이들이 나에게 그 다리를 손가락으로 가리켜 알려

줄 수 없기 때문에 반드시 나 스스로 발견하고 바라봐야 하는 것입니다.

노력의 과정에서 남의 도움은 잊으십시오. 남은 그저 나를 위안해줄 수 있고, 나의 노력에 응원해 줄 수 있습니다. 운이 좋아 조력자를 만나더라도 그 조력자는 나에게 "이 길이 옳습니다."라는 간단한 갈림길 정도만을 알려주는 길잡이 역할을 할 뿐입니다. 결국 병의 극복은 내가 노력을 통해 느끼고 생각하고 가슴속 깊이 받아들이고 새롭게 바꿔가는 과정입니다. 그런 종류의 모든 기대를 내 마음에서 버리십시오. 내가 걸어야 할 길을 남이 대신 걷게 하는 식으로 이 병의 완치를 꿈꾸는 헛된 망상으로부터 깨어나야 합니다. 그 망상이야말로 가장 어리석은 욕심이고, 그 욕심으로 인해 이 병을 오래 끌고 가는 것입니다. 이제 '이 병은 내가 마무리 짓는다!'라고 굳게 마음을 먹으십시오.

꾸준히 노력할 수 있게 해달라고 기도하라!

이 노력을 잘 해나가는 용기를 주도록 기도하십시오.
다른 얄팍하고 작은 행운을 구걸하지 마십시오.
신은 나의 극복 노력을 보길 원하십니다.

필자 또한 제발 이 병 좀 낫게 해달라고 간절히 기도했던 적이 있었습니다. 지금 와서 생각해보면 기도를 통해 필자가 얻은 것은 곧 '위안'이었습니다. 그러나 '위안'과 '안심'은 서로 다른 것이기 때문에, 내면의 진정한 안심에 의해 제대로 치유되어 가는 공황장애를 단지 위안을 위한 기도를 통해서 나을 수는 없었습니다. 이는 기도라는 행위가 불필요하고 효과가 없다는 것을 말하려는 것이 아닙니다.

종교를 가진 수많은 환우들은 이 병을 빨리 낫게 해달라고 기도합니다. 때때로 기도를 통해 다 나았다고 주장하는 분을 극소수 목격하긴 했지만, 그분들 대다수는 이후 재발하는 경우를 재확인했을 뿐입니다. 그중 더욱 극소수는 조절력을 발휘하며 재발없이 깔끔하게 살아가고 있는지 그 파악은 불가능했습니다.

반면, 종교적 기도 행위를 막론하고 힘든 가운데에서도 극복 노력을 꾸준히 해나가신 분들의 경우 아주 많은 경우에서 잘 호전해

나가는 모습을 보는 것은 그리 어렵지 않은 일입니다. 특히 그 노력을 장시간 꾸준히 유지하는 환우들을 지켜보면, 거의 대다수가 근완치에 도달함은 물론, 이 병에 대한 확고한 주도권을 잡아나가는 모습을 쉽게 목격할 수 있습니다.

공황장애 초기 혼돈 상황에서 헤매고 있을 때, 필자의 기도는 병을 낫게 해달라는 말초적인 염원 행위와 같았습니다. 그러나 이 병의 원리를 스스로 깨달아가면서 극복 노력을 오래 유지하니 그러한 말초적 기도 행위는 자연스럽게 사라졌습니다. 기도는 숭고한 행위이므로, 가장 핵심적이고 필수적인 것을 기도해야 효과를 발휘합니다.

'공황장애 극복을 위한 노력 과정에서 오로지 근면하고 성실하게 하시고, 이 힘든 과정에서 오로지 감사와 겸손을 배우는 마음이 잘 유지되도록 허락하소서'

아마도, 이상의 기도가 올바른 예가 아닐까 싶습니다. 또한, 염원을 했으니 몸을 움직여 이상의 노력을 해나가는 모습. 그 모습에 그 기도를 더욱 들어주시고, 좋은 결과를 허락해주시며, 그 과정에서 내 영혼이 배우고 연단할 수많은 것들을 바라는 것이 바로 신의 마음일 것입니다.

내가 하는 모든 것들을 세상이 알아주지는 않습니다. 그러나 눈물겨운 노력과 그 속에 녹아있는 근면 성실을 위한 지극한 정성만큼은 온 세상을 넘어 신께서도 알아주십니다. 신은 내게 공황장애라는 고난을 허락하셨지만, 신께서 내게 원하는 것은 바로 그 정성을 다해가며 오래된 나를 새로운 나로 바꿔나가는 노력, 바로 그 노력하는 모습을 보길 원하고 계실 겁니다.

공황장애 극복 노력 과정은 인내와의 싸움입니다. 인내는 이를 악물고 참는 행위라는 차원에서 출발하지만, 그 인내가 성숙해질수록 그 속에서 인내는 근면과 성실로 변해갑니다.

어떤 증상과 상황에 마주하더라도 나의 근면 성실을 흐트리지 않고 모든 것을 절망 속으로 던져버리지 않는 조절력. 그 좋은 모든 덕목들이 최초 인내로부터 시작하여 서서히 내 안에서 수많은 유형의 것들로 새롭게 진화해갑니다.

교과서나 위인전기에서 흔히 읽어보았던 '절망 속에서의 승리'. 절망이 어떤 마음이고 좌절이 어떤 기분인지를 알아야 그 속에서 승리라는 것이 얼마나 값어치 있고 숭고한 것인지를 알 수 있듯, 이 병은 내게 절망과 좌절을 먼저 맛보게 해줍니다. 그 절망과 좌절을 서서히 긍정과 희망으로 자연스럽게 바꿔 갈 수 있는 능력은, 언제나 절망과 좌절을 먼저 체험하는 것으로부터 시작합니다.

공황장애를 극복하는 과정에서 필히 겪어야 할 그 절망과 좌절,

극심한 고통에 대한 인내. 그것을 생략하길 바라는 얄팍한 기도를 포기하십시오. 아마도 신께서는 그 기도를 그리 기뻐하지 않을 듯합니다. 오히려 그런 고난에도 불구하고 내가 하는 이 노력에 용기를 주고 응원해달라고 기도하길 더 바라실 것입니다. 신께 티끌만 한 행운도 구걸하지 마십시오. 신은 나의 노력에 대한 대가로 더 큰 것들을 주실 분이기 때문입니다.

패배를 인정하지 말라

아무리 아프고 힘들어도 내 눈빛은 살아있어야 합니다.
눈빛이 독하게 살아있는 한, 절대로 이 병은 나를 잡아먹지 못합니다.

말이든 생각이든 표정이든 그 무엇이든, 나의 패배를 쉽게 인정하는 사람은 이 병을 나을 수 없습니다.

영화나 드라마에서 가장 골치 아픈 적은, 죽기 직전까지 눈을 치켜뜨고 "그래 죽여봐! 날 죽이면 귀신이 돼서 너를 끝까지 따라다니며 저주할 거야!"라고 고래고래 악으로 고함치는 적입니다.

'어디 한번 죽여봐라'는 식으로 나오는 적들은 정말 다루기 어렵고, 그 적의 목을 베어야 할 망나니의 칼끝마저 주춤하게 만듭니다. 목을 베라고 명령해야 할 왕도, 오히려 그 적장의 용기와 근성을 흠모하면서 '어떻게 내 편으로 저 강직한 마음을 돌려볼 수 없을까'라고 고민에 빠지게 만듭니다.

공황장애로 절대 죽지 않는다는 것은 만고의 진리입니다. 이 진리를 잘 알고 있음에도 불구하고, 나의 표정은 거의 죽음에 이른 자의 그것과 같고, 내 목소리는 도무지 어떤 기력도 느낄 수 없으며, 마치 삶의 이유를 포기한 것과 같은 절망이 온몸에서 패배자의 기를 뿜어내듯 풍겨진다면, 나는 이미 이 병에 지고 있는 것입니다.

필자의 아내가 찍어둔 사진이 한 장 있습니다. 그 사진은 필자가 공황장애의 맨 밑바닥에서 헤매던 시절, 태어난 지 얼마 되지 않은 첫째 아이를 필자 옆에 두고 아내가 찍어둔 사진입니다.

당시는 너무나 기력이 쇠해서 하루의 반 이상을 침대에 누워 보냈습니다. 워낙 먹질 못하니 일어나 움직일 기력이 없었고, 잠시 일어나 앉으려 해도 어지러움이 심해서 몇 분을 채 버티지도 못할 지경이었습니다. 사진에서의 필자는 초점을 잃은 눈과 백지장같이 하얀 낯빛입니다. 병명을 찾다 지쳐 서서히 쇠해가는 몰골이 앙상한 중증 환자 그 자체입니다.

이 사진을 간혹 들여다볼 때면, 참으로 부끄러운 마음이 듭니다. 무지한 한 젊은이가 이 병이 쳐놓은 거대한 장벽에 가로막혀 갈 길을 잃고 절망한 모습 그 자체이기 때문입니다. 지금도 당시를 떠올리면 나 자신이 왜 그토록 무지했고 분별이 부족했는지, 그리고 문제의 원인들이 내 생각과 마음속에 있다는 것을 왜 그리도 바라보려 하지 않았는지, 참으로 갑갑하다 못해 정말 창피한 기분이 들기도 합니다.

불안의 신체 증상들이 종일 나를 괴롭히더라도, 눈빛은 위에서의 필자의 사진 속 눈처럼 되어서는 절대 안 됩니다. 나의 눈빛은 어떤 순간에도 절대로 패배를 인정하지 말아야 함을 명심합시다.

공황장애는 내가 약해지면 세상을 집어삼킬 듯 거대한 허리케인의 위용을 갖춥니다. 하지만, 자신의 그 허세가 내게 먹혀들지 않음을 아는 순간부터 빠르게 위축되고 약해집니다.

두려운 눈빛, 떨리는 손발, 흔들리는 표정, 백지장처럼 핏기를 잃고 공포에 질린 얼굴. 역시 이것들은 공황장애가 가장 좋아하는 모습이고, 내가 겁을 먹고 완전히 쪼그라들어 삶을 포기해가고 있음을 공황장애에게 친절하게 알려주는 징후들입니다. 앞으로 노력 과정에서 이런 부정적인 표정은 아무리 힘들어도 절대로 짓지 마십시오.

'이 포승줄만 풀리면 공황장애 너는 반드시 내 손에 죽는다.'라고 외치듯 독한 표정을 짓고, 얼굴을 넘어 내 마음속까지 그런 표정을 굳게 지으며 계속 노력해나가야 합니다. 지금부터 수시로 연습해두십시오. 힘들수록 표정을 더욱 독하게 지으십시오.

이 순간의 보람에만 집중하라!

극복 노력의 모든 과정에서는 지금 현재만을 생각해야 합니다.
과거도 미래도 머릿속에 떠올리지 마십시오.
현재 이외의 모든 생각은 염려와 잡념을 불러냅니다.

영화와 드라마는 극적입니다. 주인공이 어려운 시련과 난관을 당해가면서 서서히 극 중의 분위기가 고조됩니다. 한껏 고조된 그 정점에서 주인공은 악의 주체와 일대일로 부딪힙니다. 악의 주체보다 훨씬 나약한 주인공은 마치 하늘의 뜻인 듯, 통쾌하게 악의 주체를 쓰러뜨리고 피투성이로 폐허가 된 마지막 결투 장소에서 홀로 일어섭니다. 그 모습에 모든 청중들은 박수갈채를 보냅니다. 이 뻔한 레퍼토리는 수천 년 전 로마의 극장에서부터 현대의 TV 화면 속에까지 거의 그대로 유지되고 있습니다.

하지만, 현실은 다릅니다. 공황장애 극복 과정은 드라마나 영화에서의 뻔한 레퍼토리와 달라도 너무나 다릅니다. 재미있고 특이하고 의미 깊은 사실들만을 골라 극으로 엮는 이런 영화나 드라마는 그 자체가 짜릿한 감동을 주기 위한 목적이지만, 실제로 이 병의 극복은 재미있고 특이하거나 의미 깊은 사실들로만 연결되지 않습니다.

오히려 매 순간이 힘들고 절망스럽고 스스로를 쥐어짤 정도로 고난의 시간들을 이어나가는 것과 더 가까울 수 있습니다. 그 결과 재미없는 드라마 채널을 다른 채널로 휙 돌려버리듯, 이 병의 극복 과정에서 수없이 채널을 다른 곳으로 돌려 노력의 흐름을 끊어버리는 우를 범하게 됩니다. 채널을 다른 곳으로 돌리는 행위란 결국 '포기'입니다. 이 병의 극복 노력을 포기한다는 의미지요. 포기는 곧 정체이자 후퇴입니다.

극적인 이벤트를 기준으로 한다면 우리가 하는 극복 노력은 지루하고 힘이 드는 과정입니다. 노력 과정의 매 순간마다 '극적인 희열 얻기'를 소망하는 분들은 결코 그 노력을 오래 잘 유지하지 못할 것이고, 궁극적으로 이 병을 완전히 이겨내기 어려울 것입니다. 하지만, 극적 희열을 기대하지 않으면 그 결과는 다릅니다.

고통스러운 노력을 하는 모든 사람들. 복싱 경기를 위해 연습에 전념하는 선수들이나 올림픽을 앞둔 각 종목의 선수들. 그들은 인간의 한계를 넘어서는 훈련을 매일 반복해갑니다. 참으로 초인적이고 피와 땀이 배어 나올 정도로 심한 운동을 매일 하는 그들은 그 과정을 도대체 어떻게 이겨낼까요? 실제로 그 사람들의 심리를 가만히 연구해보면 아주 흥미로운 점이 있습니다.

그들의 노력 과정에서 다음 두 가지 공통점을 관찰할 수 있습니다.
첫째, 이 시간의 노력 과정에만 전념이 된 몰입 상태
둘째, 최종적인 목표만 있고, 그 목표의 달성 가능성에 대한 평가를 멈춘 상태

하루하루 땀을 흘리며 노력해가는 사람들의 생각과 마음속에는 오직 '현재'만 존재합니다. 지금 나의 움직임과 단련 그리고 기술의 숙달 그 자체만 생각하고 추구합니다. 그 이외의 모든 생각은 최소화하고 모든 변화 관찰을 멈춘 상태로 그들은 날마다 연습을 반복합니다.

또한 목표의 달성, 그 최종적인 영광의 순간만을 기대합니다. 그외 중간 과정에서 내가 겪을지 모르는 좌절과 실패 등에 대한 모든 염려와 두려움을 멈추고 오직 매일 연습을 거듭해갑니다. 중요한 경기를 앞둔 모든 선수들은 예외 없이 위의 두 가지 몰입된 상태를 날마다 유지하려고 노력하는 데 가장 큰 힘을 쏟습니다.

공황장애를 이겨내기 위해 매일의 이해와 움직이기 노력으로 호전해 가는 분들은 예외 없이 이런 운동선수들의 심리 상태와 동일한 양상을 보입니다.

이 병을 이겨내기 위해 이 순간 내가 하는 모든 노력 행위에 대한 집중 이외의 다른 모든 생각들은 대게 '염려'로 흐르게 됩니다. 염려는 곧 몸에 닥쳐올지 모르는 신체 증상, 운동 도중에 나타날지 모르는 불쾌감, 예기불안, 운동 중에 혹시 내가 쓰러지거나 위급 상황을 맞게 될지 모른다는 걱정, 모든 부정적 상상에 기초한 불안의 잡념까지 폭넓게 포함하는 개념입니다.

지금 떠오르는 꼬리를 무는 염려를 등에 업고 움직이기 노력을 해나가면, 당연히 매 순간 불안하고 더 힘들게 느껴집니다. 따라서 내 머릿속의 모든 생각을 백지로 만들고, 내가 하는 노력의 과정 자체와 동작 자체에 대해서만 생각하고, 그 생각마저도 멈추려 노력해야 합니다.

또한 이 병을 이겨내는 과정에서 수시로 하는 '중간평가'는 모두 멈춰야 합니다. 중간평가는 노력 초기에 잠시 마음속에 작은 희망을 느끼도록 해주지만, 대개는 긴 노력 과정에서 부정적인 '조급증'을 유발합니다. 그 조급증은 새로운 염려를 부르고, 좌절과 우울을 불러냅니다. 지금 이 노력에 대한 모든 중간평가를 머릿속에서 지우고, 오로지 노력 자체의 목표 즉, 이 병을 깔끔히 털어낸 좋은 상황의 모습만을 머리에 희망적인 이미지로 떠올리고, 중간에 겪게 될지도 모르는 어려운 상황들에 대한 부정적 상상들을 내 머리에서 내쫓아야 합니다.

운동선수를 단련시키는 코치들이 가장 먼저 하는 일은 바로 '선수가 한 가지 목표만 생각하도록 만들기'입니다. 그 이외의 생각들은 대게 잡념으로 이어지고 선수의 훈련 효율을 떨어뜨리기 때문입니다. 공황장애 극복 과정도 그와 똑같습니다.

호전과 완치. 오로지 그 목표만 떠올리고 완치되어서 행복을 되찾게 될 내 미래의 모습만을 그림처럼 머리에 떠오르도록 만들어가야 합니다. 그 밖의 생각들은 예외 없이 잡념으로 흐르게 되며, 염려가 습관화된 사람일수록 그 잡념은 습관에 비례하여 증가함을 이해해야 합니다.

앞서 말한 대로 우리의 마음은 '상상'을 동원하여 현재에 그대로 머물도록 나 자신에게 강요합니다. 뇌는 익숙하지 않은 상황에 대해 두려움과 스트레스를 느끼도록 만들어서 이 새로운 것들을 거부하고 회피하도록 하는 습성이 있습니다. 공황장애의 세계에 오래 머물수록 나의 이성은 이 병을 빨리 탈출하고 싶어 하지만, 우리 감성은 그냥 현재에 머물라고 나에게 자꾸 강요합니다. 뇌의 그러한 본능적인 강요는 각종 신체 증상, 두려움과 공포감, 염려와 불안을 만들어냄으로써 나를 현재에 머물고 꼼짝 못하도록 만듭니다. 바로 이 덫에 걸려든 사람들은 이 병의 극복을 위한 모든 근원적인 노력들을 포기하고 멈출 뿐 아니라, '극심한 신체 증상 때문에 그런 노력을 더 이상 할 수 없다'고 스스로 합리화합니다. 즉, 노력에 대한 회피는 결국 '경험해보지 못한 미래를 두려워하고 회피하고 그냥 현재에 머물러 있으려는 뇌의 본능이 시킨 결과'라는 것을 정확히 이해해야 합니다.

필자가 극복 노력을 시작했을 즈음, 운동을 하기 위해 아주 조금 움직였을 뿐인데도 고통스럽고 두려운 증상들이 심하게 몰려왔습니다. 자리에서 일어서기만 해도 두근거리는 가슴과 치밀어 오르는 메스꺼움, 눈앞이 새까매지는 그 두려운 불쾌감, 그런 증상들을 생각으로 이해하려 해도 결국은 사라지게 할 수 없었습니다.

하지만, 그 불편과 두려움 자체를 관찰하는 모든 관찰의 스위치를 마음속에서 꺼버리고, 매일 조금씩 천천히 해나가는 운동 과정 그 자체에만 몰입하려 노력했습니다. 노력 초기에 나타나는 여러 증상의 변화에 자꾸만 신경이 쓰였지만, 이후 시간이 흐르고 노력 과정에 익숙해져갈수록 초기의 그러한 잡념들은 서서히 운동 과정을 방해하지 못했습니다. 그럴수록 운동 중에 나타나는 고통과 증상에 익숙해져서 그것들에 별로 신경 쓰지 않고도 목표로 했던 노력 자체에 집중할 수 있는 역량이 갖춰져 갔습니다.

이 병을 이겨나가는 모든 과정에서 오로지 '지금 이 순간의 보람'만을 생각하십시오. 비록 불편하고 힘든 과정이지만, 이렇게 날마다 몸을 움직이고, 마음을 바꾸고, 생각을 멈춰가는 이 모습 자체를 보람으로 느껴가는 행위, 그 행위의 성취감에만 모든 초점을 맞춰야 앞으로 긴 시간의 노력에서 고통이 덜 느껴지게 됩니다.

노력을 해나가되 오로지 현재의 보람만 생각하십시오. 나머지 모든 생각은 다 부질없는 잡념입니다. 그 잡념은 떠올릴 가치가 없고, 떠올려봤자 내게 득 될 것이 없음을 명심하십시오.

순발력에 의존하지 말고 정도대로 노력하라

나의 생활과 생계 속에서 항시 행할 수 있는 규약을 만들어 행하십시오. 그 규약들을 바로 '정도'라고 하며, 정도대로 절제하고 근면하게 해나갈 때 나의 호전 속도는 훨씬 빨라집니다.

올바른 길, 합리적인 길, 그리고 보편타당한 길을 바로 '정도'라고 합니다. 그 정도를 벗어나면 아주 드물게 큰 노다지를 발견할 수도 있지만, 그러려면 행운이 따라주어야 합니다. 그러나 나의 공황장애 극복에 있어서 행운은 포기하십시오. 즉, 정도대로 행하고 노력해 가십시오.

길 가는 사람들을 가만히 지켜보면서 그중 누가 앞으로 공황장애에 걸리게 될지를 알아맞히는 것은 거의 불가능한 일입니다. 하지만, 극복을 위한 노력을 해가는 과정에 있는 공황장애 환자들을 가만히 지켜보면 과연 누가 미래에 공황장애를 잘 극복하게 될지 알아맞히는 것은 그리 어려운 일이 아닙니다. 공황장애를 잘 극복하는 데에는 결국 우직하게 정도대로 노력하고 있느냐만 구분하면 되기 때문입니다. 정도대로 묵묵히 노력해가는 사람은 필히 완치되지만, 매 순간 방향을 선회하고 증상 변화에 따라서 노력의 양상이 출렁이는 사람은 쉽게 낫기 어렵다고 보면 거의 맞습니다.

정도가 무엇인지, 이 병의 극복 방법이 무엇인지, 또한 극복을 위해 해야 할 것이 무엇이며, 무엇을 경계하고 절제해야 할지를 이해하는 것은 그리 어렵지 않습니다. 즉, 개략 이해하는 것까지는 누구나 의욕만 있으면 도달 가능하지만 그 이해를 행동으로 옮겨서 몸으로 부딪히며 본격적으로 체감해가는 과정부터는 전혀 얘기가 달라집니다. 더욱이 정도의 길에는 인내의 시간이 길게 이어지므로, 그 인내를 충분한 시간 동안 허락하고 해나가는 것은 말처럼 쉽지만은 않습니다.

인내하지 못하고 노력에 게을러지는 과정에는 나의 여러 습관들이 연관되어 있습니다. 그 습관들 중에서 놓쳐서는 안 될 부분이 바로 '순발력에 의존하기'입니다. 순발력은 위급할 때 발휘하면 일종의 영리한 판단으로 작용할 수 있습니다. 반면, 중요한 사안들에 대해서 순발력에만 의지하여 수시로 평가하고 행동을 달리 선택한다면, 그 사람의 미래는 색깔도 소신도 중심도 없는 '떠돌이 삶'의 색채를 띠게 됩니다. 이 병을 이겨나가는 과정에서 이런 순발력은 별로 필요 없습니다. 극복 노력의 전 과정에서 순발력을 깔끔하게 지울수록 극복은 더 용이해진다는 것을 명심해야 합니다.

정도는 올바른 방법이자 보편적이고 합리적인 방법을 의미합니다. 다만 단시간 유지될 때 효과가 없는 경우가 많고, 장시간 잘 유지될 때 효과를 제대로 볼 수 있습니다. 또한 작은 환경 변화나 상황 변화에도 불구하고 이 정도를 변경해서는 안 됩니다.

단기적으로 보면 정도의 길은 일견 답답하고 비효율적으로 느껴질 수 있습니다. 정도보다는 오히려 순발력에 기초하여 이런저런 생각을 하고 보다 효과적으로 극복 과정을 더 용이하게 해나가는 것이 낫다는 생각이 들기도 합니다. 그러나 정도에 따라 노력해가는 과정에서, 정도를 포기하고 순발력에 의존하여 극복 과정을 보다 짧게 만들고 싶은 유혹을 떨쳐내는 과정을 이겨내지 않고서는, 공황장애 극복 노력을 끝까지 제대로 해나가기 어렵다는 것을 유념해야 합니다.

정도를 걸어가는 과정 초기에는 비교적 즐겁게 느껴지기도 합니다. 하지만, 정도를 지켜가는 시간이 길어질수록 즐거움과 보람은 희미해지고 그 희미해진 공간에 게으름과 유혹, 합리화와 회피 등 여러 얼룩들이 나타나게 됩니다.

게다가 나름대로 정도를 성실히 지켜나감에도 불구하고, 내 호전의 속도가 느리거나 만족스럽지 못하게 느껴지는 상황도 당연히 마주치게 될 것입니다. 그렇게 정체된다고 느껴지는 시간들에서 바로 이 정도를 포기하도록 만드는 아주 중요한 고비가 나타나기 쉽기에, 호전의 속도가 정체되는 순간일수록 더욱 정도를 벗어나지 않도록 스스로를 예의 주시해야 합니다.

시대를 막론하고 정도라는 단어는 정말 우리 삶의 주제로 추구할만하지만, 우리 같은 평범한 사람들이 거창한 정도를 지키는 것은 쉬운 일이 아닙니다. 따라서 나의 스케일에 맞는 아주 간단한 정도를 지켜나가는 것이 수월합니다. 필자 또한 노력 과정에서 매일 실행할 정도를 정하기도 했지만, 결국 그 정도는 아주 구체적인 몇 가지면 족했습니다. 그 예로, '매일 빠짐없는 마루 걸레질(땀의 노동)', '적은 양이라도 삼시세끼 제시간에 먹기(바른 식습관)', '정해진 시간에 잠들고 정해진 시간에 일어나기(바른 수면 습관)', '잡념을 떠올리지 않는지 2시간마다 평가하고 결과를 날짜와 시간별로 휴대폰에 메모해두기(생각 다스리기)' 등입니다.

이처럼 쉽고 명료하고 현실적인 정도일수록 오래 잘 유지할 수 있고, 잘 실행해나가는 스스로에게 더 큰 신뢰를 느낄 수 있습니다.

다만, 이 정도를 매일 해나가는 과정에서 반드시 '물러설 수 없는 마지노선'이라고 여기는 마음의 굳은 자세가 필요합니다. 마지노선이 무너지면 결국 전쟁에서 지듯이, 내가 더 이상 양보할 수 없는 최후의 보루로 여겨야 합니다. 정도는 아주 단호하게 타협 없이 지켜져야 합니다. 정도대로 행하면 서서히 그것을 지켜나가는 나 자신을 신뢰하게 되고, 그 신뢰의 과정은 곧 '안심'을 직접 나의 내면에 만들어갑니다.

간단한 정도들을 몇 가지 만들어 내 생활과 생업 속에서 매일 해나가면서 의식하지 않고서도 자연스럽게 잘 실행되어갈 때, 추가적인 정도들을 더 설정하여 하나둘씩 천천히 늘려나가는 것이 극복 노력의 전 과정에서 아주 큰 도움이 됩니다.

정도는 항상 올바르게 정해져야 합니다. 또한, 거창하지 않아야 하며 항상 내 생활과 생업의 시간 중에 실행할 수 있어야 합니다. 즉, 그 정도가 내 생활의 바탕을 바르게 유지함은 물론, 나의 바탕이 시계처럼 규칙적으로 잘 움직이도록 만들 수 있어야 합니다.

군대는 몸을 건강하게 유지하는 데 아주 좋은 환경입니다. 또한 대단히 검소하고 시간 준수에 엄격하며, 끊임없이 몸을 움직여 목표를 추구하는 곳입니다. 그곳에서는 반드시 지켜야 할 규약들이 마치 정도처럼 존재합니다. 그렇게 절제와 근면을 요구하는 그 환경은 대체로 몸과 마음을 건강하게 유지하는 데 유리합니다.

과도한 자유는 더 이상 자유가 아닌 '무절제'로 이어집니다. 무절제란 결국 '자신을 스스로 통제하지 못하고 근면한 상태를 유지하지 못하는 것'을 의미합니다. 극복 노력에서 해나가야 할 '정도'들은 바로 그런 무절제를 최소화하기 위해, 나의 의지에 따라 내 생활과 생업에 설정된 규약입니다. 그 규약을 하나씩 만들고 그것을 실행해나가면서 내 몸과 마음에 익숙해지도록 만들어가십시오.

절제와 근면, 이 두 가지를 습관으로 내 안에 실현하기 위해 내가 만들어 행하는 제도가 바로 '정도'입니다. 그 바탕 위에서 나의 호전은 더욱 확고하게 빨라질 것입니다.

눈을 감고 이미지를 떠올려라

노력 과정에서 생길 수 있는 모든 상황들과 그 속에서 내가 어떻게 대응해야 할지를 미리부터 머릿속에 침착하고 자세하게 그려 두십시오. 그 방법이 중요한 순간에 최강의 약효를 낼 것입니다.

머릿속에 그림을 그립니다. 내가 태어나 이토록 자세히 떠올려 본 적이 없을 정도로, 아주 생생한 그림을 떠올립니다. 그 그림은 오늘 하루 내가 해나갈 예정인 모든 노력의 모습들입니다.

오늘 예정된 운동을 하기 위한 모든 과정의 모습을 머릿속에 생생한 이미지로 떠올려 봅시다. 옷을 갈아입고 현관문을 나서는 나의 모습부터 기분까지. 동네 앞으로 나서는 길에 늘어선 가로수를 바라보고, 푸른 하늘을 올려다보는 나의 모습. 동네 초등학교 운동장을 가볍게 달리는 나의 모습. 서서히 호흡이 가빠오더라도 두려워하지 않고 직면하며 그 느낌에 익숙해지려 스스로 용기를 불어넣는 나직한 중얼거림까지. 아주 생생하게 그 자세한 행동과 느낌을 처음부터 끝까지 내 머릿속에 그림으로 떠올립니다.

그에 더하여 과정에서 내가 느끼게 될 기분까지 떠올립니다. 떠올린 기분은 머리의 그림이 더욱 생생하게 살아 숨 쉬는 듯 만들어나갑니다. 그리고 그 그림들은 나의 오늘 하루 미래의 모습이라는 것을 미리부터 뇌 속에 시뮬레이션 하도록 합니다.

'하루의 모든 노력 과정을 미리부터 머릿속에 이미지로 시뮬레이션 해두면, 이는 훌륭한 사전 암시 효과를 발휘합니다. 즉, 실제로 내 기분과 몸, 컨디션이 미리 그렇게 될 준비를 하는 것입니다. 사전에 이렇게 시뮬레이션 되어 암시된 기분은 실제 상황에서 더욱 수월하게 예정된 반응을 보입니다.

공황장애 극복 노력이 지지부진한 분은 자신도 모르는 사이 미리부터 자신의 뇌 속에 아주 부정적인 시뮬레이션을 해두는 점이 특징입니다. 운동을 나가서 힘든 증상이 올까 봐 염려하는 이미지를 미리부터 머릿속에 그려둡니다. 운동하는 도중에 숨이 가빠오면 호흡 곤란이 일어날까 봐 염려하고 혹시나 공황발작으로 이어질까 봐 두려워하는 내 모습의 그림들을 미리부터 암시해 두는 것입니다.

참으로 신기한 것은, 부정적인 그림을 머릿속에 그려두는 요령을 누가 가르쳐준 적이 없는데도, 대다수 공황장애 환우들은 이 행위를 스스로 연습하고 실행하면서 부정적 역량을 아주 잘 키워나가고 있는 점입니다. 이는 부정적인 것으로 더욱 능동적으로 되기 쉬운 우리의 본능과 긴밀한 관련이 있다 할 수 있습니다.

이러한 이미지 떠올리기는 유사시 나의 대응 행동을 미리 대비해 두는 것에도 적극적으로 활용해야 합니다. 갑자기 예기불안이 나타났을 때, 의연히 대응하는 나의 생각, 행동, 기분까지 모든 것들을 미리 자세하게 그려둬야 합니다. 이후 실제로 응급 상황에서 그려둔 모습대로 생각하고, 행동하며 그렇게 기분을 느끼려 연습하고 노력해야 합니다.

필자는 운동 중에 수백 번도 더 넘는 예기불안과 신체 증상을 마주쳤습니다. 초기에 아무런 요령도 갖추지 못한 채 운동하기 위해 무작정 밖으로 나갔을 때, 예기치 못한 불안과 힘든 증상들은 필자에게 노력을 포기하고 곧바로 집으로 돌아가고 싶게 만들었습니다. 그러는 과정에서 예기불안이 올라오거나 신체 증상이 갑자기 올라왔을 때 내가 어떻게 대응하고 행동하며 실행해야 할지를 상세히 머릿속에 미리 그려두기 시작했습니다. 그 결과 신기하게도 증상에 대하여 훨씬 더 의연하고 침착하게 대응할 수 있었고, 그것들 때문에 하던 운동을 멈추는 우를 예방할 수 있었습니다. 미리 이미지를 머릿속에 잘 그려두고, 위급한 순간 내가 해야 할 모든 생각과 자기암시를 강력하게 각인해두었기에, 극복 노력이 위기에 처할만한 많은 순간들을 결과적으로 잘 피해 나갈 수 있었습니다.

긍정적인 그림을 자세하게 미리 그려둔 사람과 그렇지 못한 사람의 차이는 하늘과 땅 차이입니다. 그날 하루의 노력으로부터, 유사시 나의 대응 모습까지 미리부터 성실하게 그림을 잘 그려두고, 실제 상황에서 그림처럼 움직이고 생각하고 느끼려 노력하십시오.

자기암시란 거창한 그 무엇이 아닙니다. 어떤 이들은 자기암시를 명상센터나 사찰, 심리상담소 등 거창한 곳에서 비싼 월 회비를 내가면서 배우기도 하지만, 실제로 정작 필요한 이 병 극복을 위한 자기암시는 예상되는 그 상황을 미리 그려두는 작은 노력으로부터 시작하는 것이 가장 효과적이라는 것을 꼭 명심하십시오.

세상 어떤 약도 자기암시 효과를 낼 수 없습니다. 내가 스스로 만드는 약이 세상 최고의 효과를 발휘합니다.

제 2 장

극복의 길 위에서

극복의 길 위에서

공황장애의 이해를 깊게 하고, 생활 곳곳에서 움직이기를 멈추지 않으며, 직면과 노출을 통해 증상에 무뎌져 갈수록, 서서히 호전되어 간다는 것은 이미 책 제1편 〈극복의 시작〉을 통해 잘 알고 있습니다.

그러나 그 호전 노력을 해나가는 과정에서 어떤 유혹과 부정적인 생각들이 고개를 쳐들게 될지 미리부터 잘 유념해 두어야 합니다. 극복 노력을 포기하는 많은 분들은 실제로, 극복 노력 자체가 힘든 것이 아니라, 극복 노력의 과정에서 마주치는 증상과 불안, 염려와 생각, 회의와 실망으로, 소중한 노력을 포기하거나 중단하게 되기 때문입니다.

우리의 마음은 뭉뚱그려져 있는 것에 대해 더 큰 의미를 부여하고, 더 강한 각인을 받습니다. 정확히 인지된 증상들은 누가 시키지 않아도 그 추이를 침착하게 관찰하지만, 아무것도 분간이 안 된 증상들은 무작정 치명적인 질병의 가능성만을 나의 머릿속에 꽉 채워 염려로 수행하게 됨을 의미합니다. 노력 과정에서 이러한 고민과 근심은 수없이 내게 닥쳐올 것입니다.

나 자신이 만약 극복 노력을 포기하거나 멈추게 된다면, 그것은 중도에 나타나는 증상 그 자체가 아니라 증상이 또 오게 될 것이라는 뭉뚱그려진 예측, 증상 이면에 내 가슴속에서 수행되는 나의 조건반사적인 부정적 생각과 그에 반응하여 강화되는 신체 증상 때문입니다.

필자도 한창 극복 노력을 진행하는 과정에서 여러 차례 포기하고 싶었습니다. 그러나 결과적으로 포기하지 않을 수 있었던 이유는, 증상때문이 아닌 나의 머릿속에 계속 맴도는 여러 부정적 생각들 때문에 포기를 떠올리게 되었다는 것을 어느 순간부터 간파할 수 있었기 때문입니다.

그 부정적 상념들은 바로,
힘들다, 지친다, 지긋지긋하다, 실망스럽다, 다 놓아버리고 싶다, 절망적이다, 혹시 더 심해질까 봐 두렵다, 언제까지 이 짓을 해야 하나…
이런 것들이었습니다.

사실 위에 적힌 것들 중에서 '증상' 자체인 것은 하나도 없습니다. 위의 것들은 예외 없이 바로 필자 자신이 해내는 생각이자 푸념입니다. 이러한 부정적 생각과 푸념들이 바로 내 노력을 멈추고 포기하도록 만드는데 직접 작용하는 독약인 셈입니다. 필자도 이 사실을 알아채고 깨닫는 과정을 거치면서 결국 완치를 향한 의미 있는 시간을 포기하지 않고 견뎌낼 수 있었습니다.

극복 노력의 길 위에서는 누구나 공평합니다. 더 잘나고 못난 사람의 차별은 존재하지 않습니다. 그동안 못난 습관을 지니고 살아왔기에 공황장애라는 병이 그 습관에 의하여 활성화되었고, 극복의 길 위에 선 모든 사람들은 예외 없이 '습관 개선'을 향한 공평한 출발선에 서 계신 것입니다.

분당의 K 씨(남, 40대 중반)는 대학에서 가르치는 일을 하고 있습니다. 그는 이미 18년째 공황장애를 앓고 있는데 그동안 수많은 값비싼 치료들을 받아왔음에도 가슴이 갑갑한 증상과 숨이 차오르며 예기불안이 몰려오는 상황을 두려워했습니다. 이 증상들을 긴 시간 동안 겪어오면서, 이미 이 증상을 해소하기 위한 모든 노력을 포기한 상태이고, 그렇게 지난 시간들을 거의 포기 상태에서 약만 복용하면서 지내왔습니다.

또한 이천의 Y 씨(여, 30대 초반)는 평범한 가정주부입니다. Y 씨는 지난 2년간 공황장애를 앓아 왔고, 수시로 치받아 오르는 두근거림과 식은땀 증세 때문에 이 병을 마무리 짓지 못해왔습니다. 그녀 또한 유명한 병원과 한의원, 명상원, 기도원까지 안 해 본 것이 없을 정도로 많은 치료를 받았습니다.

위의 두 분은 공히 거의 같은 시기에 카페에서 처음 뵈었고, 자기 노력이라는 개념을 처음 접하면서 공황장애 극복에 대한 자기 노력의 출발선 위에 함께 섰습니다. 이후 약 1년이 지난 시점에서 앞의 K 씨는 분명히 많이 좋아졌지만 아직 약을 끊지 못한 상태로 증상도 간헐적으로 나타나는 상황입니다.

반면 Y 씨는 불과 서너 달 만에 확고한 호전 위에 올라섰고, 약 8개월 정도 만에 근완치에 도달해 어떤 증상이나 약도 그녀로부터 이미 자취를 감춰 버렸습니다.

이들 두 분의 엄청난 시간 차이는 그 이유가 어디에 있을까요? 그것은 바로 '대처 요령 습득과 실행에 대한 적극성의 차이'에 있음을 필자는 잘 알고 있습니다.

K 씨는 워낙 장시간 이 병을 앓아왔기 때문에 이 병이 무엇이고 어떻게 극복해야 하는지 그 포괄적인 개론은 너무 잘 알고 있었지만, 실제 생활 속에서 매일 증상과 싸워나가는 실전 요령에 대해서는 큰 관심이 없었습니다. 즉, 전쟁에 대한 지식에는 해박했지만, 내가 직접 총을 들고 싸워 현장에서 승리를 쟁취하는 구체적인 행동과 생각, 기본 요령에는 미숙했던 것입니다. 반면, Y 씨는 전쟁에 대한 이해도 성실했지만, 무엇보다 실제 전투에서 발휘할 모든 기량들을 수시로 익히고 몸을 움직여 터득했기 때문에 빨리 호전될 수 있었습니다. 요령 습득과 실행의 적극성이 만들어낸 두 환우의 호전 정도의 차이는 비교가 불가합니다.

극복의 길 위에서 내가 무엇을 어떻게 마음먹고 노력하며 유지해갈지, 제2장에서 그 핵심적인 요령들을 배우는 계기가 되시기를 기원합니다. 머리로 배워가는 과정과 몸으로 체득해가는 과정을 더욱 효율적으로 해나가려면 공황장애라는 병이 쳐 놓은 함정들을 미리부터 정확하게 꿰뚫어 바라볼 수 있어야 합니다.

미리 이해하고 체득해둘수록 당신의 극복 노력 시간은 더욱 짧아질 것입니다. 그 시간을 더욱 단축하기 위해서 항상 노력하는 자세로 제2장의 내용들을 가슴속 깊이 넣어두고 수시로 꺼내어 사용하시길 바라는 마음입니다.

표독스럽게 이빨을 드러내라

유사시 아주 악독한 표정을 지으십시오.
내 안으로부터 치받아 오르는 증상과 예기불안이 느껴지는 그 순간
지체 없이 날카로운 이빨을 드러내면서 무서운 표정을 지으십시오.

고통을 참는 법 중 가장 좋은 방법은 '표독스러운 인상'을 짓는 것입니다. 아주 독하게, 순식간에 달려들어 물어뜯을 기세의 표정. 바로 그 표정을 지어야 고통을 덜 느끼고, 더 나아가 공포도 덜 느낄 수 있습니다.

반대로 놀란 표정은 고통과 두려움을 더 강하게 느끼게 합니다. 실험에서도 눈을 가늘게 뜨고 입을 악물거나 이빨을 날카롭게 드러내면 실제로 통증의 정도와 공포가 줄어듭니다. 반면 눈을 크게 뜨고 입을 벌리고 뺨을 이완하면 결과적으로 공포감과 경계심이 배가되고 신체적인 반응도 크게 증가하게 됩니다. 실제로 이 두 가지 표정을 각각 지어보고 느낌을 비교해 보십시오.

운동을 며칠 잘 진행하다가 갑자기 '강력한 예기불안'이 엄습해 온다고 가정합시다. 그 순간 놀란 표정을 지으면, 정말로 그 예기불안은 순식간에 거품처럼 부풀어 내 온몸과 마음을 장악해버립니다. 이 경우 내가 증상들에 대한 조절력을 제대로 갖추지 못한

상태라면 강렬한 예기불안은 본격적인 공황발작으로 직결되기 아주 쉽습니다. 이와 반대로 예기불안이 올라오는 것을 느끼자마자 아주 표독스럽고 잔악무도한 표정으로 그 불안을 날카롭게 째려보면서, 마치 콱 물어뜯어 버릴 듯이 내 이빨을 드러내면, 정말로 예기불안은 더 커지지 못하고 스멀스멀 약해지게 됩니다.

다소 엉뚱하게 들릴 수 있는 이 요령은 필자가 극복 노력을 하면서 우연히 발견하여 유용하게 활용한 여러 요령 중 하나이고 수백 차례 사용하여 확고한 검증을 거친 요령이므로 언제 어디서든 유용하게 사용하십시오. 위기 조절력을 확보하는데 어마어마한 도움이 될 것입니다.

다만, 이 요령 또한 사전 연습이 필요합니다. 먼저 가만히 눈을 감고 상황을 머릿속에 생생하게 그려봅니다. 운동을 시작했는데 불과 몇 분도 지나지 않아서 불쾌한 두근거림과 식은땀이 갑작스럽게 감지됩니다. 마치 내 몸에 그런 현상이 일어나고 있는 것처럼 머릿속에 구체적인 이미지로 나의 모든 마음과 기분을 실어 상상하십시오. 그렇게 증상이 스멀대며 올라올 무렵 즉시, 무섭고 험악한 표정을 조금도 주저하지 말고 지으십시오.

눈을 독하고 가늘게 뜨고 미간과 코를 잔뜩 구겨 턱에 힘이 잔뜩 들어가고 날카로운 나의 송곳니가 사납게 드러나도록, 내가 지을 수 있는 최대한 독하고 무서운 표정을 지금 느껴지는 그 증상에게 지으십시오.

나의 무서운 표정과 드러낸 이빨에 스멀스멀 올라오던 신체 증상과 불쾌감이 주눅 들면서 꼬리를 내리는 모습을 떠올리십시오. 주눅이 든 증상이 서서히 낮아지더라도 표정을 풀지 말고, 이 표정을 오래 더 긴 시간 유지하기 위해 호흡을 깊고 편히 천천히 하십시오. 이 요령을 하루 세 번 매일 빠짐없이 최소 2주 이상 연습하고 나서, 이후 본격적인 움직이기 노력에 들어가 사용해 보면 아주 훌륭한 사전 대비가 될 것입니다.

운동 중에는 여러 가지 증상들이 내 몸에 수시로 나타날 수 있는데, 아직 준비가 덜 된 분들에게는 그 증상들이 자신의 움직이기 노력을 가로막는 주범이 될 수 있습니다. 운동 중에 증상이 나타날 듯 불쾌한 느낌이 느껴질 경우, 지체하지 말고 미리 연습해 둔 독한 표정을 지으십시오. 주변 사람들을 의식하지 말고 스멀거리면서 올라오던 증상이 완전히 주눅 들어버리도록 가차 없이 몰아붙여야 합니다.

실제 움직이기 노력을 진행하는 과정에서 이 '독한 표정 짓기'를 자주 실행하고 반복하면, 이 요령 자체가 세상 그 어떤 약보다 강력하고 즉각적인 불안 억제 효과를 발휘한다는 것을 체감하게 될 것입니다. 물론, 증상을 제압한 후에는 그 승리감과 보람을 만끽하고 얼굴에 큰 미소를 지으면서, 대견스럽게도 그 순간 후퇴하지 않고 이겨낸 나 자신에게 아낌없는 칭찬을 해주십시오. 어떤 증상이든 올라오려는 그 순간 '초반에 기세를 제압해 버려야' 한다는 점을 꼭 명심하십시오.

가차 없이 욕하라

욕설은 아주 훌륭한 무기입니다.
증상과 불안이 느껴지면 바로 악독한 욕설을 그것들에게
내뱉으십시오. 조금도 주저 말고 악독한 욕을 해주면
증상과 불안은 십분의 일로 줄어듭니다.

전투를 앞둔 군인들은 군가를 외치고, 경기를 앞둔 선수들은 구호를 외칩니다. 사실 이들 외침 중에서 가장 뛰어난 효과를 발휘하는 것은 다름 아닌 '욕설'입니다. 물론, 타인에게 하는 욕설은 그 자체가 부도덕일 수 있지만, 치밀어 올라오는 증상과 예기불안에 대해 남이 아닌 나 자신에게 퍼붓는 욕설은 그 정도가 아무리 심해도 '무죄'입니다.

욕설은 실제로 나의 용기를 배가시키고 호전을 극대화합니다. 실제로 침묵한 상태보다 강하게 욕설을 입 밖으로 외치면, 욕설을 내뱉는 배짱 있는 '용기'와 더불어 '공격성'이라는 보너스까지 얻을 수 있습니다. 공격성을 띠면 몸과 마음에는 강한 '초점'이 생겨나고, 동시에 뇌와 온몸에 산재한 여러 기관에서 그 강한 초점을 뒷받침하는 관련된 투쟁의 호르몬들을 내뿜게 됩니다.

그 호르몬 중에서 엔도르핀은 극복 노력의 전 과정에서 내 의지대로 수시로 끌어내 사용할 수 있는 세상 최고의 진통제입니다. 엔도르핀의 진통 효과는 확실하지만, 그에 상응하는 부작용이 없기로도 유명합니다. 극한의 위험 상황에서 불과 십만 분의 일 밀리그램이란 아주 작은 양만으로도, 그 즉시 모든 통증이 느껴지지 않게 되고 오직 투쟁 행위 자체에만 전념할 수 있도록 해줍니다.

만약 내게 엔도르핀이 필요하다면 즉시 아주 강하고 사납게 욕설을 내뱉으면 됩니다. 욕을 하는 순간 뇌에서는 엔도르핀이 자동으로 분비되며, 내가 하려는 행위 자체에 더욱 강한 초점을 맞출 수 있도록 집중력을 극도로 높일 수 있게 되고, 동시에 올라오던 예기불안과 신체 증상들을 즉시 최소화할 수 있습니다.

우리가 응급한 순간 생각과 행동의 초점을 오직 하나에 집중하기 위해 생성하는 엔도르핀의 역할은 앞서 언급한 전투를 앞둔 군인들이나, 맹수와 싸우기 직전 사냥꾼의 뇌에서 강렬하게 나타나는 현상이기도 합니다. 이들은 공히 목표물을 공격해 무력화시키기 위한 한 가지 행위 이외의 모든 잡념과 공포감을 정지하고 최소화함으로써, 최고의 집중력과 공격력을 이끌어낼 목적으로 엔도르핀을 활용하는 고도의 집중력을 발휘하는 사람들입니다.

부작용 없는 천연 진통제인 엔도르핀이 필요할 때 마음대로 끌어내 사용할 수 있다면, 그 어떤 위급한 순간에도 불필요한 고통 없이 그 순간을 넘기고 극복해내는 데 아주 강력한 도구를 얻게 됩니다. 물론, 엔도르핀은 결코 공짜로 주어지지 않습니다. 이 또한 마찬가지로 사전 연습을 통한 숙달이 필요합니다.

눈을 감고 머릿속 잡념을 모두 멈춘 후, 내가 운동하는 상황을 머리에 떠올리십시오. 운동을 하다가 갑자기 호흡이 가빠지고 머리가 어지러우며 가슴이 두근거리는 불쾌감이 느껴지기 시작했다고 가정합니다. 마치 실제로 내 몸에서 그 반응이 일어난 것처럼 상상 속에 생생하게 몰입하십시오. 지금 나의 몸에 스멀스멀 증상이 기어 올라오자마자 드디어 나를 수많은 좌절과 절망으로 몰아넣어 온 불쾌한 신체 증상과 예기불안이 서서히 고개를 쳐들기 시작합니다.

예전이라면 이 증상과 불안에 화들짝 놀라 운동을 멈추고 잔뜩 겁먹고 위축되었겠지만, 이제는 표독스러운 표정으로 이빨을 드러냄과 동시에 아주 강렬하게 상상할 수 있는 가장 잔혹한 욕설을 외치십시오.

"꺼져 이 XXX놈아!"

"이런 X같은 XX 어딜 감히 대가X를 쳐들고 기어 나와?"

"확 XXX버린다. 이 XXX넘의 새끼야!"

체면은 모두 땅에 쏟아버리고, 내가 알고 있고 말할 수 있는 가장 최악의 욕설을 고개를 쳐드는 증상과 예기불안을 향해 강력하게 외치십시오. 그 결과 정말로 신체 증상과 예기불안이 쳐들던 고개를 바로 수그리게 됩니다. 바로 이 상상을 통한 예행연습을 매일 세 번씩 떠올리고 연습하십시오.

물론, 연습한 내용들은 실제 움직이기 노력을 진행하는 도중에 흔히 경험하고 맞닥뜨리는 온갖 불쾌감과 예기불안 대처에 유용하고 강력하게 활용하십시오. 사람이나 행인이 많이 오가는 곳이라면 비교적 조용히 외치고, 홀로 있는 상황에서는 인정사정 볼 것 없이 강력하게 외치십시오.

욕을 할 때 체면은 중요하지 않습니다. 체면 때문에 멈칫하고 주저하면 강력한 엔도르핀이 발휘하는 진통 효과의 반 이상이 무의미하게 흩어져 사라집니다. 욕을 하려면 조금의 주저함도 없이 아주 사납고 표독스러운 표정과 더불어, 누가 들어도 기세가 눌려버릴만한 잔악무도한 욕설을 인정사정없이 외쳐야 합니다.

이 방법은 대단히 효과적입니다. 엔도르핀은 인간이 만들어내는 가장 강력한 마약성 진통제보다 수만 배 이상 강한 진통 효과를 발휘하고, 불필요한 모든 불안을 즉시 정지시키는 진정제 역할까지 겸비하고 있다는 사실은 이미 의학적으로 밝혀진 사실입니다. 흔히 수많은 매체에서 엔도르핀을 기쁨과 행복한 행위를 통해 끌어내는 방법들을 소개하고 있지만, 이런 공격성을 띤 욕설 행위를 통해서도 그보다 훨씬 신속하고 강력하게 잘 끌어낼 수 있다는 점을 명심하여 수시로 연습하고 활용하십시오.

무엇을 두려워하는지 스스로 묻고 답하라

증상과 불안이 느껴지면 내가 무엇을 두려워하는지 자신에게 질문하십시오. 또한 그 질문에 대해 가장 합리적이고 진실한 답을 하십시오. 질문과 답은 메모지에 손을 움직여 차근차근 기록하십시오.

갑작스럽게 증상이 느껴지면 두려워합니다. 두려워하면 염려하고, 염려하면 불안해지며 증상이 강화된다는 것은 이미 잘 알고 계실 것입니다.

극복 노력을 하는 과정에서도 증상은 언제든 나타날 수 있습니다. 사람들은 누구나 증상이 나타나면 우선 허둥대기 시작합니다. 증상이 염려를 일으키고 그 염려가 불안을 본격적으로 이끌어내는 과정에서, 순간적으로 뭉뚱그려진 두려운 기분에 휩쓸려 흘러가게 됩니다. 그 과정은 아주 추상적이고 하나의 이미지로 형성되어 '습관'을 이루고, 습관이 깊게 오래 진행될수록 멈추기 어려워집니다.

노력을 잘 해내기 위해서는 증상이 하나의 이미지로 뭉뚱그려져 두려움을 불러내는 이 악습을 교정해나가야 합니다. 그 교정을 위한 가장 쉽고 좋은 요령은 바로 스스로 질문하고 답해보는 방법입니다. 내게 증상이 나타났을 때, 즉시 모든 것을 멈추고 '내가 무엇을 두려워하는지'를 스스로 물어보십시오.

"방금 내 팔 근육이 떨렸어. 그런데 이게 왜 무섭지? 뭐가 두려운데?"

그 대답은 반드시 구체적인 문장으로 가능한 여러 가지를 답해봅니다.

"팔이 떨리는 증상이 갑자기 심해져서 팔이 마비될까 봐."
"이 증상이 혹시 근육병(루게릭)으로 진행될까 봐."
"팔이 떨리면서 공황발작이 올까 봐."
"팔이 오랜만에 떨렸는데 혹시 더 심한 재발을 겪게 될까 봐."

이렇게 내 생각 그대로 진실의 답을 구체적으로 해야 합니다. 내가 열거하는 답들을 구체적으로 적어가면 더욱더 좋습니다. 답을 글로 기록하면서 자연스럽게 내가 한 답들이 결국 '염려' 때문임을 인정하게 됩니다. 열거한 답들은 항상 해오던 그 염려 그대로이고, 과거 여러 차례 이 염려에 대해 응급실과 병원 검사를 통해 문제가 없다는 결과를 확인한 것들이며, 그 염려에 매번 속아 공황장애를 스스로 깊게 만들어 온 가장 중대한 문제임을 인정할 수 있게 됩니다.

단지 '기분이 좋지 않다, 느낌이 이상하다, 싫다, 두렵다, 힘들다' 등의 추상적인 느낌들을 뭉뚱그려 열거하는 것으로 그 염려에 몰입하지 말고, 증상에 의해 두려운 생각이 들 때는 항상 내가 왜 두려워하고 있는가를 스스로에게 진솔한 질문과 답을 하고 기록하는 연습을 수시로 반복하십시오.

재미있는 이야기일지라도 거듭 반복해 들으면 재미와 흥미가 사라집니다. 마찬가지로 아무리 무섭고 강렬한 것들일지라도 매번 똑같이 그리고 자주 반복하면, 뇌는 이 불필요하게 반복되는 것들을 지루해하고 더 이상 무거운 의미를 두지 않습니다.

증상을 느끼고 두려운 생각이 들 때마다 수시로 나 자신에게 두려운 이유를 질문하고 그에 대한 답을 꾸준히 기록해나가면, 뇌는 매번 같은 지루한 이 행위에 대해 흥미를 잃고, 점차 공포 반응을 줄여갑니다.

반면 매일 지겹도록 느끼고 경험하는 증상들에 대해 결과적인 느낌만을 토로하고 마냥 힘들어하면, 나의 뇌는 이 증상을 지겨워 하지 않고 매번 증상을 더 새롭게 강화해 갑니다.

뇌에는 두정엽이라는 곳이 있는데, 그곳에서 신체를 제어하기 위한 일종의 지도를 갖고 있습니다. 그 지도에서 약 1/3 이상의 넓은 면적을 차지하고 있는 부위가 바로 '손의 움직임'을 제어하기 위한 부분입니다.

손을 움직이면 뇌의 가장 많은 부위가 동원됩니다. 손을 움직이는 행위는 단순히 뼈와 근육만을 움직이는 행위가 아닙니다. 실제로 손을 움직여 생각을 글로 기록하면, 그 과정에서 뇌에는 대단히 광범위한 정서적인 변화가 뒤따릅니다. 또한, 각종 기억과 경험들의 통로가 활짝 열려서, 2차원의 평면에 그려지는 글자를 구성하기 위해 우리 뇌의 거의 모든 부위가 활발하게 이 행위를 뒷받침하게 됩니다. 그 결과, 뇌는 기록하면 할수록 현재 글자로 표현하고 있는 그 이미지와 기억, 경험과 기분까지 방대한 내용들을 재조정합니다.

생각하며 글을 쓰는 행위는 내가 쓰려고 의도한 그 내용을 보다 합리적이고 깔끔하게 뇌의 가장 깊은 곳까지 서서히 각인하는 좋은 효과가 있습니다.

　내가 단순히 '침착함'이라는 단어를 말로 하는 것보다, 실제로 생각과 더불어 손을 움직여 '침착함'이라고 글자로 기록하면, 나의 뇌는 본능적으로 내 모든 행동에 관여하고 그에 대한 명령이 거쳐 가는 부위에 '침착함'이라는 전제 조건을 붙여놓게 됩니다. 그 결과, 매사 행동을 할 때 실제로 침착하게 하려는 무의식적 조절이 시작됩니다.

　증상과 불안이 느껴질 때 실제로 그 질문과 이유를 구체적으로 글자로 기록하면, 뇌는 반복되는 질문과 해답을 하나의 비교 조건으로 삼아 갑니다. 즉, 향후 증상과 불안이 느껴지게 될 경우, 뇌는 무의식적으로 기존에 수없이 반복했던 그 질문과 이 증상과 불안이 벗어나는 경우인지를 스스로에게 묻습니다. 그 결과 과거와 다른 이유가 있을 수 없다면, 뇌는 자동으로 과거보다 훨씬 덜 흥분합니다. 즉, 같은 증상과 불안이라는 자극에 대해 덜 민감하게 반응해간다는 것을 의미합니다. 그 대가로 과거보다 증상과 불안은 훨씬 약하게 느껴집니다.

　질문하고 적는 요령은 연습할수록 확실한 효과를 냅니다. 스스로에게 진실하게 질문하고 답하며, 또한 그 답들을 기록하십시오. 그러면 뇌는 이 번거로운 작업을 지겨워하게 되고, 급기야 시간이 지날수록 증상을 회피하고 떠올리지 않으려 합니다.

이 모든 반응은 뇌에서 무의식적으로 일어나는 현상이므로 나도 모르는 사이 확연하게 증상이 줄어드는 것을 체감하게 될 것입니다.

◈ 깊게 들어가기 - 반복된 두려움, 자극의 방아쇠화

우리가 스마트폰의 특정 앱(어플)을 사용할 때마다 앱 목록을 뒤져서 해당 앱을 찾아 실행하면 매우 번거롭겠지요. 그렇게 여러 번 사용하다 보면 번거롭고 귀찮아서 앱 실행을 위한 아이콘을 홈 화면에 따로 꺼내 놓고 사용하게 됩니다. 스마트폰을 켜자마자 바로 실행할 수 있어 편하기 때문입니다. 하지만 잘 사용하지 않는 앱 아이콘을 바탕화면에 그대로 두면, 화면에 자리를 차지하여 불편함을 느끼게 될 것입니다. 그런 잘 쓰지 않는 아이콘은 역시 바탕화면에서 삭제하고, 꼭 필요할 때 프로그램 목록을 뒤져서 찾아 사용하게 될 것입니다.

우리 뇌도 이와 같아서, 반복해서 자주 사용하는 기능은 '방아쇠'의 형식으로 언제라도 당길 수 있도록 맨 앞에 꺼내 놓습니다. 또한 실제 총의 방아쇠는 손가락으로 당기지만, 뇌의 기능은 손가락을 당길 수 없으므로, '자극'을 지정하여 '방아쇠'의 역할을 합니다. 그 방아쇠를 당기는 손가락의 역할을 하는 '자극'을 지정해 두게 됩니다. 자극이 곧 '방아쇠'의 개념입니다.

자극은 '느낌, 냄새, 증상, 대상, 사건, 경우, 장소, 날씨와 기온, 습도'까지 이루 다 열거할 수 없는 다양한 것들로 방아쇠가 될 수 있습니다.

어떤 이는 비 오는 날이면 유독 불안, 초조, 두려움, 안절부절, 가슴 두근거림 증상을 겪습니다. 희한한 것은 맑은 날에는 그렇지 않은데, 유독 습하고 눅눅한 날에만 골라 불편을 겪습니다. 이 경우 그 증상을 끌어내는 방아쇠는 바로 날씨와 그에 관련된 온도, 습도, 광량입니다.

공황장애 이후 수시로 두려움을 느끼는 분들이 있습니다. 공황장애 이전에는 별생각 없이 듣던 뉴스 프로그램들의 각종 소식들이, 공황장애 이후에는 매우 두려워져서 뉴스 자체를 접하려 하지 않습니다. 물론 다른 이와 대화를 하면서 새로운 정보를 알게 되거나 휴대폰을 통해 새로운 정보를 접하는 것은 전혀 문제가 없음에도, 유독 뉴스에만 두려움을 느낍니다. 이유는 바로 '뉴스가 두려움을 끌어내는 방아쇠'가 되었기 때문입니다. 즉, 스마트폰 앱을 실행하는 아이콘처럼, 뉴스라는 자극이 주어지면 중간 처리 단계 없이 곧바로 두려움을 끌어내기 때문입니다.

뉴스에서는 수시로 여러 사건과 사고 소식이 언급되는데, 환우는 과거 뉴스에서 잔인하거나 무서운 사건 소식을 듣고 약간의 두려움을 느꼈습니다. 그럴만한 사건을 들었을 때 두려움을 느낄 수 있는 것은 지극히 일반적인 경우이지만, 공황장애로 인해 가뜩이나 민감해진 뇌는 몇 차례의 뉴스를 듣고 두려움을 느끼는 반응을 반복하면서, 뉴스를 방아쇠로 설정해버린 것입니다. 그 결과 다른 자극들은 별 상관이 없는데 뉴스만 들으면 두려움과 연동된 여러 증상과 불쾌감, 기분 등이 느껴지는 것입니다.

두렵다고 느끼는 것들을 그저 뭉뚱그려 회피하면서 겪어나가면, 결국 방아쇠로 굳어지게 되고, 뭘 하든 어떤 경우든 두려우며, 새로운 느낌이나 증상을 마주쳐도 두렵다고 느끼게 됩니다. 이런 과정을 반복하면 할수록 방아쇠의 종류는 많아지고, 방아쇠 자체도 매우 민감해져서 온갖 것들에 대해 두려움을 느끼게 됩니다. 그 원인은 바로 나의 뇌에 생겨난 부정적인 방아쇠 때문입니다.

안정된 호흡을 습관화하라

눈의 초점을 풀고, 눈꺼풀은 반쯤 감으며, 넋을 놔 버리고,
입가에 미소를 살짝 지으면서 그렇게 천천히 호흡을 연습하십시오.
이 호흡 연습은 나의 평소 긴장과 불안을 낮추기 위한
대단히 쉽고 경제적인 방법입니다.

이미 책 제1편 〈극복의 시작〉에서 호흡법 생활화의 중요성을 강조한 바 있습니다. 초기 깊은 호흡은 매우 부자연스럽고 거추장스럽지만, 이것에 익숙해지면 나도 모르게 느리고 깊은 호흡을 통해 항상 바위처럼 든든한 자세를 유지할 수 있도록 만듭니다.

심신이 민감하고 쉬 놀라며 성향이 가벼운 분일수록 호흡도 함께 들썩입니다. 반면, 항시 자신에 대한 강한 신뢰감이 바위처럼 굳건하게 자리 잡고 있는 분일수록 일상의 사소한 자극들은 안정된 호흡을 흔들지 못합니다.

호흡은 나의 마음 상태, 그중에서도 '불안'을 측정하는 가장 핵심적인 도구 중 하나입니다. 빠르게 호흡하면 그에 상응하여 반사적으로 교감신경이 활성되고 맥박이 빨라집니다. 실제로 나의 손목의 맥을 잡고 호흡을 가쁘게 해보면 맥박수가 빨라짐을 알 수 있

습니다. 내 마음대로 맥박을 조절하기 쉽지 않지만, 호흡만큼은 내 마음과 의지대로 그 속도와 깊이를 조절할 수 있습니다. 즉, 호흡을 잘 활용하면 나의 맥박수도 조절할 수 있음을 의미합니다.

호흡의 '빠르기'는 맥박수와 연동되어 있고, 호흡의 '깊이' 또한 맥박수와 그대로 연동되어 있습니다. 호흡을 느리고 깊게 할수록 맥박은 안정되고 느려집니다. 즉, 안정된 호흡은 맥박수를 낮춰서 부교감신경을 활성화하고 불안을 조절하는 데 큰 도움이 됩니다.

염려가 많고 불안한 사람은 호흡이 거칠고 불규칙하며 그 깊이도 얕습니다. 이와 반대로, 마음 수양이 잘되어 있고 자제력이 강한 사람일수록 호흡은 든든하게 안정되어 있을 뿐 아니라, 큰일 앞에서도 눈을 감고 깊은 호흡을 유지하려 애씀으로써 스스로 진정된 몸과 마음을 의지대로 이끌어내기도 합니다. 또한 깊고 고른 호흡은 불안이 적은 마음일 때 자연스럽게 가능해지고 꾸준한 훈련과 연습에 의해서도 가능해질 수 있습니다.

호흡을 안정되고 깊게 유지하려는 노력은 초기에는 어색하고 부자연스럽지만, 그 연습이 장시간 쌓여갈수록 별로 신경 쓰지 않아도 가능한 상태, 즉, 습관적으로 할 수 있게 됩니다. 습관이 되어갈수록 나의 호흡은 예기불안이나 신체 증상의 발현을 억제하고 응급상황에서 즉시 몸과 마음을 안정된 상태로 되돌려 놓는데 가장 핵심적인 노하우로 사용이 가능해집니다.

안정된 호흡을 위해 어떤 분들은 복잡하고 심오한 여러 수련을 하곤 하지만, 이런 수련은 공황장애 극복을 위해 실제로 사용하기에는 너무 오랜 시간이 걸리고 거추장스럽습니다. 안정된 호흡은 반드시 배가 볼록 튀어나올 필요도 없고, 흔히 복식 호흡이라고 일컬어지는 어려운 그런 방법을 사용할 필요도 없습니다.

안정된 호흡의 가장 중요한 포인트는 바로 배가 아닌, 나의 '눈꺼풀', '넋'과 '미소'입니다. 안정된 호흡을 위해서는 양 눈꺼풀에 힘을 뺍니다. 단, 완전히 감아도 되지만 상황이 허락지 않을 경우 절반쯤 감으면 됩니다. 가까스로 절반을 뜬 눈꺼풀의 느낌으로, 심지어 안구에까지 힘을 빼고 '반쯤 넋이 나간 눈빛'을 띠는 것이 중요합니다. 이 연습은 조금만 해보면 누구나 쉽게 이해하고 언제든 연출이 가능합니다.

눈꺼풀과 안구에 넋을 빼버리면, 자동으로 우리의 뺨과 이마 그리고 턱과 목의 긴장이 풀리고, 그 결과 앞가슴의 잔뜩 들어가 있는 긴장까지 함께 연동되어 풀려나가면서, 결국 불안과 긴장 상태를 유발하는 가슴 호흡이라는 현상을 예방할 수 있습니다. 가슴팍에 힘이 빠져있다면 가슴을 심하게 들썩이며 불규칙하고 격렬하게 들이쉬고 내쉬는 '과호흡'은 물리적으로 어려워집니다. 즉, 눈꺼풀과 안구에 힘을 빼는 연습이 잘되면, 언제 어디서든 아주 쉽게 예기불안과 과호흡을 예방하는 데 결정적인 도움이 됩니다.

또한, 내 가슴 위쪽에 일종의 갑갑한 덩어리가 올라와 있다고 상상하고, 호흡을 길게 내쉬면서 그 덩어리를 아랫배 쪽으로 툭 떨어뜨린다고 스스로 암시하는 것도 매우 효과적입니다. 그렇게 상상하면서 마치 어떤 돌덩이 하나가 가슴에 매달려 있다가 숨을 내쉼과 동시에 아랫배 쪽으로 툭 떨어져 내려간다고 상상해봅니다. 그리고 천천히 들숨 이후 숨을 길게 내쉬면서 반복 연습하면, 흉곽에 몰린 무의식적 긴장을 효과적으로 차단할 수 있을 뿐 아니라, 불안으로 긴장되었던 나의 횡격막도 그 팽팽한 긴장을 자연스럽게 풀 수 있습니다. 이 방법은 불안에 의한 상체의 긴장을 확실히 예방하는 좋은 효과가 있다는 점을 기억하십시오.

마지막으로, 입가를 살짝 들어 올려주는 '미소'도 중요합니다. 희미하게 입가에 살짝 띠는 미소는 실제로 나의 뇌에서 발생하는 온갖 불안 반응을 감소시키는 화학적인 효과를 냅니다. 미소는 얼굴의 약 50여 개 근육을 움직여 발휘하는 동작으로서, 각각의 얼굴 근육을 내 마음대로 모두 움직이기는 역시 쉽지 않습니다. 하지만, 살짝 짓는 미소는 곧바로 뇌의 '긍정과 행복의 기전'을 자극하여 실제로 이완에 관련된 신경전달물질의 분비를 촉진하게 됩니다. 즉, 미소가 뇌의 좋은 물질들이 자연스럽게 방출되도록 스위치가 되어 눌러 주는 역할을 하는 것입니다.

이상을 잘 명심해 내 몸에서 자연스럽고 규칙적이며 부드러운 호흡을 천천히 생활화해간다면, 그 어떤 순간에도 요긴하게 사용되어 내 몸 전체가 편안하게 평소의 긴장과 불안을 낮춰 갈 수 있게 됩니다.

심오하고 어려운 각종 호흡법은 이제 머리에서 지우고, 지금 이해한 편한 호흡 요령을 자주 연습해서 나의 습관으로 만들어가십시오. 깊고 안정된 호흡은 극복의 자양분이자 유사시 사용 가능한 초강력 항불안제 역할을 톡톡히 해낼 것입니다.

무심해져라

내 몸은 증상을 느낄지라도, 내 생각은 텅 비어 있는 상태.
그 상태를 바로 '무심'이라고 합니다. 이 병을 이겨나가는
모든 과정 속에서 내가 필요할 때 언제든지 무심해질 수 있어야 합니다.

영화를 보되 마음을 싣지 않고 그냥 멍하니 영화를 바라보기만 한다면 어떤 기분일까요? 영화의 기승전결이 오르내려도 내 마음이 무덤덤하게 요동치지 않는다면, 아마도 그토록 지루하고 감동 없는 영화 관람은 없을 것입니다. 영화의 스토리를 증상의 출렁임으로 가정하고, 증상이 오르내려도 별 의미를 두지 않는 상태.

'마음 싣지 않기'는 곧 '무심'입니다.

이 병을 이겨내기 위한 노력 과정에서, 힘들고 고통스럽고 쥐어짜는 인내를 발휘해야 하는 모든 순간에서, 이 '무심'을 끌어내 실행한다면, 공황장애 극복은 훨씬 쉬워집니다.

노력 과정 중에 몸의 이곳저곳에서 나타나는 끈질기고 고통스러운 여러 증상들. 그 증상들이 나타날 때마다 '내가 하는 노력들이 도대체 효과가 있는 것일까?' 하는 회의와 고민이 꼬리를 물고 떠오릅니다. 이 병을 극복해냈다는 것은 그 고통의 과정을 겪고 훌륭하게 제압해낸 것을 말합니다. 노력 과정에서 수시로 솟구치는 증상들과 그 증상들로 인해 요동치는 기분, 결국 이 노력들을 끝까지 해내지 못하고 다시 좌절을 맛보는 경험까지, 이 모든 과정을 좀 더 안락하게 이겨낼 수 있는 요령이 바로 '무심해지기'입니다.

필자가 운동을 위해 집 밖으로 나서기 시작했을 무렵은 삭풍이 몰아치던 한겨울이었습니다. 몸을 조금 움직여보려고 현관문을 열고 바깥을 나간 순간부터, 세상은 마치 거대한 얼음덩어리가 되어 필자에게 으름장을 놓는 듯했습니다.

'그냥 집에 있어!'
'밖에 나오지 말라고!'

영하의 추운 공기뿐 아니라, 그 공기를 들이쉴 때마다 머리가 아찔해지고 목덜미가 뻣뻣해지며, 세상이 빙그르르 도는 것 같은 극심한 현기증이 필자를 휘감았습니다. 깜깜한 겨울밤, 저 멀리 도심에서 반짝이는 수많은 네온사인들은 마치 다른 세상처럼 느껴졌고, 나 혼자만 이 세상에 내쳐져 이렇게 외롭고 어이없이 말라 죽어가는 것 같은 기분과 마음으로 서글프게 가슴에 치밀어 오르곤 했습니다. 그 기분을 아내에게 들키지 않으려, 목구멍 아래로 치미는 눈물을 참아 눌렀던 기억이 생생합니다.

조금만 움직여도 밀려오는 심한 신체 증상들도 문제였지만, 그 증상들과 함께 불쾌하게 끈적이며 밀려 올라오던 불쾌하고 참담한 무기력과 절망감은 정말 견디기 어려웠습니다.

그 와중에 어떻게든 이 기분을 덜 느낄 수 없을지 많은 고민을 하게 되었고 알려준 사람은 없었지만, 필자 스스로 작은 요령을 조금씩 깨달아가기 시작했습니다. 그 깨달음이란 바로 '무심'이 노력의 모든 과정에 필요하고, 이후 호전이 꽤 달성되어가는 동안에도 더욱 '무심'해짐으로써 나의 부족한 체력과 기력을 최대한 길게 유지하면서 지치지 않고 노력해가는 방법을 알아가게 된 것이었습니다.

신체 증상에 심하게 압도되어 있을수록, 힘든 증상들이 나를 더 움직일 수 없도록 강요합니다. 바로 그런 상황을 지금 내 머릿속에 가상으로 떠올려 봅시다. 움직이기 위해 몸을 일으키는 그 순간을 머릿속에 떠올려 보는 것입니다. 메스꺼움, 어지러움 등 여러 불편함이 느껴지기 시작하고, 이후 두려움과 불안이 스멀스멀 뒤따라 올라옵니다. 바로 이 단계에서부터 '무심해진 상태'를 떠올리고 상상 속에서 연습해 보십시오.

무심이란 '넋을 놓고 생각을 멈춘 상태'입니다. 생각을 멈췄다 함은 더 세밀하게 말하면 아래 두 가지를 멈춘 상태입니다.

첫째, 기분
둘째, 미래 상황 예측

몸을 움직이기 시작하자마자 몰려오는 증상으로 인해 그동안 내가 겪은 고초와 여러 불편하고 두려웠던 느낌들은 '불안'과 '우울'로 변신하여 함께 밀려 올라오는데, 바로 그 기분들을 나도 모르게 관찰해가며 느끼고 있음은 잘 생각해보면 쉽게 알 수 있습니다. 바로 그 '기분을 느끼는 행위'를 멈춰야 합니다.

아무 기분도 느끼지 말고 그냥 몸을 움직이고, 머릿속에 '두렵다', '힘들다' 등 내 기분을 표현하는 말들이 떠오르는 것을 내 의지로 멈춰가야 합니다. 이 연습이 날마다 반복될수록, 뇌는 '기분을 느끼지 않는 법'을 천천히 습득해 갈 수 있습니다. 그것이 습득될수록 부정적 기분이 덜 느껴지게 되고, 노력을 위한 움직임들은 과거보다 한결 수월해지게 됩니다.

또한 증상이 느껴지기 시작하면, 우리는 조건반사적으로 조만간 내가 처할 미래 상황을 머릿속에 예측하는 행위를 합니다.

'이 증상들이 더 심해지면 어쩌지!'
'밖에서 증상이 심해져 곤란한 상황에 빠지면 어쩌지!'
'이렇게 두근대고 어지러워지다가 공황발작이 올 것만 같아!'
'이 두근거림이 더 커지면서 실제로 심장발작이 오는 것은 아닐까?'

이처럼 아직 일어나지도 않은 무의미하고 파국적인 예측 시나리오들을 머릿속에 떠올립니다. 공황장애 극복 노력에 서툴거나 병이 많이 깊어진 분일수록 그런 재앙적인 생각 떠올리기는 몸과 긴밀하게 연동되어 더욱 강력한 증상과 불안을 끌어냅니다. '무심해지기'는 이러한 파국적인 시나리오를 멋대로 뽑아내는 나의 예측 행위를 멈추는 노력에까지 적용되어야 합니다. 곧 나에게 닥칠지 모르는 어떤 상황을 머릿속에 떠올리는 행위를 마찬가지로 날마다 연습을 통해 멈추고 또 멈추려 노력해 나가십시오.

무심해지기 연습 또한 다른 요령들의 연습에서처럼, 처음에는 잘되지 않지만 그 연습이 쌓이고 쌓여 더욱 연습에 정성을 기울여 갈수록 언제든 무심해질 수 있는 경지에 도달할 수 있습니다. 결국, 무심을 배워갈수록 각종 심적인 부담감, 기분 하락 없이 모든 종류의 극복 노력이 훨씬 더 원활해질 수 있습니다. 이 무심을 잘 익혀나갈수록 공황장애 극복과 관련된 모든 부문들에서 눈부신 성과를 보여줄 것입니다.

공황장애를 심하게 앓는 분일수록 생업, 학업, 가사와 육아 과정에서의 체력과 기력 부족에 시달립니다. 무심해진 상태로 몸만 움직이는 요령은 기존 서너 시간만 움직여도 기력이 고갈되어 파김치처럼 지쳐 늘어졌던 분을, 하루 종일 움직여도 전보다 훨씬 덜 피로하게 느끼도록 만들 수 있습니다.

뿐만 아니라, 공황장애 극복을 넘어 '무심해지기'에 더욱 숙달되어 갈수록 내 삶의 방대한 부분에서 스트레스를 훨씬 덜 받을 수 있기도 합니다. 매사 부담스럽고 긴장되는 일을 겪거나 부담스럽고 불편한 대상, 사건을 마주쳐야 하는 상황에서 만약 내 의지대로 무심해질 수 있게 되면 그로 인해 받는 스트레스를 최소화할 수 있음은 물론, 평상시 극복 노력의 시간 전반을 통틀어 나의 체력과 기력을 더 길게 유지하는데도 큰 도움이 되기 때문입니다. 내가 감당하기에 힘에 부치는 순간에는 언제든 무심해지십시오. 그러기 위해 무심해지기를 꾸준히 연습해 가십시오.

힘든 것의 성분을 분석하라

두려움이 느껴지는 모든 것에 대해 나 자신에게 그 두려움이
무엇으로 이뤄져 있는지를 물어보십시오. 그 질문에 대해 차근차근
잘 분석해서 답하십시오. 모든 두려움은 그것을 구성하고 있는
성분을 잘 분석해야만 그 정도가 확실히 줄어들 수 있습니다.

마냥 힘들어하는 것은 아무런 도움이 되지 않습니다.
증상이 조금만 올라와도 무작정 고통스러워만 하는 것은 전혀 도
움이 되지 않는 무의미한 몸부림일 뿐입니다.

노력해가는 과정에서 '내가 당할 만큼만 힘들면' 족합니다. 석 대
의 매를 맞을만한 잘못을 했다면 석 대만 맞으면 되지만, 공황장
애에서는 무작정 뭉뚱그려 힘들어하기 때문에, 그 석 대의 매가
삼십 대의 매로 돌아옵니다. 물론, 스물일곱 대의 차이는 바로 나
의 부정적 생각과 염려들이 만들어내는 보너스입니다.

지금 내가 힘들다면 정확히 무엇이 힘든지를 분석해 알아야만
합니다. 분석이란 잘게 쪼개고 나누어 생각해보는 것입니다. 힘든
증상은 하나가 아니며 여러 가지로 이뤄져 있습니다.

• 내게 지금 나타난 증상

- 증상이 유발하는 기분
- 기분이 유발하는 염려
- 염려의 결과 엄습해오는 불안과 공포
- 이러한 상태가 오래 지속되거나 더 심해질까 걱정하는 우울

나를 자극하는 성분들이 지금 내가 힘들어하는 현재 이 시간 속에 함께 녹아있는 것을 간파할 줄 알면, 그중의 가장 원초적인 문제는 역시 증상 한 가지뿐임을 깨닫게 됩니다. 즉, 최초 증상 하나를 제외하면 다 내가 빚어내고 만들어낸 것입니다.

부산의 L 씨(여, 33)는 5년 전부터 광장 공포증을 앓아왔습니다. 출근 시간 만원 전철에서 갑자기 숨이 막히고 식은땀이 흐르는 경험을 한 이후, 전철만 타면 어김없이 손발이 떨리고 숨이 막히면서 토할 듯 심한 메스꺼움이 L 씨를 압도해 왔습니다. 그 결과 회사도 그만두고 서서히 집안에 갇히게 되어버렸습니다.

그러던 L 씨가 카페에서 자신이 왜 이러한 광장 공포증을 심화시키게 되었는지를 구체적으로 알게 되었습니다. 전철 안에서 느껴졌던 그 힘든 증상으로 인해, L 씨는 그러한 증상이 또 나타날까 봐 두려워했고, 시간이 지날수록 증상이 나타나지 않았음에도 혹시나 증상이 나타나는지를 매초 자신의 몸에 나타나는 여러 느낌을 잔뜩 염려하고 긴장하면서 관찰해왔음을 이해하게 되었습니다. 그러한 염려와 긴장이 드디어 불안을 불러일으키고 호흡을 가쁘

게 만들고 가슴을 답답하게 만들면서, 결국 전철을 타기 위해 집을 나서는 순간부터 스스로 좌불안석이 되어 자신의 몸이 예기불안 상태를 맘대로 만들어낸다는 것을 알게 되었습니다.

과거 L 씨는 무작정 '무섭다'고 힘들어했지만, 이제는 달라졌습니다. 자신의 휴대폰을 꺼내 미리 적어둔 여러 메모를 읽고 스스로 마음속에 외치면서, 매주 정해진 정거장 수만큼 노출 훈련을 거듭하고 있습니다. 그러한 노력을 석 달 동안 해 온 L 씨는 현재 안양역에서 종로까지 긴 노선을 별문제 없이 왕복할 수 있게 되었고, 바깥 외출도 나가길 두려워하던 L 씨의 모습이 사라지고 이제는 도무지 찾을 수 없을 정도입니다.

L 씨의 눈부신 호전 계기는 결국 '성분분석' 때문입니다. 무작정 두려워하여 스스로 불안을 불러내지 않으려 하고, 곧바로 자신이 두려워할 만한 상황과 그에 대한 증거를 스스로에게 질문하는 행위, 그 질문에 대해 지금 무슨 생각을 하고 어떤 행위를 나도 모르게 수행하고 있는지를 차근차근 답하면서 스스로의 '인지적 오류'를 교정해 나가는 노력 덕분에 이렇게 큰 호전을 향한 한 걸음을 뗄 수 있었던 것입니다.

우리는 흔히 기분을 통해 결론적인 결과를 느낍니다. 그 기분은 곧 무섭다, 힘들다 등의 '결론적 혼합물'들입니다. 그렇게 혼합물을 통째로 느끼면서 장시간 약을 먹으며 기다려 봤자, 나는 이 모든 불편의 원인인 내 안의 뭉뚱그려진 불안 성분들을 해결할 수 없습니다. 나누고 잘게 쪼개어 질문하고 대답하면서, 내 기분이 어떤 성분으로 이뤄지는지 낱낱이 분석하는 것이 중요합니다.

증상이 힘들고, 기분이 힘들다면, 곧바로 메모지를 꺼내 지금 현재 상황의 성분을 분석하고 나누십시오. 내가 기록한 것에서 내가 만들어 낸 모든 것들에 줄을 그어 버리십시오. 그중에서 내가 당연히 겪을 통증, 그 한 가지만 겪을 가치가 있을 뿐 나머지는 내가 스스로 매를 버는 셈이라는 것을 반복하여 깨달아야 합니다.

앞서 누차 말씀드린 대로 나의 뇌는 반복되는 것을 지겨워합니다. 힘들 때마다 매번 분석하고 기록하면, 결국 나의 뇌도 진절머리가 나서 그런 증상 이상의 생각 부풀리기 행위를 멈춰가게 됩니다.

궁극적으로 뇌가 진절머리를 내도록 만들어가십시오. 뭉뚱그려 힘들어하면 뇌는 그 염려의 생각 부풀리기를 멈추지 않습니다. 나누고 쪼개서 꼭 내가 겪을 불편만 조금 겪으면 족합니다.

운동 중 몸의 변화를 관찰하지 말라

운동 중에는 몸에 나타나는 각종 변화들을 관찰하지 마십시오.
가능한 생각을 흘러가는 풍경에 두려 애쓰고,
관심을 내 몸 안으로 두려는 습관을 멈추려 노력하십시오.

몸에 나타나는 증상 변화를 가만히 살펴보며 끊임없이 조건반사적인 염려의 판단을 수행하는 행위. 바로 그 행위를 반복하면 결국 습관이 됩니다.

습관화가 될수록 종일 몸을 관찰하게 되고, 증상의 작은 변화를 놓치지 않고 민감하게 감시하여 포착합니다. 작은 변화만으로도 실시간으로 불안을 불러오는 반복적인 습관은 결국 증상 변화에 대하여 민감해진 나 자신을 만들어가게 됩니다. 이렇게 민감해져 버리면 이 병 극복의 모든 과정을 제대로 진행할 수 없으므로, 변화를 관찰하는 이러한 행위는 공황장애 극복을 방해하는 아주 중요한 부정적 습관이 됩니다.

몸을 움직이면 심장박동수가 증가하는 것은 당연합니다. 운동을 하면 몸 전체에 더 많은 효소들을 각 세포와 기관에 공급해야 하므로, 당연히 심장은 더 빨리 두근거려야 혈액에 더 많은 산소를 공급하고 혈액 속의 노폐물과 이산화탄소를 배출할 수 있습니다.

이 모든 과정을 '심폐 과정'이라 하며, 운동량이 많을수록 심장박동수가 증가하는 것은 지극히 정상입니다.

그럼에도 불구하고 공황장애 환자들의 문제는 몸을 움직일 때 나타나는 정상적인 느낌마저 '혹시 위험한 증상의 징후가 아닌지'를 수시로 관찰하여, 행여나 위험한 증세가 정말로 나타날까 봐 위험 대비 태세를 몸 전체에 종일 준비하고 유지하는 것이 가장 주된 문제입니다.

공황장애 환자들의 증상 변화에 민감한 모습은 병을 오래 앓아왔을수록 강해져서 결국에는 자신이 수시로 증상을 관찰하는지도 자각하지 못하는 상태가 됩니다. 이 정도면 확실히 습관화가 깊게 뿌리박혀 일종의 '중독 상태'라고 표현해도 과언이 아닐 것입니다.

흔히 이러한 관찰 행위는 움직이기 노력 과정 중에도 멈추지 않습니다. 운동을 하면 두근거림이 심해지고, 가슴이 갑갑해지고, 숨이 차오르고, 목이 칼칼해지고, 눈이 어질어질해집니다. 맥박수와 혈압 상승에 따라 당연히 머리나 목을 포함해 몸 여기저기에서 박동이 느껴지고 몸 전체로 떨리는 듯한 박동은 더 강하게 느껴집니다. 이 모든 운동에 따른 정상적인 심폐 활동의 느낌마저도 바짝 긴장하며 관찰하고 예민하게 받아들여, 행여나 공황발작이 금방 올라오기라도 할 것처럼 불안과 긴장으로 모든 몸의 상태변화를 관찰하게 됩니다. 이러한 관찰 행위는 움직이기 노력에 제약을 거는 가장 부정적인 방해물 중 하나라는 것을 명심해야 합니다.

우리 몸은 수시로 변합니다. 우리가 의식하지 못하는 사이 혈압, 맥박 등 모든 생리 활동이 수시로 변하고 그 변화는 몸에서 여러 느낌으로 나타나는 것이 정상입니다. 다만, '항상 그 느낌에 과도하게 집중하고 그 변화의 추이를 관찰하는 것'이 문제가 되는 것입니다.

몸의 변화를 관찰하면 더욱 긴장하게 됩니다. 그 긴장 위에 '부정적인 염려'라는 조미료를 뿌리면 나의 전신에서 곧바로 그에 합당한 위기 대응 태세가 증상으로 나타납니다. 이 위기 대응 태세는 곧 수많은 종류의 불안 신체 증상들을 불러낼 준비가 됨을 의미하고, 그 순간 나의 뇌는 '느낌에 대하여 부정적으로 해석할 준비'에만 전념하게 됩니다.

뇌의 작용은 한겨울 강의 얼음이 얼어가는 과정과 같습니다. 잘 흘러가던 강물에 작은 얼음 결정이 생겨나기 시작하면 급속도로 물의 분자들은 마치 잉크의 얼룩이 얇은 종이에 번져가듯 빠르게 얼음 입자를 구성합니다. 뇌가 작은 느낌을 위험으로 해석하게 되면, 순식간에 뇌 전체가 마치 불꽃놀이를 하듯 온통 '불안의 태풍'으로 번져갑니다. 이런 불안의 태풍은 뇌 전체로 이곳저곳 얼룩덜룩 번쩍이고 번개와 천둥이 훑고 지나가듯, 신경 뉴런 간의 불꽃 튀기는 전기신호 세상으로 급변하여 불안에 관계된 신경전달물질들의 혼란스러운 홍수로 변합니다. 이 허리케인 같은 폭풍의 상태가 바로 공황발작입니다.

공황장애 극복의 운동 과정에서는 반드시 이 '변화 관찰'을 멈춰야만 합니다. 변화를 관찰하면 내 몸은 운동에 반응하는 것이 아니라, 관찰에 드는 긴장과 염려, 불안에 우선 반응합니다. 즉, 운동에 당연히 수반되는 심폐 활동에 전념하는 것이 아니라, 염려와 불안의 수위에 전념하게 됩니다. 이로써 운동 효과는 떨어지고 운동 중에 나타나는 몸의 증상만 강화되는 역효과를 낳습니다.

운동은 이 병을 이겨내려는 행위지만, 그 과정 자체는 배움이자 연습의 과정임을 명심하십시오. 변화 관찰을 멈추는 것 또한 배움과 연습을 통해 숙달되어가는 역량입니다. 동시에, 운동을 포함한 모든 노력 과정은 이런 종류의 역량과 미덕들을 하나씩 배우고 나의 것으로 만들어가는 과정이기도 합니다. 당장 변화 관찰을 멈추기가 쉽지 않지만, 이 또한 전혀 문제 되지 않습니다.

필자도 처음에는 변화 관찰을 멈추는데 대단히 서툴렀으나 수많은 시행착오와 연습을 통해 조금씩 필자의 것으로 만들어갈 수 있었습니다. 중요한 건, 이 변화 관찰을 멈추는 노력은 그 자체만으로도 공황장애의 조절력을 서서히 쌓아올려가는 아주 중요한 역량이 됩니다.

우리 몸은 변화합니다. 몸이 변화해야 우리는 쓰러지지 않고 새롭게 적응하고 원활한 신진대사를 수행할 수 있습니다. 운동의 강도와 자세 변화로 인해 나타나는 몸의 증상을 넘어, 내 기분의 변화로 인해 나타나는 모든 증상들까지 그 변화를 관찰하는 것 또한 하면 할수록 연습이 되어 악습으로 변해가고, 멈추려 할수록 연습이 되어 역량과 미덕으로 공황장애를 완치해가는 조절력의 중추를 이루게 됨을 유념하십시오.

땀을 두려워하지 말라

땀은 꾸준히 흘릴수록 뇌의 균형을 잘 개선할 수 있습니다.
운동이든 노동이든 매일 일정 시간 땀을 흘리는 것을
내 뼛속까지 습관으로 배어들도록 해나가십시오.

땀은 몸이 만들어내는 가장 아름다운 보석입니다. 땀은 체온을 식혀주고 대사의 찌꺼기들을 수분과 더불어 몸 밖으로 배출합니다. 땀은 노폐물과 잘 섞어 내 안에 존재하는 여러 미네랄들도 함께 배출하여 몸 안의 효소와 성분들의 농도를 조절하는 중요한 역할을 합니다.

물론 땀을 흘리는 행위는 유독 인간들에게서만 나타나는 신비스러운 현상입니다. 원숭이, 침팬지 등 인간과 계통적으로 가장 유사한 종들도 인간만큼 땀을 흘리지 않습니다. 땀은 참 신비롭고 가장 인간다운 현상임은 분명합니다. 땀을 흘리는 것은 자연스러운 인간의 모습인 셈입니다.

운동 행위는 땀을 흘리는 행위 그 자체입니다. 아직 그 정확한 이유는 밝혀지지 않았지만, 뇌에서는 땀을 흘리는 과정에서 스트레스의 극적인 해소 반응을 보이기도 합니다. 땀을 충분히 흘린 직후, 뇌파와 몸 전체에서 검출되는 스트레스 호르몬들은 그 농도가 크게 낮아집니다. 또한, 땀을 흘린 이후에 혈압은 명료하게 낮아지고 안정세를 보입니다. 땀을 흘리고 나면 뇌는 특정 부위에만 몰려 지나치게 항진된 현상이 해소되고 뇌 전체가 골고루 활동하는 안정적인 모습을 보입니다. 특히, 이완과 관련된 신경전달물질들의 농도가 증가하고 우리 몸과 마음을 모두 휴식과 안정으로 유도합니다.

땀은 운동이 아닌 사우나에서도 흘릴 수 있습니다. 물론, 사우나에서 흘리는 땀은 운동 시에 흘리는 땀과 성분 자체에서 큰 차이가 납니다. 사우나에서는 주로 수분 위주로 땀을 배출해서 체온을 집중적으로 낮추지만, 운동에서는 땀 속에 수분 이외에도 훨씬 많은 종류의 성분들이 복잡하게 함유됩니다. 물론 과학적인 유추는 가능하지만, 분명히 땀을 흘리는 행위 자체가 우리 몸뿐 아니라 뇌의 활동에까지 중대한 영향을 주고 있다는 것은 의학적으로 인정된 사실입니다.

우리는 우울할수록 움직임은 줄이고 땀을 흘리려 하지 않습니다. 우울한 상태에서 뇌는 자신을 보호하기 위해 에너지를 보존하고 섭취를 줄이며 큰 변동을 거부하는 반응을 보입니다. 그 결과 많은 우울증 환자들이 과도한 움직임을 회피하거나 관심을 보이지 않습니다. 반대로, 과도하게 흥분하고 행동과 기분을 억제하지 못하는 조증의 경우 뇌는 우울증에서의 경우와 정반대의 모습으로 움직임을 절제하지 못하고 행동 표현을 자제하지 못합니다.

공황장애의 경우 그 정도가 오래되고 깊을수록 환자의 삶의 질이 극도로 떨어지고, 그 결과 아주 쉽게 우울증 양상으로 발전해 갑니다. 즉, 움직일 기력을 끌어내지 못하고 움직임 자체를 회피하게 됨을 의미합니다.

뇌의 이러한 반응은 공황장애 환자들에게는 일반적이라서, 필자도 예외는 아니었습니다. 공황장애가 아주 심했을 때 필자는 종일 창가에 쭈그리고 앉아 멍하니 저녁을 맞이했던 기억이 지금도 생생합니다. 지금에 와서 되돌아보면 도대체 내가 왜 그랬는지 참으로 납득이 가지 않지만, 필자 또한 심한 무기력과 우울 속에 빠져 있었던 시절이 있었기에, 환우분들의 그 힘든 심정을 매우 공감합니다.

뇌는 땀을 흘리면 생기롭게 반응합니다. 땀을 흘리면 뇌에 가득 뭉쳐 있고 한쪽으로 치우쳐있었던 반응들이 뇌 전체로 편안하게 퍼져나가고, 뇌의 여러 부위에서 안정된 전기신호들과 신경전달물질들의 흐름이 균형 있게 활성화됩니다. 근육을 움직이고 호흡을 하고 심장이 뛰어 온몸의 혈관에 새로운 대사가 이루어지면, 우리의 뇌도 그에 맞춰 생기로운 혈액을 가득 공급받습니다.

운동은 바로 '생기의 펌프질'입니다. 좋은 자양분과 신선한 공기를 뇌 전체로 펌프질하는 행위, 바로 그 행위가 운동이요 노동입니다. 또한, 뇌에서 다 쓴 노폐물을 다시 펌프질로 끌어올려 땀으로 배출하고, 대사물질들이 뇌의 한쪽에 쏠리지 않게 전체로 적당량 골고루 퍼져나가도록 해주는 그 펌프질이 바로 운동입니다.

땀은 끈적이고 더럽고 냄새가 난다고 믿고 있지만, 건강한 사람이 흘리는 땀 냄새는 그렇지 않습니다. 청결하게 잘 씻어주기만 하면, 땀 냄새만큼 신선하고 매력적인 향기는 세상에 드물 것입니다. 땀은 피부의 모공을 통해 온갖 노폐물을 밖으로 밀어냅니다. 노폐물이 피부와 모공에 쌓일수록 땀 냄새는 고약하고, 평소 자주 운동을 통해 건강하게 배출할수록 피부도 건강해지고 땀 냄새도 신선해집니다. 맑고 짠맛이 나는 땀은 건강한 땀입니다. 몸에 심각한 질환이 있는 사람의 땀은 미끈거리고 끈적이며 거북한 냄새가 납니다. 세상의 모든 것들이 그러하듯, 땀 또한 자주 배출할수록 그 냄새가 신선해지고 땀을 흘리면서 뇌 기능도 더욱 활성화됩니다.

공황장애 극복 노력에 운동은 필수입니다. 운동하면서 흘리는 땀 속에는 나의 뇌에서 소모되어 더럽게 변화한 수많은 노폐물이 포함되어 있음을 기억하십시오. 내가 흘리는 땀은 이 세상 그 어떤 강력한 보약이나 진정제보다 훨씬 더 강력하게 내 뇌의 활동 균형을 바로잡아 줍니다.

운동으로 흘리는 땀을 즐기십시오. 내 이마를 지나 콧등으로 흘러 떨어지는 땀방울의 느낌과 그 쾌감에 집중하십시오. 땀이 내 콧등을 지나 입술에 흘러내릴 때 혀끝을 내밀어 내가 흘린 땀의 맛을 즐기십시오. 이 땀의 맛이 바로 보람의 맛입니다. 짠맛의 땀은 불쾌한 맛이 아니라, 바로 내가 한 운동에 의해 내 안의 모든 찌꺼기가 펌프질 되어 맛난 땀방울로 배출된 영롱한 보석임을 머릿속에 그리십시오.

세상에서 가장 아름답고 영롱한 보석은 내가 흘리는 땀방울입니다. 땀방울 속에는 거짓이 없고, 합리화도 회피도 억압도 없습니다. 흘러내리는 땀방울은 지금 이 순간 노력의 발걸음을 보람으로 옮기고 있다는 증거입니다. 이 증거를 눈으로 보고 입으로 맛보고 온몸으로 마음껏 즐겨야 합니다.

세상에서 가장 비싼 보석들은 내가 앓고 있는 이 병의 뿌리를 뽑아주지 못하지만, 나의 땀방울은 이 병의 뿌리까지 뽑아주는 가장 영롱한 보석입니다. 그래서 내가 흘리는 땀을 귀히 여기고, 날마다 눈으로 보고 맛을 보며 보람으로 여겨야 합니다.

통증을 즐겨라

운동에서 나타나는 온몸의 통증은 특이점이라는 한계를 넘어갈 때
'보람'으로 변하기 시작합니다. 운동에서 느껴지는 모든 심폐 활동의
고통에 익숙해지십시오. 이 고통들과 공황 발작, 예기불안,
신체 증상의 고통을 서로 비교하여 운동의 고통보다
강하지 않다면 모두 무시해 버리는 연습을 하십시오.

통증은 뇌의 해석 결과입니다. 특이한 것은 그 통증
에 '보람'을 추가하면, 통증은 '쾌감'으로 변한다는 사실입니다.

운동에서 느껴지는 극심한 근육통, 가쁜 호흡, 고동치는 가슴과
진땀. 이 모든 것들은 엄밀히 말하면 통증이지만, 운동에서 나타나
는 통증에는 보람이 더해집니다. 그 결과 운동의 통증은 쾌감으로
변합니다. 이 통증을 잘 참고 느껴나갈수록 나의 뇌는 내 몸과 마
음이 건강해진다고 믿게 되고, 그 믿음이 단단한 확신이 되어 시
간이 지날수록 운동의 통증에 무뎌지게 됩니다.

반면, 공황장애 환자들은 운동의 통증은 물론 기분 속에 나타나는 예기불안까지도 아주 고통스럽게 여기고 두려워 회피합니다. 이러한 예기불안마저 통증으로 해석하고 그 통증을 과하게 증폭시키면 이후 공황 발작으로 거대화되어 나타날 수 있습니다.

예기불안을 통증으로 해석하는 이유는 바로 그 속에 '보람'이 없기 때문입니다. 또한, 이 예기불안이 고통스러워도 운동처럼 몸에 이로우므로, 예기불안을 감내해가면서 꾸준하게 운동한 결과 내가 더 건강해질 것이라고 믿지 않기 때문에, 예기불안은 오로지 고통으로만 해석되고 그 단계에서 멈추게 됩니다.

증상과 예기불안은 모두 느낌입니다. 운동에서 나타나는 근육통과 여러 신체 증상들도 마찬가지로 느낌입니다. 우리 몸은 물리적으로 그 느낌만을 나의 뇌로 전달하고 나의 뇌는 그 느낌들을 쾌감이나 고통으로만 해석합니다.

증상과 예기불안은 모두 나의 극복 연습을 위한 재료들입니다. 증상과 예기불안을 느끼면 과거에는 곧바로 공황발작을 끌어올렸지만, 이제는 그렇게 하지 않는 대견스러운 나 자신을 더 믿고 신뢰해나가는 연단의 과정입니다. 의연하고 강인한 나 자신을 반복해서 느낄수록, 증상과 예기불안이 내면에 끼치는 영향은 급감해갑니다. 즉, 이를 겪는 시간은 곧 운동을 통해 성장해가는 시간들과 일맥상통합니다.

극복 노력 위에 '보람'을 얹으십시오. 보람을 얹으면, 그 연습의 시간이 지남에 따라 통증은 희미해져 가고, 결국 그 자리를 더 큰 보람과 자신감으로 대체해 갑니다. 보람과 자신감이 커질수록 나의 내면은 진정한 안심으로 회귀하고, 그 결과 증상과 예기불안을 일으키는 나의 뇌의 본능 영역, 즉 '편도체'라는 부위에서 더 이상 증상과 예기불안을 예측 불가능하거나 조절할 수 없는 양상으로 끌어올리지 않게 됩니다. 그 결과, 공황장애는 완치에 이르게 됩니다.

이 세상에 존재하는 모든 것들이 그러하듯이, 육체적 한계가 일정 수준 넘어가면 그 시점부터 신체적 고통은 급격히 감소하고 더 나아가 마음이 평온해지는 상태에 이를 수 있습니다. 이를 운동에서는 '특이점'이라고 합니다.

호흡이 적당히 가쁜 상태를 약 20~30분을 유지하면, 그때부터 뇌는 운동을 장시간 유지하기 위한 태세를 갖추기 시작합니다. 그 결과 뇌에서는 고통을 감소시키는 엔도르핀을 포함하여, 신체적인 고통에서도 여러 가지 판단 작업과 정서 반응이 가능하도록 도파민을 충분히 분비하기 시작합니다. 그렇게 함으로써 이 신체적 부하를 장시간 유지할 수 있게 되고, 보람과 행복을 강화하는 움직이기를 해 나갈 수 있습니다.

공황장애로 인해 운동을 회피하는 분들의 대다수는 바로 이 특이점을 통과하는 연습을 반복적으로 해나가야 합니다. 그래야 운동이 주는 보람과 성취감에 제대로 익숙해질 수 있습니다. 이러한 운동이 날마다 일정 강도 이상으로 꾸준하게 반복될 경우, 뇌는 매일 운동을 추구하게 됩니다. 이는 행복을 유발하는 신경전달물질인 도파민에 대한 보상을 바라는 뇌의 본능적인 반응입니다.

또한 특이점을 통과한 후 나의 기분이 좋아지기 시작하고 근심과 염려가 보람으로 서서히 변하는 기분이 드는 그 시점에서, 앞으로 내게 공황발작, 신체 증상, 예기불안이 몰려올 경우 바로 지금 느껴지는 이 운동 시의 통증과 비교하여, 그것들이 이 통증보다 약하다면 그 불편감들을 확실히 무시하겠다는 강한 자기암시를 하십시오. 이 방법은 공황장애가 주는 모든 불편들을 내 마음속에서 사소한 현상으로 위축시켜 버리는 아주 훌륭한 약효를 지니고 있습니다.

통증은 내가 어떻게 마음먹고 받아들이느냐에 따라 보람의 쾌감으로 변하기도 합니다. 이는 실제로 의학적인 수많은 시험을 통해 입증된 사실이므로, 결코 이론적인 그 무엇이 아님을 유념하십시오. 통증을 즐길 정도가 되어야 이 노력을 지속해 나갈 수 있습니다. 기왕 겪을 통증을 쾌감으로 느낀다면 그보다 더 좋은 일이 세상에 없겠지요. 증상과 불안은 통증이 아닌 쾌감입니다.

내 기분의 흐름을 관찰하라

증상을 두려워하지 않고 내 의지대로 조절하는 능력의 첫 시작은,
'흐름 관찰'로부터 시작됩니다. 증상이 느껴지면 바로 내 기분과
생각이 어떻게 흘러가는지 모든 것을 정지하고 객관적으로
관찰하십시오. 관찰 결과 무의미한 곳으로 흘러가려 한다면,
기분의 흐름을 즉시 멈추려 노력하십시오.

어떤 경우든 직면을 하는 이유는 불편한 상황에서 내
게 나타나는 증상의 변화를 관찰하기 위함이 아닙니다. 직면은 내
생각과 기분이 어떻게 오류를 범하면서 나빠지고 부정적으로 변
해가는지 그 순간 모든 분석의 관심을 내 생각과 기분의 흐름을
읽는데 집중하는 노력 행위입니다.

직면은 공포의 대상을 똑바로 바라보는 것입니다. 내가 가장 큰
공포를 느끼는 대상은 바로 증상이 아니라, 부정적으로 생각하고
나쁜 기분을 불러내는 그 오류의 흐름을 알아차리는 것입니다.

작은 느낌이 나타나자마자, 마치 필름이 지나가듯 빠르게 떠올
리는 생각들을 내 의지대로 느리게 만들고 멈춰가면서, 생각의 양
상과 소재들을 똑바로 직면하고 바라보십시오.

오랜만에 가장 두려워하던 증상이 나를 훑고 지나갈 때, 그 끔찍한 증상이 또 나타났다는 사실에 얽매이는 내 마음속 그 오류의 순간을 똑바로 바라보십시오. 여전히 '혹시'라는 염려가 만들어내는 '오류와 부정적 상상'이 어떻게 생겨나고 거대해지는지 회피하지 말고 직시하십시오.

염려와 더불어 '만의 하나'라는 재앙적인 가정의 단어를 떠올리자마자, 어떤 증상들이 새롭게 파급되고 치명적인 공포가 재등장하는지 그 순간을 똑바로 직면하고 바라보십시오.

멋진 영화의 하이라이트 장면도 수백 번 반복되면 지겹습니다. 주인공이 하는 의미심장한 대사 직후, 상대 연인이 어떤 눈빛으로 주인공을 바라보며 뭐라 대꾸를 하는지 너무 많이 본 장면들이라서 거의 외우다시피 할 정도가 되듯, 작은 느낌이 어떻게 예기불안을 불러오고 그 후 다른 증상들이 나타나고 강화되면서 구체적인 공포와 불안을 내 마음 전체에 어떻게 불을 지르는지, 그 흐름을 매번 똑바로 직면하고 바라보십시오.

증상이 또 나타났다는 사실은 전혀 중요한 것이 아닙니다. 증상이 느껴지자마자, 내 생각과 기분이 어떻게 흘러가는지 그 양상조차 짐작하지 못하고 있다는 점이 포인트입니다.

매번 제자리걸음을 반복하고 있지는 않은지 간파하면 멈출 수 있습니다. 이제부터는 공황장애 극복을 위한 노력 과정에서 만나는 모든 느낌과 증상에 휘둘리지 말고, 그 흐름 자체에 집중하여 간파해야 합니다.

"힘들고 무서워 죽겠는데 그 흐름을 어떻게 볼 수 있어요?"

이 말은 힘들고 무서운 것이 주인이 되어버린 대표적인 예입니다. 물론 인간은 그 흐름을 읽기보다는 힘들고 무서운 그 주인의 기분을 기준으로 삼아 매사를 결정하는 것이 보통입니다. 그러나 이 병을 이겨내고 싶다면 주인을 바꿔야 합니다. 이는 곧 공포의 기분을 누르고 상황의 실체, 그 자체를 똑바로 바라봐야 한다는 말입니다.

입사 면접을 위한 자리에서나 남들 앞에서 중요한 발표를 해야 할 때, 우리는 마음속에 드는 강한 불안과 긴장을 억제하고, 그 순간 나를 표현하는 모든 과정 자체에 몰입하려고 노력합니다. 그 순간 내가 하는 노력에서는 기분을 뒤로하고 해야 할 일을 앞으로 내세우는 주인 바꾸기 노력이 자연스럽게 진행됩니다. 결과를 떠나서 '필요할 때' 나에 대한 자제력을 발휘하는 노력을 해야 합니다.

두려운 기분 또한 이와 마찬가지로 내 의지로 반복된 연습을 통해 서서히 끌어다 놓을 수 있습니다. 연습이 거듭될수록 강렬한 증상이나 예기치 못한 예기불안이 올라오려 할 때, 즉각 나의 모든 것을 멈추고 내 기분과 생각이 어디로 잘못 흘러가려 하는지를 명료하게 관찰할 수 있음을 의미합니다.

내 기분과 생각이 의미 없는 곳으로 흘러가려 하는 것을 인지하면, 당연히 그것을 스스로 멈춰가려고 균형 능력을 발휘하기 시작합니다. 이렇게 발휘되는 나의 '흐름 관찰 능력'은 이 병이 야기하는 모든 증상과 불안을 극복하는데 아주 강력한 무기가 될 수 있습니다. 또한 이 병을 넘어 세상을 살아가는 내 삶의 흐름 속에서 소위 '기분으로 결정해버리는 우매한 경우'들을 예방하는 아주 좋은 미덕을 갖게 됩니다.

언제든 멈춰 흐름을 바라보십시오. 어떤 연습이든 처음에는 쉽지 않지만, 익숙해질수록 그 어떤 상황에서도 나 자신의 모든 상태를 직접 조절하는 강력한 역량을 발휘할 수 있게 될 것입니다.

기도의 목적은 바탕의 개선

신께 기도하되, 극복 과정에 근면 성실한 몸과 마음으로
임하도록 허락하시고, 동시에 이 병을 일으킨 나의 바탕을
잘 개선해 나가도록 감사와 인내를 간구하십시오.

종교적인 기도가 증상을 직접 줄여줄 것이라 기대하
지 마십시오. 기도는 기존에 내가 유지해온 왜곡된 여러 바탕들을
직면하고 해소하며, 앞으로 새로운 나를 형성해 나가기 위한 내면
과의 대화이고 내면의 인정이자, 개선 노력을 위한 다짐을 신께
청탁하고 그 허락을 구하는 행위입니다.

그런데도 많은 사람들은 기도를 통해 지금 당장 나를 괴롭히는
이 증상들이 말끔히 사라지기를 기대하고 새로운 욕심과 얄팍한
집착을 만들어내는 오류를 흔히 범하게 됩니다.

공황장애는 바탕의 병입니다. 바탕이 올바르게 바로 잡혀야 공
황장애는 활성화되지 않습니다. 이는 몸에 나타나는 모든 병들의
공통점이기도 합니다.

내 삶의 자세와 습관이 비뚤어져 있고 생활하는 환경이 오염되
어 있음에도, 나에게 만병이 없기를 바라는 태도 자체가 문제입니

다. 그러한 바람은 그 자체로 욕심입니다.

우리는 기도의 소재를 바꿔야 합니다. 오늘 하루 해나가는 극복 노력이 아무쪼록 근면과 성실함 속에서 잘 이뤄지고, 비록 힘든 상황에서도 내 마음의 감사와 겸손이 신께서 보기에 아름다울 수 있도록 염원하는 기도가 공황장애 극복을 위한 노력을 잘해나가는데 진정한 도움이 됩니다.

매번 바탕을 개선하지 않고 그대로 둔 채 나의 껍데기만 더 좋게 바뀌길 바라고, 더 큰 기회와 이익을 얻어, 내 생활과 미래가 더 풍요로워지기만을 기원해온 나 자신의 일그러진 모습 또한 오류에 얼룩진 헛된 갈망에 불과합니다. 공황장애는 나의 바탕을 바꾸고 천천히 개선되어가는 내면적 바탕 위에서, 끊임없이 보람과 신뢰를 강화해 나가야만 완치될 수 있는 병입니다.

좋은 바탕 위에서는 신경증들이 쉽게 생겨나지 못합니다. 좋은 바탕을 가진 자가 되기를 기도하고 좋은 바탕을 위해 내 마음속 잔가지와 욕심을 어떻게 삭제해 나갈 것인지 기도를 통해 이루어가십시오.

고즈넉하고 풍광 좋은 사찰, 웅장하고 고고한 교회당, 오묘한 기운이 흐르는 각종 수련원이 공황장애를 고쳐주는 것이 아닙니다. 공황장애는 반드시 내 마음이 그 기원의 장소로 변해가야 서서히 녹아가는 질환입니다.

어떤 이는 신의 능력이 무궁무진해서 이 병을 낫게 해달라고 신께 간구하면 깔끔히 나을 수 있다고 외칩니다. 만약 간곡한 기도에도 불구하고 이 병이 빨리 낫지 않는다면 이는 자신의 기도가 부족해서라고 말합니다.

물론, 필자는 그런 사람의 주장에 대해 종교적으로는 '수긍'합니다. 다만 그러한 기도 행위를 이 책에서 경계하는 이유는, 바로 간절한 기도 행위 속에 여전히 이 병을 일으켜온 나 자신의 '조급함'과 '매사를 투쟁으로 대하는 척박한 심성'이 좋은 방향으로 개선되지 않는 한 재발을 반복하거나 장기적으로 완치를 기대하기 어렵기 때문입니다.

필자는 이 병을 통해 예리했던 조급함을 무디게 갈아낼 수 있었고, 세상을 투쟁의 장으로 대했던 무의식적인 습관을 좋게 바꿀 수 있었습니다. 내가 집착하고 원하는 것들을 빨리 이루기 위해 신께 간구하는 행위. 세상 속에서 타인과의 이권이 걸린 투쟁에서 내가 승리하도록 신께 일방적으로 도와달라고 간구하는 행위. 이러한 기도 행위가 문제가 아니라, 그 기도의 내용물 속에 여전히 자신의 왜곡된 많은 바탕들에 대한 개선이 조금도 들어있지 않다는 점이 문제입니다.

이 병을 일으킨 나의 바탕과 이것을 이겨나가기 위한 모든 근원적 개선 노력 없이 공황장애는 극복될 수 없습니다. 신께서 필자에게 이 병을 허락하신 이유도 바로 신이 보시기에 좋게 이루기 위한 바탕을 먼저 닦으라는 깊고 근원적인 가르침이라고 믿고 있습니다. 내 바탕이 바뀌어야 한다는 내용이 포함되지 않은 모든 공황장애 극복의 치료법은 위안을 줄지언정, 결코 치료법으로서 깔끔히 완치하기는 아주 어렵다는 것을 반드시 유념하십시오.

몸은 바쁘고 번거로워도, 마음은 잔바람에 흔들리지 않는 여유. 그 상태에 나의 내면이 거하도록 노력을 멈추지 않아야만 완치될 수 있는 질환이 공황장애입니다.

이제부터 기도의 소재는 '굳건하고 근면한 내적 바탕을 위해 좋은 노력을 지속해갈 수 있기를 기원'하는 것에 두십시오.

알려면 제대로 알고 아니면 잊어라

공황장애 극복에 어설픈 지식은 최대의 적입니다.
알려면 제대로 파고들어 전문적인 것들을 정확하게 이해해야 합니다.
그게 아니라면, 내 머릿속에 아예 떠올리지 말아야 합니다.

공황장애 환자가 생각을 멈추는 방법을 이미 알고 있다면, 그 환자의 공황장애 완치는 시간문제에 불과합니다. 앞서 처럼 생각은 여러 상상 행위를 수반하는데, 그 상상은 반드시 '재료'를 필요로 합니다. 재료는 내가 보고 듣고 접했던 경험적인 개념과 단어, 이미지, 느낌 등 대단히 광범위한 것들입니다. 그 재료들이 토대가 되어 무의식적으로 수행하는 것이 바로 상상이라는 행위입니다.

만약, 상상에 동원되는 재료가 명료하고 정확하게 검증된 것이라면, 우리는 무의미한 상상을 멈추고 서서히 안심하게 됩니다. 즉, '119'라는 이미지, 병원의 간판이나 네온사인, 의사의 흰옷 등 비록 단편적인 이미지들이지만 이것들은 안심을 유발하고 유사시 나를 즉시 도와줄 수 있다는 '안심'과 '위안'의 재료가 될 수 있습니다. 이것들이 보이거나 가까이 있음을 인지하는 즉시 실제로 우리 뇌는 더욱더 안심할 수 있습니다.

반면, 심장마비, 뇌졸중, 쓰러짐, 미치는 것, 빙의, 호흡곤란 같은 단어들이 내포하고 있는 이미지는 위험 또는 위급한 이미지와 연결되어 있습니다.

뇌에는 위험한 것을 항상 참고하도록 대기해두는 대기 저장소가 있습니다. 위험하고 위급한 이미지일수록 뇌에서 가장 잘 끌어올릴 수 있는 곳에 위급 상황에서 해야 할 대응 동작과 느낌들을 올려놓고, 유사시 신속하게 대응할 수 있도록 준비해 놓습니다. 마치 컴퓨터처럼 미리 메모리에 중요한 데이터를 올려두고 유사시 저장소에서 자료를 꺼내는 시간을 절감하기 위한 작동 방식을 우리 뇌가 갖고 있다는 의미입니다.

뇌는 이러한 위험하고 두려운 이미지를 유발할 수 있는 연관된 단어, 이미지와 서로 색인을 연결해서 가장 처리 속도가 빠른 구역에 미리 올려 두는 것입니다. 이로써, 어떤 자극이 주어지면 분석 과정에 시간을 소요하지 않고 곧바로 색인으로 연결된 모든 반응을 즉각 끌어낼 수 있습니다. 이런 뇌의 작동 방식은 대단히 효율적입니다. 실제로 뇌의 처리 속도는 컴퓨터와 비교할 수 없을 정도로 느리고, 가장 빠른 신호전달 속도도 초당 120m 정도밖에 이동하지 못합니다.

즉, 뇌는 이런 느린 신호전달의 한계를 극복하기 위해 위험하고 위급한 이미지에 해당하는 정보들을 곧바로 비교하고 사용할 수 있는 위치에 올려놓고 어떤 자극이나 상상을 수행하더라도 항시 그 데이터와 비교하여, 그와 연관된 반응을 오랜 생각 없이 행동과 기분으로 느낄 만반의 태세를 유지하는 것입니다.

공황장애 환자들의 경우 바로 이 뇌의 뛰어난 특성을 전혀 다른 방법으로 활용합니다. 환자들의 뇌에는 가장 빠른 대기 영역에 '두근거림'의 이미지와 '심장마비', '심근경색', '부정맥' 등의 이미지가 서로 연결되어 대기하고 있습니다.

그 결과, 가벼운 두근거림에도 이미 색인으로 연결된 '심장발작, 심근경색, 부정맥' 등의 치명적인 이미지들을 곧바로 떠올리고, 동시에 이들 이미지와 추가로 연결된 모든 회피 반응들인 '운동 억제', '119 부르기', '이 상황에서 도피'까지 다양한 모든 반응 행동을 곧바로 수행해나갑니다. 이 모든 이미지들은 서로 치밀하고 즉시 반응하도록 연결되어, 중간 비교 작업 없이도 이후 나머지 모든 반응들까지 순식간에 이끌어내는 것입니다.

여기서 중요한 것은, 두근거림이라는 이미지가 심장발작, 회피 행동 등의 이미지와 굳게 연결되어 있는 그 '연결고리'라는 것입니다. 바로 그 '연결고리를 끊어내는 것'이 공황장애 극복 노력의 전 부문에서 절실히 필요합니다. 그 연결고리는 처음에는 고리지만, 시간이 지날수록 '스위치'로 변해갑니다.

초기 두근거림은 심장발작이라는 이미지와의 비교를 통해 회피라는 최종적인 반응을 이끌어내지만, 이 과정을 반복할수록 뇌는 처리 절차를 더욱더 빠르게 수행하기 위해 중간 비교 과정인 '심장발작'을 떠올리지 않고, 곧바로 회피 행동을 나타냅니다. 즉, 자극이 바로 반응으로 연결되고 중간 비교는 사라져 버리는 것입니다.

두근거림은 이제 하나의 '스위치'가 되어 그 스위치가 눌려지면 바로 '회피 행동'이 나타나는 상태입니다. 공황장애가 꽤 깊어진 분들은 바로 이 '스위치'를 모든 자극에 대하여 무수히 형성해 놓고 있습니다. 이 스위치가 더 많이 그리고 강하게 형성되어 있을수록 공황장애는 심한 상태가 됩니다.

이상처럼 우리 뇌의 연결고리 만들기 능력은 정말 뛰어나고 효율적인 역량입니다. 하지만 이 역량을 엉뚱하게 오랜 시간 사용하면 거꾸로 우리 자신에게 치명적인 덫으로 변해갑니다. 이들 연결고리는 곧 자동화 사고이고, 작은 느낌을 파국적인 신체 증상으로 동시에 불러내는 조건반사적인 오류입니다.

이 연결고리를 해체하기 위해 가장 중요한 것은 역시 '제대로 이해'하는 것입니다. 두근거림이라는 것이 무슨 현상이고 심장이 두근대려면 무엇이 필요한지, 심전도 검사는 그 두근거림의 어떤 문제를 검사하기 위함이며 심전도 검사 결과에 이상이 없다는 것은 내 심장의 어떤 기능에 문제가 없음을 의미하는지, 두근거림이 빨라지거나 느려지는 변화가 왜 정상적인 현상이며 내가 이미 받은 검사들 즉, 심장 초음파, 혈액검사, 운동부하검사, 24시간 심전도 검사가 내 심장의 어떤 이상 유무들을 검사했던 것이고 그 결과 문제가 없으면 왜 심장마비를 염려할 필요가 없는 것인지 등등, 그 모든 원인과 이유 그리고 결과를 상세하게 잘 이해해야 합니다.

이 이해 과정에는 '시각적인 확인'과 '체감'이 필수입니다. 시각적 확인이란 심장마비나 부정맥 환자의 심전도와 내 심전도 결과지 사이의 차이를 두 눈으로 확인하는 것 등이 될 수 있습니다. 순환기내과 의사가 '문제가 없다'는 식으로 잠시 그 결론만 이야기해 줄 때, 나는 반드시 "부정맥 환자의 심전도 결과표와 한번 비교해서 보여주실 수 있어요? 제가 그걸 보면 확실히 심장 염려를 멈출 수 있을 것 같아요."라고 명료하게 말하고, 정말로 그것을 두 눈으로 비교해서 그 차이를 목격해보는 행위 등이 가장 효과적이고 시각적인 확인 행위입니다. 그 두 가지 심전도 그래프의 확연한 차이, 곡선의 차이점을 두 눈으로 보면 그때부터 마음의 의심은 확고하게 줄어들고, 그 그래프의 모양을 반복적으로 떠올리며 스스로에게 자꾸 이미지로 각인시키는 작업을 통해 '두근거림'과 '부정맥' 사이의 견고한 고리를 느슨하게 만들어갈 수 있습니다.

연결고리가 느슨해지면 서서히 그 해체에 가속이 붙습니다. 결국 이해를 반복하여 그 이미지를 내가 자주 떠올리면 결국 연결고리는 희미하게 사라지고, 그 결과 두근거림이 회피 반응을 직접 조건반사적으로 끌어내지 못하게 됩니다.

협심증 환자는 달리지 못합니다. 협심증이란 심장혈관의 일부가 좁아져 심장이 더 많은 일을 하려고 해도, 충분한 혈액이 심장 근육에 공급되지 않아서 생기는 통증입니다. 심장이 두근거린다는 것은 곧 혈액을 온몸으로 강하게 빨리 보내기 위함입니다. 우리 몸의 다른 근육들도 마찬가지로 강하고 빠르게 움직이려면 더 많은 혈액을 공급받아야 하고, 근육이 사용하고 남은 찌꺼기인 노폐물들을 혈액에 녹여 체외로 더 빨리 배출해내야 합니다.

심장도 근육과 같습니다. 근육에 혈액 공급이 충분하지 않으면 오동작이 생겨납니다. 오동작이란 곧 경련이나 떨림입니다. 또한 노폐물을 빨리 근육에서 배출하지 않으면 통증을 느끼게 됩니다. 심장은 아주 순도 높은 근육 덩어리이고, 공급되는 혈액량과 배출되는 노폐물의 양에 그 심장의 기능은 비례합니다. 즉, 심장 혈관이 좁아져 강한 심장 운동을 뒷받침할 수 없도록 혈액 공급이 적게 이뤄지면, 곧바로 경련과 통증을 일으키며 오작동을 하는데, 그것이 바로 협심증입니다. 여기서 더 심해지면 심근경색으로 발전합니다.

협심증이나 심근경색은 강렬한 부정맥을 동반하기도 합니다. 협심증 환자들은 강도 높은 운동을 할 수 없습니다. 심한 경우 심지어 계단도 오르내리지 못하고, 50m 거리도 걷기 어렵습니다. 하지만, 흉부 불쾌감을 호소하는 공황장애 환자들의 경우 장거리를 잘 걷고 계단도 잘 오르내립니다. 즉, 공황장애 환자들은 협심증이나 심근경색의 경과에 해당되지 않으며, 결국 안전하고 원활한 심장을 가졌음을 의미합니다.

이 모든 심장 기능에 대하여 검증하는 검사가 바로 '운동부하검사'입니다. 몸에 부하를 걸고 심장 활동을 심전도로 체크해 본 결과 이상이 없다 함은 곧 심장 혈관에 막히거나 좁아진 곳이 없다고 간주할 수 있습니다.

이해하려면 정확하게 해야 합니다. 정확히 이해해두면 '염려의 고리'를 녹여낼 수 있습니다. 또한, 염려의 고리를 새롭게 생성해내는 가지치기도 예방할 수 있습니다. 어설프게 이해하거나 사람들이 느낀 증상 일부에서 나와의 공통점을 찾는 행위는 절대 금물입니다. 그런 어설픈 이해 행위는 고리를 해체하기는커녕, 고리를 대량으로 더 양산하는 지름길이기 때문입니다.

공황장애 극복의 모든 과정에서 이뤄지는 이해 노력은 정확하게 습득해나가는 배움의 과정이고, 매일 하는 운동을 통해 그 배움 내용을 몸으로 체감하면서, 내 몸에 문제가 없고 내 습관에 문제가 있었음을 체감하고 연습해가는 과정입니다. 잘못 형성된 고리들은 정확한 이해를 통해 해소되기 시작합니다. 알려면 제대로 공부하고 아니면 머리에서 지웁시다.

집안일을 하라

땀과 시간과 침묵을 허락하여 내가 거하는 공간을 정리하고
다듬으십시오. 그 과정은 신체적인 최고의 운동이자,
침묵 속에서의 고고한 노력을 행하는 나 자신의
절제와 겸손을 가르치는 최고의 수련이 됩니다.

극복 노력은 특별한 상황이나 장소를 만들어놓고 하는 것이 아닙니다. 극복 노력은 나의 바탕을 개선하고, 나의 자세를 재정비하는 모든 활동에서 하는 행위입니다.

멋진 피트니스센터, 운동 클럽, 길고 잘 정비된 트랙, 시원하고 편안한 등산로나 약수터. 이런 장소에서만 공황장애 극복 노력이 진행되는 것은 아닙니다. 보다 효과적이고 경제적인 극복 노력은 바로 내 집안과 일터입니다.

많은 환우들이 집안을 갑갑하게 생각합니다. 반드시 밖을 나가야 운동을 할 수 있다고 오해하기도 합니다. 그러나 집안이야말로 운동, 노동, 마음 다스리기 등 이 병을 고쳐나가기 위한 직접적인 활동을 포함하여 더 좋은 환경을 만들어 나를 포함한 가족과 친지의 더 좋은 주거환경을 이룰 수 있는 일거양득의 공간임을 유념해야 합니다.

그 정도가 강박적이지만 않다면, 집안에서 광채가 나도록 집을 쓸고, 닦고, 정리 정돈을 하는데 땀방울을 가득 흘리는 것이 좋습니다. 내 머릿속에 증상에 대한 잡념과 미래에 대한 염려가 떠오르면, 긴 고민 없이 바로 일어나 걸레를 손에 쥐고 닦고 광을 내십시오. 몸을 움직이고 부정적인 염려의 생각이 내 머릿속에 자리 잡을 여유를 주지 마십시오.

기왕이면 가장 불편한 방법들로 그러나 내 손과 다리를 더 많이 사용하는 방법으로 집안을 정리하십시오. 바닥을 기며 걸레질을 하고, 욕실 바닥의 구석구석 모든 때와 먼지를 닦아내십시오. 이마를 타고 뺨으로 흘러내리는 짭짤한 땀방울을 그 과정에서 맛보면서 이 노력 행위가 진정으로 나를 회복시키고, 내가 거하고 취하는 모든 공간과 장소에 대한 애정과 사랑을 더욱 강화한다고 믿으십시오.

오래된 절이나 수도원 등 내면을 수양하는데 힘쓰는 곳일수록 아주 엄할 정도로 환경에 대한 절제와 청결을 수련합니다. 내가 거하는 모든 공간은 곧 나의 내면의 또 다른 표현이라고 여기기 때문입니다. 실제로 우리는 애착이 없거나 단시간 써야 할 것들에 대해서 성의를 기울이지 않고 쉽게 포기하고 버립니다. 그러나 애착이 강하고 그것을 오래 사용해야 할수록 그 물건, 장소에 대하여 많은 성의를 기울여 청소하고 닦고 관리합니다. 내가 생활하는 집은 당연히 나의 내면이 거하는 곳이고, 이 공간에 대한 나의 모든 성의를 다해야 합니다. 내가 거하는 공간이 정결할수록, 그 공간은 서서히 나에게 더 좋은 휴식처가 되어갑니다. 또한 그렇게 오랜 시간이 흘러 손때와 정성이 묻을수록 그 공간은 휴식처를 넘어, 나의 내면과 합일되는 내 삶의 향기가 함께 살아 숨 쉬는 곳으로 더욱더 눈부시게 변해갑니다.

아무리 낡은 집이라도 높은 품성을 가진 사람이 거하면, 낡은 외관 속에서도 손때와 절제, 그리고 그 사람의 정신적 깊이가 고스란히 느껴집니다. 사회적으로 존경받았던 문인이나 정신적 지도자들이 거했던 집이나 숙소를 여행에서 방문해보면 그들이 쓰던 물건이나 책상 등 모든 것들이 뿜어내는 형언할 수 없는 고고한 풍취가 나에게도 그대로 전해집니다.

하물며 내가 거하는 공간도 다를 바 없습니다. 손길이 더해져야 애착이 커지고, 애착이 커지면 내 마음은 더 풍요로워집니다. 그러한 공간에 함께 있는 가족들 또한 훨씬 더 쾌적하고 풍요로워지는 일거양득의 효과가 있음을 기억하십시오.

다만, 땀 흘려 집안일을 하되 오로지 나 혼자만 하는 것이 포인트입니다. 이러한 노력 행위는 나의 내면에 홀로 침묵 속에서 하는 구도이자 고행이자 단련의 행위이므로 결코 내 가족에게 함께하길 요구하지 마십시오. 그래야만 가족들이 나의 행위를 부담스러워하지 않고 나의 노력을 응원합니다.

외쳐라!

강력한 외침 소리는 증상을 즉시 멈추게 하는 효과가 있습니다.
외치십시오. 증상이 나타나려 하거나 게으름이 고개를 쳐들려 하면
곧바로 나 자신에게 외치고 그것들을 멀리 쫓아 버리십시오.

“이 병만 나을 수 있다면 뭐든 하겠어요.”
“이 병만 낫는다면 소원이 없습니다.”

가장 흔하고 자주 듣는 이야기입니다. 이 말을 들을 때면 과거 필자가 겪은 기나긴 고통과 극복의 시간이 가슴 시린 느낌이 들곤 합니다.

이 말들에 담겨있는 내용 이면에 깊게 배어든 절실함. 그 절실함은 겪어보지 않은 사람은 절대 알 수 없습니다. 필자는 이 말들에 담고 있는 색깔과 맛, 냄새, 심지어 촉감까지도 겪어보았기에 그 표현 그대로를 느끼고 공감할 수 있습니다.

절실하면 할 수 있습니다. 절실하기에 뭐든 해야만 합니다. 절실함은 열망을 낳고, 그 열망은 소망이 됩니다. 바라고 우러러보는 그 목표. 이 병의 완치. 그 소망의 목표를 위해 무엇이든 하고 지불하겠다는 가슴속 외침은 실행을 해야만 달성 가능합니다. 뇌는 실

행을 해봐야 깨닫습니다. 몸도 직접 움직여 실행해 봐야 뇌와 긴밀히 연동되어 체득할 수 있습니다.

말을 빨리 달리게 하기 위해 기수들은 인정사정없이 말의 엉덩이를 채찍으로 내리치고, 심지어 뾰족한 박차로 말의 허벅지를 사정없이 찍습니다. 강렬한 자극은 말로 하여금 뿜어낼 수 있는 최대의 아드레날린을 분비하게 만들고, 뇌에서는 엔도르핀이 극렬하게 분비되어 온몸에서 일어나는 모든 잡념과 통증 자각을 최소화합니다.

두 발로 걷는 인간이건, 네 발로 걷는 동물이건, 기는 동물이건, 날아가는 동물이건, 모든 동물들은 아드레날린과 엔도르핀이라는 호르몬을 갖고 있습니다. 이 물질은 강렬한 회피와 대응을 위해 오래전부터 진화해온 물질들입니다. 우리에게 강렬한 자극이 가해지면, 온몸을 순식간에 각성시키고 활성화하는 아드레날린이 분비되고, 오로지 투쟁 한 가지에만 집중하도록 만들기 위해 세상 최고의 진통제인 엔도르핀을 대량으로 분비토록 만듭니다. 이런 작동 방식을 가진 모든 생명체를 '동물'이라 여기면 맞습니다. 인간도 동물이므로 우리도 외부의 강렬한 자극에 대해 이와 똑같이 반응합니다.

강한 외침은 뇌에 강렬한 자극을 줍니다. 강한 외침은 나의 귀를 울리고, 귀에 가해진 신호는 청신경을 타고 나의 뇌를 때립니다. 동시에 외침의 큰 울림은 턱뼈를 통해 머리를 울립니다. 머리에 직접 가해지는 일종의 충격인 셈입니다.

큰소리를 외치려면 서른 개 이상의 얼굴 근육을 사용해야 합니다. 가슴과 목으로부터 시작해서 복근까지 몸 이곳저곳에 필수적인 근육들을 강하게 움직여 나의 폐를 쥐어짜서 높은 압력의 공기로 성대를 울리게 됩니다.

이런 모든 외침 행위에 수반된 몸 전체의 반응에 뇌는 강렬한 자극을 받게 되고, 마치 기수의 구두 뒤축에 달려 있는 박차로 말의 옆구리를 사정없이 찌르듯이 뼛속까지 파고들 정도의 잔인한 채찍질처럼 뇌에 강한 자극을 가합니다. 그 결과 몸에서는 동물적인 투쟁 반응으로써 아드레날린과 엔도르핀을 순식간에 방출합니다.

부신피질에서 혈액 속에 방출된 아드레날린은 그에 합당한 투쟁 반응을 몸에서 끌어내고 두려움과 무기력에 잔뜩 위축된 모든 근육과 신경을 일깨웁니다. 동시에, 뇌에 방출된 천연 진통제인 엔도르핀은 몸 이곳저곳에 불편하게 느껴지는 모든 감각에 대한 뇌의 해석 기능을 곧바로 차단해버립니다. 그 결과 몸에서의 불편들은 뇌에서 더 이상 해석되지 않고 감지되지도 않습니다. 또한, 엔도르핀으로 인해 헛된 염려의 상상들을 수행하던 뇌의 모든 부분이 동작을 멈추게 됩니다. 즉, 엔도르핀이 모든 잡념들을 순식간에 차단하는 셈입니다.

강하고 단호한 외침은 불안이라는 대상에 짓눌리지 않고, 한 가지 행동에 모든 역량을 집중하기 위한 준비입니다. 즉, 내 의지대로 투쟁을 위한 반응과 투쟁 상태에 적합한 몸과 뇌로 순식간에 변신할 수 있게 합니다.

이 극적인 변신은 몸 상태를 180도 바꿔놓습니다. 통증에 무뎌지고, 몸 여기저기에서 느껴지던 불편한 증상들이 흐려집니다. 뇌와 직접 연결된 모든 신경망, 눈, 코, 입, 귀까지 모든 감지 도구들의 능력이 저하되어, 내가 목표로 하고 있는 그 행위 이외의 다른 모든 것들에 대한 정보 수집과 분석 자체를 정지하게 됩니다. 그 결과, 엔도르핀은 강력한 진통제이지만 이는 신체적 통증뿐 아니라 심리적 통증 해석까지 강도를 크게 낮추는 극적인 효과를 냅니다. 심리적 통증이 줄어든다 함은 투쟁하는 데 불필요한 모든 불안과 공포감에 할당되는 뇌의 작업들을 최소화하는 것을 의미합니다. 즉, 나의 뇌도 몸도 모든 초점을 투쟁 행위 하나에 맞추는 것입니다.

모든 초점이 투쟁 대상에 맞춰진 상태. 바로 그 상태를 직접 이끌어내는 외침.
"꺼져 버려! 불안 너 꺼지라고!"
"난 할 거야! 꼭 해낼 거야!"
"아자! 이겨낸다! 반드시 이겨낼 거다!"

바로 이러한 강력한 외침. 이 외침을 언제 어디서든 외칠 만반의 준비가 되어 있어야 합니다.

　　신기한 것은, 이 외침을 크고 강하게(나 자신이 깜짝 놀랄 정도로 인정사정없이) 외칠수록, 그 순간 공포와 주저함 등을 즉각 정지해 버릴 수 있다는 사실입니다. 잔뜩 쪼그라들고 움츠렸던 내 마음이 대범해지고 무기력한 내 근육과 울렁이던 가슴까지 예기불안에 의해 술렁이던 그 어떤 신체적 불편도, 이 위압적인 외침 소리에 잠잠해질 수 있습니다. 내가 모든 감정과 기력을 실어 나 자신에게 외치는 순간, 나는 마치 갑옷을 입은 듯 단단해집니다.

　　내가 공원을 달리면서 이 병을 이겨내기 위해 큰소리로 외치는 모습에 대해, 만약 이상한 사람 보듯이 나를 쳐다보는 이가 있다면, 그 사람은 이 병과 같은 절실한 그 무엇을 제대로 겪어본 적이 없는 사람이라 여기면 됩니다. 반면 나의 외침을 이해하는 눈빛으로 바라보는 사람이 있다면, 그 사람은 이 병이든 다른 마음의 큰 상처든, 아니면 또 다른 인생의 깊은 역경이든, 힘든 일을 겪고 자신도 이런 식으로 이겨내려 노력했던 적이 있는 사람일 것입니다. 받아들이는 사람들은 자신의 방식으로 나의 외침을 해석합니다. 즉, 눈치 볼 필요가 없다는 것을 명심하십시오.

　　힘든 몸과 마음, 이것들을 이겨내고 밖으로 나가려 할 때, 내 컨디션이 천근만근이라 도저히 움직일 용기와 의욕이 나지 않을 때,

바로 이 외침을 사용하십시오. 내 마음 밑바닥까지 폭풍이 휩쓸어 버리듯이 강하게 여러 차례 외치십시오. 만약 운동 중에 스멀스멀 증상이 느껴지고 증상이 더 강해질 것만 같은 염려와 두려움이 그 틈을 이용해 고개를 쳐들려 할 때도 이를 악다물고 눈을 부릅뜨고 강렬하게 이 외침을 주저 없이 꺼내 사용하십시오.

외치는 도중 머뭇거림과 주저함은 오히려 이 외침의 효과를 감소시킨다는 것도 유념하십시오. 주춤거리지 말고 평소 머릿속으로 이미지 트레이닝을 반복해서 미리 숙달시켜 둔 후, 나의 용기와 강한 투쟁 능력을 수백 배로 끌어올리는 이 외침을 유사시 즉각 끌어올려 사용하십시오.

허기짐을 예방하라

완전한 완치에 이르기 전이라면 몸은 증상을 불러냅니다.
몸 상태가 증상을 불러내지 않도록 각별히 식사에 신경 쓰십시오.
몸에 좋은 것을 먹는 것보다 식사 시간과 양을
매일 정확하게 유지하는 것이 더 중요합니다.

배가 고파야 겨우 식사를 하거나 배가 고프지 않다고
식사를 거르는 분들이 많습니다. 공황장애를 극복하기 위한 노력
이 진행되는 모든 과정에서 식사라는 행위는 '일정이자 규칙'입니
다. 즉, 규칙에 따라 먹고 그 양과 시간을 정해두어야 합니다.

젊고 건강할 때는 허기 지지 않습니다. 혈당이 떨어질 때가 되면
시장기를 느낄 뿐입니다. 반면, 나이가 들거나 심리적인 불안과 긴
장이 높게 유지되면, 혈당이 떨어질 때가 되었다는 신호가 다양한
증상으로 나타날 수 있습니다.

그 증상들은 단지 배고픔만이 아니라, 두근거림, 호흡 불편, 어
지러움, 식은땀, 손발의 저림과 감각 이상, 힘없는 몸살 기운까지
매우 다채로운 증상을 나타내기 시작합니다. 그런 이유로 응급실
에서 혈액검사를 받아도 결과는 언제나 정상입니다. 이러한 현상
이 일어나는 이유는 공황장애로 인해 우리의 몸이 그만큼 대사를

처리하는 데 비효율적으로 변했기 때문입니다.

허기지는 증상이 불안과 염려로 인해 저하된 체력으로, 과거와 달리 배고픔이 아닌 다양한 신체 증상으로 발현되는 현상. 실제로 이 과정을 예기불안이나 공황발작의 발현으로 착각하는 분들이 의외로 많음에도 유의해야 합니다.

노력 과정 중에 식사는 하루 정해진 시간에 세 번 하되, 그 양은 기존보다 약 20% 줄이는 것이 좋습니다. 그렇게 줄인 식사량은 다시 둘로 나눠, 끼니 사이에 간식으로 채웁니다. 이렇게 하는 이유는 종일 체력의 기복을 최소화하기 위함입니다.

체력이 꾸준히 유지될수록 노력을 잘 유지할 수 있습니다. 동시에 체력이 잘 유지되어야 여러 불필요한 증상들을 덜 느낄 수 있고, 그 결과 모든 느낌들을 염려와 불안으로 연결 짓지 않을 수 있습니다. 실제로 이 요령은 결코 공황장애 환자들이 겪는 기력 저하를 예방하기 위해서만 사용되는 것이 아닙니다.

공황장애 극복 노력은 장기전이며 체력전입니다. 허기지는 증상은 예기불안과 신체 증상을 직접 불러낼 수 있습니다. 공황장애 이전과는 달리, 이제 우리 몸은 이러한 신체 변화와 교감신경 간의 강한 유착을 맺고 있습니다. 노력 과정에서 불필요한 시행착오와 부정적 변수를 최소화하기 위해서 이러한 자기관리의 요령을 잘 실행해나갈 준비가 되어 있어야 합니다.

시작됨과 동시에 이제부터 먹는 행위는 종일 나의 체력을 고르게 유지하여 컨디션의 기복을 줄이기 위한 하나의 노력 행위가 된다는 것을 깊게 유념하십시오. 하루 세 번 식사, 그리고 끼니 사이의 두 번 간식을 유지하는 방식으로 공복감이 없도록 노력하십시오.

줄인 약은 다시 늘리지 말라!

약은 증상이 확고하게 좋아짐에 따라 단계적으로 감량합니다.
감량한 약은 어떤 경우에도 다시 늘리지 말아야 합니다.
약에는 그 약의 성분뿐 아니라, 가장 중요한
나 자신에 대한 자존감과 신뢰가 걸려 있습니다.

약을 옆에 두고 증상이 출렁일 때마다 다시 늘리는 행위를 반복하면, 결코 이 병에 대한 조절력을 키워낼 수 없습니다.

증상이 나빠진다는 것은 여러 가지를 의미합니다. 최근 내 삶 속에서 불안과 우울이 증가할만한 사건이 있었거나, 스트레스가 되는 일을 더 자주 만났거나, 아니면 폭음, 과식, 운동 부족, 수면 부족, 과도한 생업과 학업까지, 다양한 원인과 이유들이 반드시 증상 악화의 앞에 존재합니다. 최근 증상이 악화됐거나 불안이 증가한다면, 내 앞에 놓인 이러한 자극 요인을 잘 생각해보고 간파해내야 합니다. 이때는 반드시 서두르지 말고 잘 기록한 후 그 결과를 몇 가지로 압축하고 분류한 후 그 요인들이 내 자신에게 진심으로 인정할만한지를 신중하게 평가합니다.

증상 악화의 원인으로 지목된 것들에 대해서는, 내가 대응할 수 있는 것은 과감하고 적극적으로 대응해야 합니다. 정작 내 중심을 멍들게 할만한 중요한 사안들은 회피하고 외면하며 지극히 말초적이고 단기적인 위안만을 일삼는다면, 공황장애를 더 길게 끌고 갈 바탕을 나 스스로 유지하는 셈입니다. 물론, 당장 해결할 수 없는 요인들도 많습니다. 그럴 경우, 과감하게 그 해결을 유보해 두어야 합니다. 이러한 유보 행위를 '긍정적 유보'라고 합니다.

내게 주어진 환경과 한계들로 인하여 부득이 그 해결을 미뤄두어야만 하는 상황이라면, 이것에 대해 당장의 고민과 갈등을 겪을 이유가 없습니다. 해결되지 않는 요인에 그대로 머물러 불안과 우울 주변에 마음이 맴돌도록 방치해두는 것은 정말 부정적인 악습입니다.

이렇게 나의 양상을 악화시킨 원인들을 찾아내고 파악하려고 하는 것만으로도, 과거와는 달리 재발의 밑바닥으로 떨어지지 않을 수 있습니다. 우리의 내면은 이해하고 파악된 것에 대해서는 불안과 우울을 덜 끌어올리도록 동작하기 때문입니다.

악화된 증상에 대해서는 철저하게 무시하고 절대로 패배를 인정하면 안 됩니다. 오히려 운동을 강화하고 기력을 늘리기 위해 영양 섭취와 휴식을 강화해야 합니다. "아, 정말 힘들어"라는 탄식은 절망스러움을 내 마음속에 재각인하는 아주 우매한 한숨에 불과하다는 것을 명심해야 합니다. 그렇게 증상을 무시하고 기력을 다시 끌어올려 내 생활의 밑바닥을 단단하게 유지해내는 과정에서 나의 조절력이 서서히 증가해갑니다.

이를 자주 반복할수록 조절력은 더욱 탄탄하고 두텁게 변해가며 조절력이 확고해질수록 이 병의 재발은 나에게서 멀어지게 됩니다. 또한, 재발되는 증상도 서서히 그 강도가 낮아지고, 서서히 소멸해 가면서 재발로부터 완전히 자유로워질 수 있습니다. 이렇게 증상 재발을 내 의지로 극복해가는 것이 공황장애 극복의 핵심 역량 중 하나입니다.

반면, 증상이 조금 나빠지기만 해도 곧바로 약을 머릿속에 떠올리고 '약을 줄일까 말까?' 매번 같은 고민 속에 종일 집착하고 방치하면, 결국 공황장애는 재발을 반복하게 됩니다. 그로 인해 작은 증상 악화에도 약을 다시 늘리면서 나의 상태는 대폭 후퇴를 경험하게 됩니다. 이렇게 약을 다시 늘리면 표면적으로 약을 늘렸다는 사실 자체만 문제 되는 것이 아니라, 약을 늘려버린 나에 대한 실망과 미움까지 함께 양산하게 됨을 명심해야 합니다.

약을 줄이는 것은 신중해야 합니다. 그것은 나의 조절력을 확신하고, 이를 언제든 실행에 옮길 수 있을 때 서서히 고려해야 할 사항입니다. 단순히 증상이 조금 나아졌다고 약에 대한 거부감과 염려로 인해 약을 가볍게 줄이는 행위는, 결과적으로 증상 재발에 대해 속수무책으로 다시 약을 늘리게 만들고 오히려 더 장시간 약을 복용하도록 만듭니다. 즉, 나의 조절력을 확신할 때 약을 줄여야 하며 그렇게 줄인 약은 절대로 다시 늘리지 않습니다.

설사 증상이 일부 재발했다 하더라도, 나는 이 증상 재발의 원인을 반드시 파악하고 있어야 합니다. 증상 재발의 원인을 해소하든 유보하든 둘 중 명료한 대응을 단호하게 행동으로 취하며, 그동안 쌓아놓은 나의 역량으로 수일 이내에 마무리 짓는 것이 좋습니다. 그 과정에서 연습해둔 조절력을 100% 이끌어내서 용기 있게 밀고 나가야 합니다. 어차피 내가 발휘하는 조절력 하에서 재발된 약간의 증상들은 서서히 제압되어 수일 이내에 다시 사라지게 될 것이기 때문입니다. 약에는 나의 신뢰와 자신에 대한 자존심까지 함께 걸려있다는 것을 항상 잊지 마십시오.

◈ 깊게 들어가기 - 원인일까? 결과일까?

공황장애에서 가장 흔히 쓰이는 1차 선택제로 SSRI(선택적 세로토닌 재흡수억제제)가 있습니다. 이 약은 뇌의 세로토닌이라는 신경전달물질의 대사에 개입하여 뇌의 그 농도를 조절해 줌으로써, 세로토닌에 관계된 거의 모든 신경증의 불편을 개선하는 것을 목표로 합니다. 정신과에서 공황장애에 가장 흔하게 처방하는 약이 바로 이 약입니다.

세로토닌이 공황장애 발병과 관련이 있음은 이 병에 대해 아는 이들이라면 모두 인정하는 사실이지만, 과연 세로토닌이 공황장애 발생의 이유인지에 대해서는 논란이 있는 것도 사실입니다.

신경생물학에서 세로토닌을 주목하는 근거는, 우울증(신경증의 대 풋값) 환자들을 놓고 검사했을 때 세로토닌의 농도가 감소해 있다는 것을 증거 기준으로 삼습니다. 즉, 뇌에서 세로토닌의 대사에 문제가 생겨 농도가 줄면 우울증이 생긴다는 추론을 하지만 세로토닌은 우울하면 줄어들 수 있습니다. 기분이 좋은 사람의 뇌에서 세로토닌은 증가하고 기분이 좋지 않은 사람에게서는 줄어드는 것은 당연한 상식입니다.

그렇다면 우울해서 세로토닌이 줄어든 것일까요?
아니면 세로토닌이 줄어들어서 우울해진 것일까요?

다른 말로 하면, 세로토닌이 줄어든 것이 결과일까요?

아니면 원인일까요?

물론 세로토닌이 원인이든 결과이든 간에, 우울증을 앓는 이들은 세로토닌이 감소해 있으므로 그 세로토닌을 약으로 증가시키면 우울증이 개선될 것이라는 원리로 처방이 이뤄지는 것은 당연합니다. 하지만 전자의 내용처럼 세로토닌이 결과라면, 우울하지 않도록 여러 다른 시도와 노력이 중심이 되어야 하고, 약은 한시적으로 세로토닌을 보완해 주는 요법으로 활용하는 방향이 되어야 합니다. 반면, 후자의 내용처럼 세로토닌이 원인이라면, 약은 가장 우선적이자 중심 요법으로서 그 위상이 높아지는 것입니다.

현대 과학으로는 아직 백 퍼센트 장담할 수는 없습니다. 인지 행동적인 노력들을 이 병 해결의 중장기적인 핵심으로 삼고, 불편이 심한 기간 중 약을 보조적인 수단으로 삼아 불편함의 일부를 낮추는 방법을 지지합니다. 이유는, 그동안 공황장애 카페의 십만여의 환우들을 지켜보았을 때, 장기간 약으로만 이 병을 조절해온 분들의 예후와 인지 행동적인 극복 노력을 중심에 두고 약을 보조적 위치에 둔 분들의 예후는 매우 큰 차이가 났기 때문입니다. 극복 노력에 힘을 기울이는 것은 완치로 이어지는 지름길이지만, 약에만 전력을 쏟는 경로는 절대다수가 재발을 반복하고 약을 끊고 재개하는 굴레를 반복했기 때문입니다. 따라서 현명하게 분별하길 기원합니다.

증상 재발과 공황 재발은 서로 별개이다

오랜만에 증상이 등장했다면 이는 재발이 아니라
'시험'의 시간이 온 것입니다. 내가 얼마나 잘 훈련되고 강해졌는지
시험을 통해 확인받는 절호의 기회가 찾아온 것입니다.
그동안 갈아 둔 칼을 꺼내 적극적인 자세로 시험에 응하십시오.

부평의 ○○ 씨(여, 38)는 증상이 조금만 재발해도 세상이 무너지는 듯 절망합니다. 그리고 그때마다 여지없이 다시 약을 늘리고 약 종류를 추가해갑니다. 지난 5년간 그 상태를 반복하며, 자신은 도무지 호전되지 않는다고 말하는 그녀는 공황장애가 평생 가는 병이 맞다고 스스로 그 믿음을 강화해 나가고 있습니다. 증상이 절대 나타나서는 안 된다고 생각하는 이상, 공황장애 극복의 모든 양상은 오로지 증상 발현 자체에만 좌우됩니다.

○○ 씨 같은 경우는 증상에 대한 인식을 확실히 개선하지 않으면, 이 병으로부터 절대 벗어날 수 없습니다. ○○ 씨의 마음이 상할까 봐 직접 말로 전하지 못했지만, 이는 명료한 사실이기에 이렇게 책에서나마 적어 봅니다.

오랜만에 증상이 나타난 것과 공황장애가 재발하는 것은 서로 별개입니다. 증상이 나타난 것은 곧 '연습의 시간'이 돌아온 것입

니다. 증상이 강렬하고 심하게 더 오래 나타날수록 연습을 넘어 '시험의 시간'이 돌아온 것입니다. 공황장애는 항상 이런 방식으로 우리에게 연습과 시험 과정을 던집니다.

연습은 반복해서 익숙해지라고 주어지는 과정입니다. 작은 증상에도 휘둘리고 수시로 절망하던 과거 내 모습으로부터, 연습 과정을 통해 서서히 의연하고 흔들림 없는 강인한 전사로 변해가게 됩니다. 이 연습 과정이 없다면 머리로 알고 있는 모든 것은 단지 지식에 불과합니다. 연습이 잘되고 오래 반복해서 쌓일수록, 내 머릿속의 지식은 내 가슴으로 이동하여 지식을 넘어 '깨달음'으로 변해 갑니다.

또한, 시험은 훨씬 더 강렬하고 복합적으로 발생합니다. 시험 결과는 대단히 중요해서, 만약 내가 이 시험을 이겨내지 못하면 나는 영원히 제자리에 머물거나 꽤 장시간 수백 걸음 뒤로 물러나게 됩니다. 시험에서는 연습을 통해 굳건히 구축된 나의 조절력과 대응 역량을 총동원해야 하며, 고개를 쳐들려고 발버둥 치는 공황장애의 여러 전조 증상들과 수일 이상의 치열한 전투를 치러야 합니다. 공황장애는 이러한 시험을 통해 자신에게 유리하게 국면을 전환하려는 대반격의 이빨을 드러낸 것이므로, 바로 이 드러낸 이빨을 사정없이 두들겨 부수고 깨뜨려 줘야 다시 꼬리를 말고 저 멀리 도망갑니다.

연습을 이겨낸 효과는 비교적 단기적이지만, 시험을 이겨낸 효과는 장기적이고 강력한 약효를 영속적으로 발휘합니다. 시험을 잘 이겨내면 나의 내면은 종합적인 만족감과 자신감을 얻습니다. 앞으로도 잘해나갈 수 있다는 자신감은 물론, 이 공황장애를 넘어 내 삶의 근원적인 여러 부분에서 삶의 적극적인 태도까지, 나도 의식하지 못하는 사이 이러한 좋은 것들이 많이 증가하게 됩니다. 동시에 공황장애를 통해 쌓아둔 여러 악습들도 눈 녹듯 무너져 내리게 됩니다.

많은 환우분들이 자신이 노력하고 있음에도 증세가 악화된다고 하면서 푸념하고 절망합니다. 그렇게 푸념하고 절망하면 결국 내게 돌아올 것은 실망과 좌절뿐입니다. 이러한 자세는 공황장애의 반격에 그대로 당하는 꼴이며, 그로 인해 수백 리를 다시 후퇴해야만 하는 비극을 경험해야 함을 의미합니다.

노력하는 과정에서의 증상 재발은 아주 좋은 연습이자 실습의 기회임을 명심해야 합니다. 또한, 강렬한 증상이 나타나서 수일 이상 나를 괴롭힌다면, 공황장애라는 녀석이 드디어 강도 높은 시험 문제를 낸 것입니다. 그 시험을 잘 통과하면 나는 공황장애에 대한 절대적인 우위에 올라서게 됩니다.

공황장애라는 녀석도 체력이 있습니다. 내가 배짱이 있고 강인하게 인내의 조절력을 며칠 잘 발휘하면, 공황장애의 체력이 떨어지는 수일 후부터 서서히 모든 양상의 주도권은 다시 내 손아귀로 들어오게 됩니다. 그리고 그 결과 눈부신 호전과 배움을 만나게 됩니다.

나의 조절력이 확고해질수록 증상 재발이 공황장애의 재발로 이어지지 못합니다. 증상을 증상에 국한되도록 멈추는 능력이 내게 있기 때문에 공황장애 자체의 재발은 결코 생겨날 수 없습니다.

◈ 깊게 들어가기 – 무엇을 염원하느냐에 따라 달라지는 결과

공황장애로부터 잘 벗어나지 못하는 분들이 가진 공통점이 있습니다. 그것은 다름 아닌, 증상이 다시 나타나지 않길 염원하고 있다는 점입니다.

어떤 이는 이 염원을 의식적으로 수행하지만, 더 많은 경우에서 본인도 모르는 사이 가슴 깊은 곳에 그 염원을 담아두고 계십니다. 결론부터 말씀드리자면 그 염원은 절대 이뤄지지 않습니다.

증상은 반드시 재발합니다. 재발 자체가 바로 공황장애 일련의 예후에 포함된다는 점을 명심해야 하며, 증상 재발을 겪어보지 않은 완치 주장은 철이 없는 언행일 뿐임을 명심해야 합니다. 즉, 재발은 공황장애 경과의 일부분이지, 공황장애와 재발은 서로 다른 몸이 아닙니다. 둘은 한 몸입니다.

이뤄질 수 없는 염원은 갖지 않는 것이 좋습니다. 반면 이뤄질 수 있는 염원을 갖는 것은 매우 도움이 됩니다. 그 이뤄질 수 있는 염원을 아래와 같이 정리해 볼 수 있습니다.

❶ 재발은 완치에 매우 도움이 되는 연습의 기회다.
❷ 재발되지 않기를 바라지 말고, 재발이 내게 끼치는 영향을 줄여나가는 것을 연습하라.
❸ 재발 직후 떨어진 컨디션, 기분이 느껴지는 기간을 내 의지로 줄여나가는 것을 연습하라.
❹ 그 연습의 결과 나의 역량이 성장할수록, 재발은 약해지고 뜸해지다가 결국 사라진다.

위 정리는 진리입니다. 위의 염원을 가진 이들은 재발을 꾸준히 줄이고 지워나가며 검증된 완치에 이르게 됩니다. 반면 왜곡된 오류의 염원을 보유한 이들에게 완치란 결코 없음을 명심합시다.

기록을 통해 각인하고 세뇌하라

기록은 그 자체만으로도 강력한 각인과 암시 효과를 냅니다.
정결한 마음으로 흐트러짐 없는 기록을 해나가십시오.
기록을 번거롭게 여길수록 극복은 지체된다는 점을 유념하십시오.

글로 뭔가를 적는 것은 번거로운 일입니다. 글을 쓰기 싫다는 생각은 글로 생각과 경험과 기억을 표현하기가 어렵기 때문일 것입니다. 내가 본 것의 모양을 글로 옮겨 타인에게 그 느낌을 그대로 전달하고자 한다면, 글을 아무리 잘 써도 내가 보고 느낀 것을 다 옮기지 못할 것입니다.

글을 쓰는 행위 중에는, 뇌에서 여러 처리 과정이 동시에 진행됩니다. 그 처리 과정을 잘 활용하면 내가 오늘 노력 과정에서 느끼고 체감한 것들을 뇌의 효율적인 장소에 더 깊고 강렬하게 위치 시켜 놓을 수 있습니다. 그렇게 위치된 기억과 경험은 증상을 재차 겪는 동일한 경우에서 가장 먼저 끌어올려 사용되므로, 기록 행위 그 자체가 하나의 치유의 도구로 활용될 수 있습니다.

필자는 극복 초기, 매일 노력하는 과정에서도 증상과 불안은 수시로 찾아왔습니다. 그렇게 찾아오는 불편들로 인해 때로는 이 노력들을 모두 다 던져버리고 싶은 마음도 수시로 느꼈고, 유독 증상이 심한 날에는 절망의 바닥까지 기분이 침체되어 정말 어떤 노력도 다 부질없고 소용없게 느껴지곤 했습니다.

필자가 기록 노력을 시작한 시점은 이렇게 모든 것들이 가장 절망적으로 느껴졌던 증상 재발의 상황이었습니다. 필자는 이 절망들이 온몸으로 번져가는 것이 너무 힘들었기 때문에, 그 기분을 잠시라도 느끼지 않으려 기록 노력을 시작했습니다. 기록이라고 해서 거창한 것이 아니라, 작은 메모지에 그날 하루 있었던 일들과 증상 그리고 그 증상에 대한 나의 기분과 노력들을 간단히 글로 적는 것이었습니다.

단순히 마음을 조금 편하게 하려는 일종의 회피로 기록 노력을 시작했습니다. 멈춰 있으면 너무 힘든 우울과 불안이 자꾸만 머리에 떠오르고, 매일 열심히 운동하고 있음에도 증상이 나타나면 여지없이 뿌리째 흔들려버리는 필자 자신이 미워지곤 했기에, 그 미움의 절망들이 자꾸만 머릿속에 떠오르는 고통을 덜어보려고 손이라도 움직이면 나을 것 같았습니다.

그렇게 별 기대 없이 궁색하게 시작한 기록 노력이었지만, 장기간 매일 하다 보니 내 생각의 어느 부분이 뭉뚱그려 잘못되어 있고, 스스로 좌절과 절망의 얼룩을 끼얹어 이 병과 상관없는 부분까지 그 얼룩을 넓게 번지도록 만드는 우매함을 범해 왔음을 깨달을 수 있었습니다. 또한 어느새 나 자신에 대한 칭찬과 성취감까지 서서히 기록해 나가게 되었습니다.

직접 글을 쓰는 행위를 통해 나 자신을 칭찬하면 순간의 성취감이 수십 배로 불어나서 강한 자신감과 의욕을 만들어내는 결정적 조미료의 효과를 거둘 수 있습니다.

글로 쓴 문장을 머릿속에 하나의 사건으로 구성하여 기억해두는 뇌의 작업은 정말 복잡하고 정교합니다. 단어 하나하나와 문장 전체의 의미, 문장이 담고 있는 느낌과 기분까지 뇌는 모든 것들을 정말 방대하고 독특한 방법으로 서로 엮고 색인을 매겨 각각에 적합한 위치에 서열을 정해 기억해둡니다. 이러한 기억 행위는 너무나 방대해서 일일이 정리해두기 어려우므로, 뇌는 각별히 중요한 기분과 상념을 몇 가지만 추려서 대표적인 이미지로 저장해놓는데, 바로 그 이미지를 통해 특정한 사건과 경험들을 이후 빠르게 떠올려 사용하기 위한 일종의 실마리로 만들어두는 것입니다.

만약 내가 운동하는 도중에 불쾌한 예기 불안을 느꼈다면, 뇌는 내가 자각할 수 없는 순간에 '운동은 예기 불안'이라는 등식에 색인을 매겨놓고 하나의 이미지로 엮습니다. 그 결과 이후에 내가 운동하려 하면 운동과 예기 불안이라는 이미지가 자동으로 동시에 떠오르게 되고, 즉시 예기 불안이나 그것을 예민하게 관찰하고 느낄 준비를 내 의지와 상관없이 합니다. 이로 인해 예기 불안을 또 느끼게 될까 봐 운동을 회피하게 됩니다. 즉, 운동은 어느새 예기 불안과 서로 색인으로 얽혀 함께 움직이는 것입니다.

이렇게 움직이는 우리 뇌의 습성은 '기록'을 통해 나의 의지로 바로잡아 갈 수 있습니다. 위의 예처럼 운동과 예기 불안의 이미지가 서로 엮여 있는 상태라도, 차분히 이성적으로 생각하며 행하는 '기록'을 통해 엉켜버린 이미지를 제자리로 돌려놓는 것을 의미합니다. 뒤엉킨 이미지가 제자리로 갈수록 결국 운동이란 행위는 예기 불안을 일으키지 않게 됩니다.

만약, 내가 운동을 하다가 불쾌감을 느꼈고 그 순간 겁먹고 염려했다면, 그 운동을 마치자마자 곧바로 메모지를 꺼내 손을 움직여 기록하십시오. 내가 기록을 시작하는 순간 나의 뇌는 운동과 증상 사이에 서로 색인이 생겨나 얽히기 시작하는 증상과 예기 불안의 이미지를 객관화시켜 이해하기 시작합니다.

이 객관화 과정은 내 손의 움직임을 통해 무의식적으로 자연스럽게 이뤄지며, 그 결과 나의 뇌에서는 운동과 증상을 서로 별개의 개념으로 나누어 놓습니다. 나뉜 운동과 증상의 이미지들은 서로 뒤엉키지 않게 되고, 이후 운동이 증상을 곧바로 떠올리는 우매한 조건반사 행위를 멈추는데 훨씬 유리해질 수 있습니다.

또한, 손을 움직여 하는 '기록'은 '분별할 수 있는 시간'을 허락합니다. 손을 움직여 글을 쓰는 행위 자체는 당연히 글자를 쓰기 위한 시간을 소요하며, 머릿속의 뭉뚱그려진 상념을 한 문장으로 규정할 수 있는 시간적 여유를 잠시 갖게 됩니다. 그 규정 시간을 통해 우리는 판단을 거쳐 남길 가치가 있는 핵심적인 이미지만 무의식적으로 골라 나열하게 됩니다. 그 가치 있는 핵심 이미지만 머릿속에 남겨두고, 나머지는 불필요한 잡념으로서 자동으로 골라 추려낼 수 있습니다. 그 결과 잡념으로 판정된 모든 정보들은 결국 뇌의 처리 순위에서 탈락하게 되고, 탈락된 그 정보들은 이후 조건반사적으로 끌어올려 지기 어려워집니다.

내가 하는 움직이기 노력을 중단하도록 만드는 장애물인 예기 불안과 신체 증상은, 기록 노력을 통해 최소화해나갈 수 있습니다. 기록 노력을 통해 그 예기 불안과 신체 증상이 서서히 나타나지 않음을 체감해나가면 결국 공황장애 극복에 굉장히 중요한 도구로 발전해갑니다. 기록 행위는 예기불안과 신체 증상을 직접 제압해버릴 수 있는 천연 항불안제를 내 마음대로 꺼내 사용할 수 있다는 사실을 유념하십시오.

노력 과정에서 경험하는 순간의 기분을 꾸준히 기록한다는 것은 내가 성실하다는 것을 의미합니다. 이 병 극복의 모든 노력에 성실만큼 중요한 것은 없습니다.

어떤 환자들은 증상을 느끼고 두려움을 스스로 감시하는 어리석은 행위를 계속 유지하면서도 이렇게 강력한 자기 치유 행위인 기록 노력을 유지하는 것에 대단히 게으릅니다. 게으르다 함은 곧 적당히 넘어가는 아주 부정적인 태도입니다. 앞서 거론한 것처럼 '이 병을 이겨내는 것이 내 삶의 1순위'라고 말하는 데 주저함이 없으면서도, 기록 노력을 기울이는 것을 귀찮게 생각하는 경우는 진정 앞뒤가 맞지 않는 태도입니다.

　공황장애를 극복하고 싶다면 스스로 정한 것들에 조금도 게으름이 없어야 합니다. 특히 기록 노력은 적당히 생략하고 넘어가서는 안 되는 아주 중요한 극복 요령 중 하나입니다. 내가 체험하고 행한 그 날의 경험들과 노력들을 정리하고 기록하면서 나의 뇌 속에 좋은 것을 남겨 각인하고 불필요한 것을 청소할 수 있는 가장 중요한 노력 요령이기에, 절대 기록 행위를 피하거나 적당히 생략하고 넘어가는 것은 금물입니다.

　매일 수시로 기록하고, 그 기록을 다시 읽고 생각하면서 나의 노력 태세를 항시 좋게 유지해 나가야만 공황장애를 제대로 극복할 수 있습니다. (*기록지는 제1편의 기록지 샘플을 적극 활용하십시오.)

제 3 장

응급할 때
해야 할 것들

응급할 때 해야 할 것들

아무리 열심히 노력해왔다고 해도 응급 상황에 대한 대응 요령을 잘 숙지하지 못하고 그것을 사용하는 방법이 내 몸과 마음에 잘 연습 되어 있지 못하면 공황장애 극복은 결코 만만치 않게 됩니다. 반대로 그 이해 와 연습이 잘되어 있을수록 공황장애 극복은 그만큼 뒷걸음질 치지 않고 꾸준히 진행되어 갈 수 있습니다.

아무리 긴 시간을 노력하여 호전했다 하더라도, 예기 불안이나 신체 증상을 반드시 경험하게 되며, 그 순간을 어떻게 넘기느냐에 따라 호전 의 고정 여부가 달려 있게 됩니다. 응급할 때 즉시 꺼내 사용할 요령들 은 머리와 몸에 이미 체득되어 있어야 합니다. 그래야 당황하지 않고 조 건반사적으로 꺼내 사용할 수 있습니다. 응급할 때 사용할 요령들은 결 코 몸으로만 실행할 것들이 아닙니다. 나의 생각과 기분까지 모든 요소 들을 총동원하여, 고개를 쳐드는 순간의 예기 불안에 적극적으로 대응 해야 합니다.

설사 내가 잘 대응하여 순간 치받아 오르는 불안과 증상이 서서히 사 라지더라도, 결코 고삐를 늦추지 말고 몸과 마음을 더 움직여서, 공황장 애로 하여금 내가 조금도 흔들림 없이 건재하다는 것을 똑똑히 알게 해 야 합니다. 그러한 모든 대처 요령들이 여러 번의 경험을 거치면서 나 자신과 합치될 때, 드디어 예기치 못한 상황에서 갑자기 등장하는 증상과 불안에 대한 부담감들이 확연하게 줄어들기 시작합니다. 필자가 설명하는 응급 시의 대처 요령은, 직접 수천 번도 더 사용해보고 권하는 것들입니다. 이는 결코 의학 서적에서 보고 들은 내용이 아닌 직접 몸으로 부딪쳐 그 중요성을 검증한 것들입니다.

필자도 당연히 이 병을 극복하는 과정에서 정말 실망스러울 정도로 허둥대고 좌절하기도 했고, 내가 하는 노력 자체에 대해 근원적인 의구심과 회의를 수십 번도 더 느껴 보았습니다.

하지만, 응급할 때나 극도의 불안감 속에서 의식적으로 용기를 발휘하여 서툴게 꺼내 사용했던 요령들이 여러 번 반복되어 가면서, 아주 사소한 증상이 느껴지기만 해도 무의식적으로 철저한 응징으로써 치밀어 오르는 예기 불안에 보복을 가하게 됐습니다. 그 결과 예기 불안이나 증상에 대한 두려움이나 부담감이 미미해져 갔고, 그만큼 신뢰와 자신감이라는 대가로 필자에게 돌아왔습니다.

공황장애 극복은 '자기 신뢰와 자신감'을 필요로 합니다. 이것은 어떤 상황에서도 내 안으로부터 끌어내 사용할 수 있는 수많은 요령들이 연습을 거치면서 검증되어야만 진정한 내 것이 됩니다. 우리가 위급할 때 사용할 것들을 미리 배우는 이유는, 위급한 상황을 직접 겪으면서 배운 것들이 나의 내면에 익숙해지도록 만들어가기 위함임을 유념해야 합니다. 즉, 갑자기 몰려오는 증상과 불안은 내가 배운 것들을 연습하기 위한 필수적인 기회이지, 절대로 오지 말기를 기원하는 대상이 아님을 명심합시다.

(응급 시) 연습 시간이 돌아왔다!

응급한 증상이 나타났다면 기뻐하십시오.
돈 주고도 살 수 없는 좋은 연습의 기회가 찾아온 것입니다.
이 시간을 이겨내면, 나는 크게 한 발 더 전진할 수 있습니다.

강렬한 증상은 갑자기 다가옵니다. 숨이 차고 메스꺼운 기분과 더불어 머리가 찌뿌해지며 두근거리기 시작합니다. 신체 증상이 왔다 함은 그 순간 내가 어떤 생각을 하느냐에 따라 예기 불안으로 더 커질 수 있음을 의미합니다. 즉, 생각을 멈추는 것이 중요하고, 특히 염려의 생각을 절대 꺼내 들지 않는 것이 가장 중요합니다.

염려하지 않으면 이 불편감은 짧으면 몇 분 후에, 길어봤자 한두 시간 후면 서서히 사라집니다. 신체 증상 자체가 깔끔해지면 좋겠지만 그건 욕심입니다. 욕심을 버리고 작은 기대조차 하지 마십시오.

염려하면 이 신체 증상들은 곧바로 아주 불쾌한 예기 불안으로 커지게 됩니다. 또한, 그 직후 내가 어떻게 생각하고 안절부절 했느냐에 따라 공황발작으로 커질 수도 있습니다. 즉, 내가 하기 나름입니다.

응급상황이라 여겨지더라도, 의학적으로 나는 죽음과는 전혀 상관없는 소위 '기분만 더러운?' 아이러니한 상황을 겪고 있는 것입니다. 모든 생각, 특히 염려를 정지하고 지나가게 내버려 두되, 그냥 내버려 두지 말고 잠시 후 철저하게 응징하고 복수해줄 것이라고 마음을 다지십시오.

(응급 시) 숨을 입으로 들이쉬지 말라

모든 응급 상황에서 호흡은 조건반사적으로 느려져야 합니다.
호흡은 내가 스스로 조절할 수 있는
최고의 항불안 수단임을 명심하십시오.

응급 시의 호흡은 매우 중요합니다. 호흡을 잘하는 것은 힘든 증상이 나타난 그 순간을 잘 넘길 수 있는 중요한 여러 기본기 중 하나입니다. 물론, 이 호흡만으로 예기 불안을 내쫓을 수 없습니다. 즉, 이번 장 뒤에 이어지는 여러 요령들이 함께 잘 결합하여 발휘될 때 예기 불안은 올라오는 즉시 힘을 잃고 희미해집니다.

불쾌감이 느껴지는 즉시 호흡은 아래 요령대로 하되, 내가 가장 편하고 익숙해져 있는 자신만의 방식으로 하면 됩니다.

- 느리게 호흡하라.
- 들숨보다 날숨을 길게 하라.
- 입으로 숨을 들이쉬지 말라. 들이쉬는 숨은 반드시 코로 하라.
- 내쉬는 숨은 내가 익숙해져 있고 편한 대로 하라.

호흡은 느려야 합니다. 느리고 깊은 호흡은 몸의 신진대사를 직접 느려지게 만듭니다. 작은 느낌이 강력한 예기 불안을 넘어 공황발작으로 커지려면 반드시 호흡 에너지가 필수입니다. 그 호흡 에너지 중 '과호흡'은 공황 발작이 일어나기 위한 에너지의 원천입니다. 바로 이 과호흡을 차단하는 방법이 바로 '느린 호흡'입니다. 느리게 호흡을 하면 치밀어 오르는 불안도 그 한계에 부딪힐 수밖에 없습니다.

들이쉬는 숨보다 내쉬는 숨이 더 중요합니다. 복잡한 의학적인 원리를 들지 않더라도, 숨을 들이쉴 때는 흥분과 긴장에 관련되어 있는 교감신경의 활성화가 직접 일어납니다. 그 결과 숨을 들이쉴 때 우리 신체의 심장박동수는 빨라지고 내쉴 때는 느려집니다. 심장박동수는 불안을 뒷받침하는 또 하나의 에너지원입니다. 심장박동수를 높여 혈압을 상승시키고 혈류량을 증대시켜 과도한 긴장과 불안을 더 강하게 유지하려는 몸의 조건반사이기 때문입니다.

또한, 입을 벌리면 교감신경이 활성화될 뿐 아니라, 호흡을 통해 짧은 시간에도 더 많은 산소를 들이쉬게 됩니다. 이는 과호흡에 직접 도움을 주는 행위입니다. 격렬한 무산소 운동 중이 아닌 이상, 반드시 입은 다물고 호흡하며 살아야 합니다. 하물며, 응급상황이라면 그러합니다.

입을 다물고 들이쉬는 숨은 적당히 짧게, 그리고 내쉬는 숨은 가늘고 길게 하십시오. 그래야 나의 불안정한 호흡이 공황장애에 에너지를 공급하는 것을 막을 수 있습니다.

(응급 시) 눈을 가늘게 뜨고
턱을 다물고 악독한 얼굴이 돼라!

겁먹은 표정을 지으면 내면도 겁을 먹습니다.
악독하고 단호한 표정을 지으면 내면도 겁을 먹지 않습니다.
언제든지 내 표정을 조절할 수 있어야 합니다.

놀라면 눈이 커지고 동공이 확대됩니다. 그보다 더 심하게 놀라면, 턱에 힘이 빠지고 입을 벌리게 됩니다. 얼굴 근육 중 이마와 미간에는 힘이 들어가고 턱과 뺨의 힘은 반대로 빠지는데 이런 반응은 불안을 더 크게 불러내는 역효과를 냅니다.

즉시 위와 반대로 하십시오. 눈을 가늘게 마치 비웃기라도 하듯 독사처럼 찢어진 눈을 만드십시오. 또한 입은 앙다물고 어금니끼리 서로 강한 압력이 느껴질 만큼 단호하고 다부진 표정을 지으십시오. 이렇게 했다면, 마음속으로도 강하고 독살스러운 주문을 외우십시오.

'어! 너 잘 왔다. 그래 한번 해보자'
'이놈의 XX, 머리털을 확 다 뽑아 주겠어!'

강하고 억척스러운 기세로 표정을 짓고, 공포의 색채를 내 얼굴에 한 점도 나타내지 마십시오. 강하고 무서운 얼굴은 내 의지의 표현입니다. 공황이라는 존재는 내 의지의 틈새를 보고 뚫고 나오는 존재이므로, 공황장애가 그 틈새를 비집고 나오려 할 때 아주 단호하게 싹을 잘라버릴 듯이 무서운 기세를 얼굴 전체에서 뿜어내야 합니다. 미리 자주 연습하십시오.

(응급 시) 부끄럼을 남기지 말라

설사 한 대 맞더라도 결코 스타일마저 구기지 마십시오.
응급한 증상이 와도 그에 압도되어서
겁먹고 비굴해지면 내면의 자존감이 상합니다.
이 상황에서 의연하게 행동하겠다는 굳은 마음을 지니십시오.

당당하면 싸움에서 져도 부끄럽지 않습니다. 나 자신이 한없이 초라하고 비참하게 느껴지지 않습니다. 지금 나타나는 이 증상에 대하여 조금도 부끄럼 없이 맞부딪혀야만, 이 증상이 지나간 후에도 후회와 실망이 남지 않습니다.

강렬한 경험을 통해 고통을 겪더라도, 그 속에서 변변히 저항도 해보지 못하고 마구잡이로 당해버린다면 나의 내면에는 '무기력'

이 쌓이게 되고 시간이 흘러갈수록 결국 '우울'을 불러냅니다. 우울은 기력과 밀접한 관련이 있어서, 우울이 학습된 사람은 어떤 순간에도 자신의 강인함을 끌어내기가 어렵습니다.

지금, 이 순간 증상과 맞잡고 싸울 마음가짐을 다부지게 끌어올리되, 그 승패와 상관없이 후회 없는 일전을 각오하십시오. 이 증상이 지나간 후 내 몸과 마음은 녹초가 되고, 두려워 울부짖고 회피하지 못해 안달하는 모습을 나의 내면이 그대로 보고 있다는 것을 명심해야 합니다. 나의 내면이 볼 때 전혀 부끄럼 없는 모습이 되도록, 강하고 단호하며 치열한 싸움을 내면에 보여줄 것이라고 스스로 강하게 다짐하고 결코 부끄러운 모습은 보이지 않을 것이라고 외치십시오.

(응급 시) 이 순간만을 생각하라!

이 순간에만 충실해도 나의 미래는 반드시 행복해집니다.
마찬가지로, 응급 시 내 모든 것을 이 순간에 집중하십시오.
1초 후의 미래도 머릿속에 떠오르지 않도록 조절하십시오.

증상이 올라온 이 순간 배우고 연습한 그대로 행하는 데 집중하십시오. 생각을 미래로 가져가면 결국 '염려'가 내 머릿속에 떠오르게 됩니다. 지금, 이 순간만이 중요합니다. 몇 분 후 미래는 결국 지금 내가 이 증상에 대해 어떻게 잘 대응하고 맞서느냐에 달린 결과이기 때문에 그다지 중요하지 않습니다.

그런데도, 몇 분 후 나 자신이 심한 공황발작을 겪게 될까 봐…. 심장마비나 뇌졸중으로 오해하여 응급실로 실려 가게 될까 봐…. 주변에 도움 줄 사람이 없어 큰 곤욕을 겪게 될까 봐….

이렇게 염려로 점철된 몇 분 후를 상상하면서 스스로 내 마음속에 불안을 끄집어 올리게 됩니다.

내가 이 순간을 잘 맞닥뜨리면 불과 삼십 초도 되지 않아 이 증세의 강렬한 불쾌감은 거기서 끝납니다. 이 순간은 훌륭한 연습의 시간이자, 지금까지 내가 무엇을 노력하고 배워왔는지를 시험하는 시간입니다. 이 순간에 몰입하고, 이 순간 훌륭하게 떡 버티고 서서 공황장애와 맞닥뜨리고 있는 전사같이 다부진 나 자신이 되는 데 온 힘을 기울이십시오. 강렬한 눈빛을 뿜어내는 의연하고 강인한, 바늘 끝 하나 들어가지 않을 정도의 아주 독한 표정을 지으십시오.

나 자신이 나를 보아도 만만찮은 놈이라는 것을 공황이라는 녀석에게 보여주십시오. 내 생각을 미래로 끌고 가면 염려의 상상이 나를 취약하게 만들게 되니, 가장 중요한 이 순간에 집중하십시오.

(응급 시) 응급실에서 내게 해줄 것은 없다

순간 응급실에 가려는 유혹을 이겨내십시오.
가장 확고한 의료진은 그들이 아니라 바로 나 자신입니다.

정말 한두 번 속아본 일이 아닙니다. 증상이 올라오면 과거의 나는 곧바로 응급실을 떠올렸습니다. '어떻게 하면 응급실에 빨리 가서 도움을 받을까?' 하는 회피하는 마음이 컸습니다. 그러나 응급실에서 내게 해준 것은 무엇일까요?

무엇이 문제인지를 알기 위한 검사들을 빼고 나면 오로지 수액을 놓아준 것이 전부입니다. 수액은 생리식염수로서, 내 몸 안의 수분을 공급해 주려는 목적으로 사용되며 특별한 약효도 없고 별 의미가 없는 것입니다. 만약, 응급실에서 내게 안정제나 진정제를 주사나 약으로 준 적이 있다면, 그것은 내가 강렬한 불안을 호소했기 때문이지, 나에게 큰 병이 생겨서가 아닙니다. 즉, 응급실은 내게 해준 것이 아무것도 없습니다.

이 시간 역시나 똑같은 증상이 내 몸에 나타났습니다. 내가 만약 지금 응급실로 발걸음을 옮긴다면, 이는 역시 돈 낭비이자 시간 낭비가 될 것입니다. 그것을 뻔히 알면서도 응급실을 가고 싶다면, 이는 '누군가 내 옆에서 혹시 있을지 모를 응급 상황에 곧바로 의학적인 조처를 해주길 바라는 마음' 때문입니다.

그러나 지금 내 몸의 증상은 의학적으로 응급 상황이 아닙니다. 공황장애, 즉 염려와 불안이 일으키는 신체 증상이 나를 괴롭히고 있고, 이 자체는 하나도 위험한 것이 아닙니다. 위험하지 않음에도 응급실을 찾는 것은 너무나 어리석은 일입니다.

응급실을 머리에서 지우십시오. 응급실을 떠올리니 내 몸이 마치 정말로 응급한 증상이 나타난 것처럼 반응하지 않습니까? 100m 달리기를 하고 난 후 몸이 힘들고 괴롭다고 응급실을 머릿속에 떠올리는 사람은 없겠지요. 지금 이 순간이 바로 그와 똑같은 순간입니다. 머리에서 응급실을 지웁시다. 어차피 가봤자 내가 받을 치료는 없고 또한, 이 증상은 불안 증상에 불과할 것이기 때문입니다.

(응급 시) 이것을 겪어야 낫는다

세상에는 피해야 할 것이 있고, 직면하여 겪어야 할 것이 있습니다.
지금은 바로 후자, 직면하고 겪어야 할 시간입니다.

지금 느껴지는 이 불쾌감과 증상을 자꾸만 반복해서 느껴야 이 병이 나을 수 있습니다.
'똑바로 이 증상을 느끼고 쳐다보십시오.'
두려움이 아닌 냉철하게 파악하고 바라보십시오.'

내 옆에서 나를 향해 사납게 짖고 있는 강아지의 덩치가 얼마나 큰지 똑바로 보십시오. 겨우 주먹만 한 강아지의 포효에 바들바들 떠는 나 자신이 너무 어이없지 않습니까?

증상이 나타나지 않고 빨리 사라지길 바라지 마십시오. 모든 기대를 버리고, 진지하게 배우는 마음 자세를 가지도록 노력하십시오.

지금 느껴지는 증상은 허상입니다. 허상이란 물리적으로 내 몸을 갉아 먹지 못함을 의미하고, 내 심장이 멈추는 것이 아니며, 뇌의 혈관이 터지거나 막히는 것이 아님을 의미합니다. 즉, 아주 안전하기 그지없는 또 한 번의 좋은 연습 기회를 맞이하고 있음을 의미합니다.

절호의 연습 기회, 증상을 이기는 방법은 돈을 주고도 절대 배울 수 없습니다. 감사한 연습의 시간이고, 무한한 가치를 지닌 훌륭한 과정입니다. 이 배움의 시간에 나의 모든 영혼을 맑고 잔잔하게 가다듬고 성실한 마음으로 이 순간을 직면하십시오.

공포라는 껍데기가 여러 겹 둘러쳐져 있는 이 증상은, 결국 빨리 이 증상으로부터 도망가려는 나의 얄팍한 조급함에 의해 거대하게 부풀려진 것에 불과하다는 것을 이번 기회에 다시 한번 재확인합시다. 감기를 겪으며 내 몸의 면역력이 형성되어, 만병에 대한 저항력을 갖춘 내 몸이 되어가듯이, 지금 내가 느끼는 이 증상을 통해, 내 삶에서 생겨날 수 있는 모든 신경증에 대한 강력한 면역력을 갖춰가는 잠깐 열감기를 앓는 과정이라는 것을 내 가슴속 깊이 아로새겨 둡시다.

(응급 시) 위급 상황이 아닌데, 왜 서두르나?

느려지십시오. 생각도 행동도 말도 뭐든 다 느려지십시오.
서두를 이유가 없는 상황에서 서두르는 것만큼 어리석은 것은 없습니다.

예기불안은 저 숲속 어딘가에 놓여있는 함정입니다.
그 함정 속에 빠지면 공황발작이 나를 기다리고 있습니다.

공황장애라는 녀석은 굉장히 영리해서, 손을 대지 않고 겁을 주고, 공포감을 자극해서 내 발로 그 함정에 뛰어 들어가도록 만듭니다. 또한 내가 허겁지겁 도망가도록 만들기 위해, 지금 이 증상으로 나에게 겁을 주려 합니다. 겁먹은 멧돼지가 급한 마음에 정신없이 숲길을 달음질하다, 제 풀에 함정 속으로 뛰어들 듯이 나를 그렇게 사로잡으려고 지금 이 증상으로 나를 겁먹고 정신없게 만듭니다.

이 순간 절대로 허둥대선 안 됩니다. 침착해지고, 잠잠해지고, 고요해져야 합니다. 냉정하고 합리적이며 부드럽게 나 자신이 겁먹지 않도록 의연함을 끌어올리는 데 집중해야 합니다. 겁먹으면 나도 모르게 달음질이 빨라지고, 내 눈은 낙엽과 나뭇가지로 덮인 그 함정을 발견하지 못하게 됩니다. 길을 살피면서 천천히 걸어가면, 결국 그 함정은 내 눈에 띄게 되고, 나는 그리로 뛰어드는 어리석음을 범하지 않을 수 있습니다.

　공황장애는 이러한 증상들로 북과 징 소리를 울리며 나를 자꾸만 함정이 있는 그 외진 오솔길로 몰고 있습니다. 그러나 똑바로 정신 차리고 뒤돌아보면, 내 뒤를 쫓는 것은 결국 아무것도 없습니다. 그저 요란한 소음과 잡음들뿐입니다. 그 소음과 잡음이 바로 증상이고, 공황장애는 오로지 이 증상이라는 소음과 잡음만으로 나를 거저 사냥하려 하는 것입니다.

　지금 내가 느끼는 이 증상은 결국 아주 조그만 쥐새끼에 지나지 않는 공황장애라는 나약한 녀석이 실속없이 자신을 과시하는 허세에 불과합니다. 내가 느려지고, 침착해지고, 잠잠해질수록, 이 요란법석이 한낱 쥐새끼 한 마리가 떠드는 소음에 불과하다는 것이 포착됩니다.

　느려지세요. 호흡도 느려지고, 생각도 느려지고, 마음의 흐름은 더욱 느려지십시오. 눈동자 하나까지 내 모든 것을 느리게 움직이십시오.

(응급 시) 힘들수록 웃어라

호탕하고 과감하게 큰소리로 웃으십시오.
무서워서 주눅 드는 것보다 너털웃음 짓는 편이 훨씬 낫습니다.

영화의 한 대목을 떠올리십시오. 악당들이 주인공을 묶어놓고 고문을 가합니다. 비밀을 털어놓으라고 마구 때리고 못 살게 굽니다. 악당들은 서로 낄낄거리며 주인공에게 갖은 욕을 하며 발로 걷어차고 몽둥이로 주인공을 때립니다.

"어서 말하지 못해?"
"더 맞아야 비밀을 불 거냐?"

악당들의 잔혹한 매질에, 조용히 고개를 떨구고 있던 주인공이 서서히 고개를 들며.

"크 하하하하하하~~~"

주인공의 갑작스러운 큰 웃음소리에 악당들은 서로 마주보며 어안이 벙벙해집니다. 다시 주인공 왈,

"간지럽다. 더 때려 봐. 겨우 이거냐?"

악당들은 사뭇 당황하며 어쩔 줄을 몰라합니다. 그때 주인공은 온몸에 강력한 기를 내뿜으며 악당들이 꽁꽁 묶어둔 포승줄을 단박에 풀어헤치고, 묶어둔 의자까지 산산조각을 내버립니다. 이후 장면은 주인공에 의해 악당들은 톡톡히 대가를 치르며, 통쾌하게 보복을 해주면서 영화는 마무리됩니다.

지금 내 머릿속에 다소 유치한 헐리우드 스타일의 영화 장면을 생생하게 떠올리십시오. 증상이 나에게 엄습한 지금, 영화의 주인공처럼 너털웃음을 짓고 큰소리로 대면하십시오. 나를 괴롭히려 하는 공황장애라는 녀석의 노력이 무색해지도록, 어떤 도움도 주지 말고 껄껄껄 비웃어 주십시오. 웃음은 자신감이며, 이 증상이 내게 더 이상 아무런 의미가 없음을 뜻합니다.

웃는 행위 자체로도 통증과 불쾌감은 급감됩니다. 이는 의학적인 시험으로 검증된 결과입니다. 지금 내가 가슴속 밑바닥으로부터 껄껄 웃는 행위는 내가 느끼는 이 증상의 위력을 수십 분의 일로 쪼그라들게 만듭니다.

따라서 지금 바로 강력하고 호탕하게 웃으십시오. 공황장애가 내게 부추겨 보려는 모든 시도는 내게 별반 유의미한 효과를 거두지 못하고 있다는 것을 웃음을 통해 공황장애에 그대로 전달해 주십시오.

(응급 시) 실제로 나타난 것 vs 내가 만들어낸 것을 구분하라

생각과 기분을 부풀리는 악습을 이 시간 즉시 단절하십시오.
실제로 나타난 현상과 내가 만들어낸 것을 서로 분리하십시오.

곰곰이 증상을 들여다보되, 실제로 치밀어 올라 느껴진 객관적인 증상 그 자체를 깔끔하게 정리해보십시오.

'아프다', '힘들다', '두렵다', '괴롭다'

이런 표현은 정답이 아닙니다. 증상은 실제로 생겨난 것만 냉정하게 잘 추려야 합니다.

'가슴이 조금 두근거렸다. 약 4초간.'
'손바닥에 땀이 난다.'
'눈앞이 어른거렸다. 약 5초간'
'숨쉬기가 조금 거북하다. 깊고 느리게 호흡을 하니 조금 나아졌다.'

위처럼 증상 그 자체만 잘 추려 생각하십시오. 실제로 증상이 처음 느껴질 때 추려내기 작업을 해보면 그 강도와 양상은 그리 심하지 않습니다. 하지만 위 증상을 느낀 직후 내가 뭉뚱그려진 감정적 표현을 하면 곧바로 위 증상은 폭발적으로 커집니다. 내가 하는 뭉뚱그려진 감정적 표현이란,

'아, 또 올라오는 건가?'
'아, 공황발작이 오나 보다'
'이건 또 뭐지?'
'아, 쓰러질 것 같아.'
'숨이 차다. 큰일 났네.'

이런 생각들을 하자마자 최초의 증상은 거대해지고 실제로 내 몸은 그에 맞춰 마치 춤을 추듯 복종하면서 폭발적으로 증상의 덩치를 키워냅니다.

지금 증상을 느낀 이 순간, 지체 없이 현재 증상 그대로를 구체적으로 서술하십시오. 구체적으로 서술한 그 증상까지만 내가 느낀 증상입니다. 나의 감정적 표현이 개입하고 난 후의 증상 변화는 모두 내 생각이 부풀리는 증상들입니다.

바꿔 말하면, 원래 느껴진 증상만이 객관적인 증상이고, 이후 부풀려진 증상들은 내 생각이 만들어내는 허상입니다. 허상이란, 실제로 내 몸은 느끼지만 그 느낌은 뇌의 해석일 뿐, 내 몸에 어떤 문제가 있어 발생한 것이 아니라는 것을 명심해야 합니다.

지금 이 느낌과 기분을 똑바로 분류하십시오. 원래의 증상과 부풀려진 증상 사이에 나의 어떤 생각들이 존재하는지 파악하고 다음부터는 그 생각을 사이에 끼워 넣지 마십시오. 또한, 공황장애의 처음부터 끝까지 내 생각은 그런 부풀리기의 역할을 모든 곳에서 수행하고 있음을 잘 깨달으십시오.

(응급 시) 과거 기록을 꺼내 읽어라

과거 기록을 읽으면 더 좋은 현재를 만들려는
마음이 생겨납니다. 또한, 기록을 읽는 행위에 몰입함으로써
불안을 일으키는 잡념을 불러내지 않습니다.

스마트폰을 잘 활용하여, 휴대폰 속에 간결하게 정리해둔 과거 기록들을 즉시 꺼내 읽으십시오. 이와 똑같은 순간에 어떤 증상을 겪었고, 어떤 생각들을 했으며, 내가 어떻게 반응하고 견뎌냈는지, 그 주옥같은 기록들을 꺼내 읽으십시오.

지금 나타나는 증상들에는 이제 관심을 끄고, 과거의 기록을 꺼내 읽으면서, 과거에 범했던 어리석은 전철을 밟지 않으려 마음을 굳게 먹으십시오. 과거에 의외로 잘 견뎌낸 그 순간에는 과연 무

엇을 어떻게 생각했고 어떤 긍정적인 자세로 임했었는지 잘 읽고 그대로 행하십시오.

지금부터 나에게 증상은 별 의미가 없습니다. 생각이 멈추고 염려가 멈출수록 몸의 증상은 어차피 시간문제이기 때문입니다. 시간이 흐를수록 증상도 잦아들고 사라집니다.

이 순간 과거 기록에 몰입하십시오. 기록에 몰입하고 그 기록에서 보람과 긍정을 읽어내십시오. 또한, 과거와 달리 이 순간 얼마나 내가 잘 이겨내고 증상에 무심해지는지, 그 보람되고 대견스러운 모습을 정확히 읽어내십시오. 나의 머릿속을 증상이 채우지 못하도록 모든 관찰과 판단 작업을 멈추십시오. 오로지 과거의 기록 속에 나의 모든 세포 하나하나가 집중하도록 모든 노력을 쏟으십시오. 좋은 호흡과 몸의 편한 이완을 그대로 유지하면서, 과거 기록을 천천히 읽어가다 보면, 결국 지금의 증상은 수그러들게 될 것입니다.

(응급 시) 실망도 기회도 내 생각

실망과 기회 사이에는 내 생각이 존재합니다.
생각이 기회 쪽으로 흘러야 이 시간은 연습이자
단련이며, 진보의 시간이 됩니다.

아무리 응급한 상황이라도, 그동안 여기까지 반복해서 잘 연습해왔다면 결국 대부분의 주요 증상은 사라집니다. 만약, 내가 연습이 부족해서 여전히 두려움에 떨었다면 아직도 완만한 후속 증상이 몸에서 느껴지겠지만, 이 또한 시간이 해결해 줍니다. 지금부터는 잔잔한 마음과 깊고 느린 호흡을 하면서, 응급 경험에 대한 나의 대처와 마음속 흐름을 천천히 생각해 봅시다.

오랜만에 다시 겪은 이 증상에 대하여 사람마다 반응은 다릅니다. 반응 중 가장 최악의 어리석은 반응은,

'아, 또 증상이 나타났네. 정말 슬퍼. 절망적이야.'
'노력하고 있는데 왜 증상이 자꾸만 오지? 아, 절망스러워. 앞이 안 보여.'
'내가 밉다, 미워. 실망스러워. 앞으로 어떻게 해야 하나.'

위 범주의 생각들은 가장 최악의 부정적인 잡념들로 아무런 도

움도 되지 않으며, 공황장애를 악화시키는 주범이라는 것을 명심하십시오.

이 증상들을 경험하는 이유는 연습을 위해서입니다. 연습한다 함은, 이 증상을 겪으면서 내가 얼마나 의연하고 차분해지며 대범한 마음으로 대처할 수 있는지를 숙련하고 시험하는 것을 의미합니다.

연습해갈수록 소위 '잔뼈'가 굵어집니다. 처음에는 모든 것이 생소한 증상이었지만 이제는 익숙해져 가는 증상입니다. 내가 이 증상에 대해 해야 할 것은 실망이나 절망이 아니라, 또 한 번 중요한 것을 깨닫고, 의외로 강한 모습을 보여준 나에 대한 대견함을 발견하고 재확인하는 시간입니다.

"오늘 내가 무엇을 잘 해냈을까요?"
"기록지에 무엇을 긍정적으로 적을 수 있을까요?"

이 순간 증상이 왔느냐 오지 않았느냐가 중요한 것이 아니라, 내가 이 증상들을 얼마나 잘 대처했고, 결과적으로 이 증상들이 내게 무엇을 남겼는가 하는 점이 더 중요한 핵심입니다. 그 핵심을 똑바로 정립하고, 과연 오늘 느낀 이 증상이 지난번 증상 경험과 이후 내가 보였던 전전긍긍의 모습과 어떤 긍정적인 차이가 있었는지를 곰곰이 생각하고 판단하십시오.

아마도 대부분은, 지난번보다 대응하는 모습이 훨씬 의연해졌음을 인정하게 될 것입니다. 또한, 지금의 지루한 후속 증상도 지난번보다는 훨씬 줄어들었음을 쉽게 알 수 있을 것입니다. 실망이 아닌 '내가 이번에 잘해낸 것들'을 바라보십시오.

(응급 시) 엄살 금지

놀람과 두려움을 살짝 벗겨내면, 솔직히 이 증상은 그리 괴롭지 않습니다. 정강이를 어딘가 심하게 부딪혔을 때보다 덜 아프고, 손가락을 칼에 살짝 베었을 때보다 덜 아픕니다. 엄살 부리지 마십시오.

최초 응급실에서의 기억을 떠올려 보십시오. 나는 죽겠다고 헐떡이고 아우성치는데, 심전도 결과가 나오자마자, 의사와 간호사의 표정은, '이 사람 왜 이리 오버할까?' 하는 시큰둥하고 의아해하는 표정이었을 것입니다. 당시 심전도와 여러 검사 결과가 가리키는 정황은, 나의 통증이 내과적으로 과도하게 포장된 것으로 이는 곧 '심리적'인 요인에 의한 통증 호소라는 것이었습니다.

증상이 나타났다 다시 수그러드는 지금. 초반에 다소 놀랐던 마음을 진정시키고 염려와 생각, 실망과 절망, 이런 것들을 내 머릿속에서 잘 정지해내고 있다면, 현재 내가 몸으로 느끼는 후속 증상은 미미하게 줄어들어야 맞습니다. 의학적으로 내가 느낀 증상들은 대체로 몇 분 이상을 지속하지 않기 때문입니다.

이제부터 엄살을 부리지 말아야 합니다. 동시에 생각이 통증으로 해석하는 모든 활동을 중단해야 합니다. 최초 내 몸에 생겨났던 그 증상. 지금도 그것이 있는지, 그것이 얼마나 강하게 남아 있는지만 체크하십시오.

"지금도 증상이 남아있나요?"
"그렇다면 증상이 얼마나 강한가요?"

여전히 증상이 강하다면, 훨씬 더 오래 자주 그리고 더 많이 이 상황을 반복 연습해야 함을 의미합니다. 이는 오늘도 내가 갑자기 나타난 증상에 대해 과도하게 놀라고 허둥댄 것은, 이 책의 내용을 제대로 읽고 성실히 수행하지 않았음을 의미하기 때문입니다.

반면, 최초 그 증상이 미미하게 남아있고, 그 강도가 약해졌다면, 오늘 역시 아주 잘해낸 것입니다. 그러나 약해진 후속 증상에도 내가 호소하려 하는 모든 엄살들,

"죽을 뻔했다."

"아, 진짜 힘들었어."

"아, 정말 짜증이나. 지금도 가슴이 두근거려."

"십년감수했네. 이걸 어찌 앞으로 또 겪어야 하나."

이러한 토로와 푸념들이 신체적인 엄살이든, 생각으로의 엄살이든, 모든 쓸데없는 생각과 호소 행위를 즉각 멈추십시오. 그런 행위는 증상의 후속 증상을 강화하고 더 오래가도록 만들며, 장기적으로 우울을 강화하기 때문입니다. 엄살은 절대 금물입니다.

(응급 시) 최근 스트레스를 평가하라

노력 과정의 초기에는 이 증상을 일으킨 최근의 자극 요인들을 도무지 분간할 수 없지만, 노력 과정이 완치에 접어들수록 그 자극 요인들을 훨씬 더 잘 파악할 수 있습니다. 이번에 내게 왜 이런 증상이 나타나게 되었는지, 자극 요인을 파악하려는 노력을 시작하십시오.

오늘 나타난 이 증상 직전에 내게 어떤 일들이 있었는지를 곰곰이 생각해보십시오. 대개의 경우 증상은 항상 그 직전 일정 기간 동안 모종의 스트레스와 밀접한 관련이 있습니다. 그 스트레스가 운동 부족, 활동 부족으로 억압되고 발산되지 못한 나의 신뢰감 저하의 결과일 수도 있습니다. 가족 친지와 관련된 피곤하고 골치 아픈 사건일 수도 있고, 회사 업무에 관련된 과로나 업무 스트레스일 수도 있습니다. 아니면, 조만간 미래에 다가올 어떤 일에 대한 걱정과 염려일 수도 있습니다. 물론, 공황장애를 한창 앓고 있다면, 공황장애가 빨리 해소되지 않고 있는 이 사실 자체가 스트레스가 될 수 있습니다.

가장 중요한 것은, 내가 오늘 겪은 이 증상을 직접 유발한 원인을 추려내어 타당하게 정립해둘 필요가 있다는 점입니다. 원인이 된 스트레스 요인을 지금 당장 해결될 수 없는 것임에도 내가 끊임없이 심적인 압박감을 스스로 유지한 측면도 있을 것입니다.

어떤 경우이든 가장 유력한 원인은 반드시 기록지에 적어두십시오. '지금 당장 해결할 수 있는 것인가, 그렇지 않은가'도 함께 적어 두십시오. 잠시 후 증상이 사라지면 그 일을 최대한 묵히지 말고 바로 해결하기 위해 움직이십시오. 지금 해결이 불가능하거나 적절한 타이밍이 아니라면, 그때가 올 때까지 오로지 그에 대해 유념만 해둘 뿐, 결코 고민하거나 미리 염려하지 않도록 노력하십시오.

스트레스는 오늘 겪은 이 증상을 직접 유발하는 원인이 됩니다. 스트레스는 긴장을 유발하고, 인식되지 못한 긴장 결과 언제든지 증상이 나타날 수 있기 때문에, 내가 오늘 겪은 이 증상의 원인 스트레스를 이해해두고, 다음부터 그 스트레스를 약화하거나 유보해두기 위한 여러 가지 노력을 잘해나가야 '조절력'이 제대로 생겨날 수 있습니다.

원인 스트레스를 파악하고, 그 원인 스트레스가 당장 해결될 것이 아니라면, 그에 대해 일단 유보하고 염려를 멈추는 요령은 연습을 꾸준히 하면 됩니다. 그런데도 어려운 일이라고 무작정 치부해서 아무것도 시도하려 들지 않으면 오늘 이 증상은 언제든 또 내게 같은 강도나 그 이상으로 찾아올 것입니다.

우리 머리는 잘 인지하는 것만으로도, 미리 그 충격을 감소시키는 역량을 갖고 있습니다. 원인 스트레스가 내게 쌓여갈 때, 이미 나는 '아. 조심해야지. 내가 다시 과부하가 걸리고 있어.'라고 바로 알아차리고, 즉시 내 생활의 패턴과 마음의 리듬을 조절하는 노력을 한다면 이런 증상은 그리 자주 강하게 오지 않습니다. 그 점을 꼭 명심하십시오. 즉, 오늘 겪은 증상은 꾸준한 이해와 연습에 의해 결국 내가 다 조절할 수 있는 것들에 불과함을 꼭 유념하십시오.

(응급 시) 나는 예기불안의 전문가

고매한 박사님도 이 순간 강렬한 예기불안 그 자체의 느낌을
직접 겪지 못합니다. 이 순간만큼은 내가 전문가입니다.
내가 이 병 최고의 전문가라고 강력하게 외치십시오.

비록 나 자신이 공황장애 박사 수준은 못 될지언정,
실제로 증상이 나타났을 때 그 증상을 강력한 예기불안과 공황발
작으로 끌어내지 않는 데는 '도가 터 있다!'고 외치십시오.

내 마음속 한가운데에 든든한 자부심을 가지십시오. 약간의 증
상이 나타나면, 곧바로 찰나의 순간 염려의 비교를 수행하면서, 강
한 예기불안을 끌어내고 그 예기불안에 놀라 허둥대면서 공황발
작을 불러내는 전형적인 우매한 흐름. 그 흐름에서 내 의지로 단
절해버릴 수 있는 것은 바로 '염려의 비교'와 '허둥대기'입니다. 그
두 가지가 내 의지에 의해 끊어져 버리면 공황장애는 증상에서 끝
납니다.

또한, 증상을 겪었다는 사실에 내 멋대로 실망과 좌절을 만들면
서 스스로 '우울'을 강화하는 것은 참 쓸모없고 어리석은 사람이라
는 이미지를 나 스스로 부여하는 우매한 행위입니다.

어떤 경우든 나는 위의 두 가지 다리를 끊어낼 수 있는 전문가가 되어야 합니다. 모든 것들을 기록지에 기록하고, 내 마음에 반복해서 각인하십시오. 기가 눌려 침묵하며 소심해지지 말며, 크게 외치고 눈을 부릅뜨십시오. 강렬한 용기와 다부진 자신감을 나 자신에게 불어넣으십시오.

제 **4** 장

극복 과정에서
가져야 할 분별력

극복 과정에서 가져야 할 분별력

참으로 많은 습관들이 공황장애가 생기고 악화하는 데 개입하고 있습니다. 그럼에도 대다수 사람들은 공황장애가 주는 불편들만 골라 해결하려고 합니다. 그래서 사람들은 공황장애를 오래 앓게 되고, 이 병으로부터 멀리 벗어나기 어렵습니다.

습관에는 많은 종류가 있습니다. 반복적인 행동을 통해 몸에 길들여진 행동의 패턴도 습관이라고 할 수 있습니다. 그러나 정작, 습관이라는 개념은 이러한 행동에서의 경우만이 아닙니다. 오히려 더 많은 경우에서 생각이라는 차원 속에 길들여지고 그것이 당연하고 자연스럽게 나의 내면에 깊게 배어 형성된 수많은 뇌의 기전들입니다. 또한 뇌의 기전으로 형성된 이 습관들은 시각적으로 관찰하는 것이 불가능하므로, 많은 사람들이 이를 간과하기 쉽습니다.

습관을 감추는 것은 그리 어렵지 않습니다. 아닌 척하며 내 기분을 숨기는 데 능숙해지면 될 일입니다. 그 결과 많은 사람들이 생각을 감추는 데 능숙합니다.

하지만, 생각을 자꾸 감출수록 공황장애가 좌절시킨 나의 내면은 그대로 방치되어 감을 잊어서는 안 됩니다. 방치된 공포와 두려움, 그리고 그대로 내버려 두어 상처를 입은 나의 자존감은, 결국 이 병의 궁극적

극복을 방해하는 독버섯으로 자라나게 됩니다.

극복 노력의 과정에서 나의 겉이 아닌 속에서 진행되는 많은 생각과 습관들을 끄집어내 이를 양지에 올려놓고 잘 닦고 말려야 합니다. 외면하고 회피하는 많은 것들은 결국 곰팡이가 슬고, 그렇게 악취를 풍겨가면서 나의 내면에 더욱더 깊은 악습으로 자리 잡아가기 때문입니다.

극복 노력에는 올바른 태도가 장시간 잘 유지되어야 합니다. 그 태도는 생각, 습관, 가치관까지 수많은 것들로 이뤄져 있고, 노력을 하는 중에 천천히 직면하면서 함께 녹여내거나 교정해야 합니다. 그 작업은 지루하고 고루하게 느껴질 수 있기에 많은 환우들이 이를 외면하기 쉽습니다만, 실제로 그것을 조금씩 직면하고 교정해나가다 보면, 극복 노력 자체의 효율을 극도로 향상시키는데 기여하고 있음을 체감하게 됩니다. 이러한 개선 노력에 발맞추어 나아가다 보면 나의 극복 속도는 엄청난 가속이 붙게 됩니다.

필자 또한 외적으로는 성실하고 투쟁적이었으나, 내면은 참으로 게으르고 중요한 문제를 방치하는데 길들여져 있었음을 고백합니다. 타인에게 깍듯하고 일터에서의 파트너들에게 맺고 끊음이 명료하고 유능한 사람으로 보이는데 탁월했지만, 실제로 필자의 내면은 자신을 신뢰하지 못하고 매사 전전긍긍 수많은 악습들이 속으로부터 부패하고 있었습니다. 즉, 겉은 번지르르하지만 속은 이미 회색으로 얼룩져 있었던 것입니다.

그러한 필자가 공황장애에 걸리고 난 후 스스로 극복 노력을 해나가면서, 그 시점까지 묵혀온 수많은 악습들이 노력의 발목을 잡기 시작했습니다. 두려워 회피하고 싶은 마음을 합리화하고, 귀찮고 번거로운 것들을 합당한 이유 없이 미뤄두며, 당장 말초적인 증상만 골라 해소하되 깊은 내면에 대한 직면과 개선은 슬쩍 생략하고 넘어가고 싶었습니다.

그 결과 결코 공황장애와 그로 인해 유발된 여러 불편들의 범주로부터 절대로 깔끔히 벗어날 수 없었습니다.

극복 노력을 하는 이유는 공황장애와 결별하기 위함입니다. 그러나 위의 악습들을 직면하고 개선하지 않고서는, 공황장애와 깔끔히 결별할 수 없습니다. 극복 노력의 목적을 '증상이 다소 견딜 만큼 낮아진 상태'로 정해둔 사람은 극복 노력에서 이러한 악습까지 고칠 필요는 없습니다. 물론, 그런 분들께는 완치란 없으며, 수시로 증상 재발과 오랜 시간을 함께해야 할 것입니다.

반면, 극복 노력의 전 과정에서 나의 내면적 악습까지 직면하고 개선해 나가려 노력하는 분들은 결국 이 공황장애와 영원히 결별하게 될 것입니다. 이러한 개선 작업을 정신과나 한의원에서 도와주지 못합니다. 이 작업은 오로지 나 자신이 올바르게 이해하고 근면 성실하게 매일 조금씩 바꿔 나가려 노력하는 과정에서 뜸이 들듯 달성되어가는 것들입니다. 그러기에 자칫 지루할 수 있지만, 또한 변화해가는 나 자신에 대한 보람으로 그 지루함이 게으름으로 변하지 않도록 스스로를 조절하고 자제하는 역량까지 배워나가길 진심으로 기원합니다.

  매일 극복 노력을 하는 그 절실한 자세로, 개선 노력 또한 절실히 해 나가십시오. 개선되어 가는 만큼 신기하게도 나의 삶이 편해지고 나의 극복 속도가 눈부시게 빨라지며, 더욱이 나에게 다가오는 스트레스의 강도와 빈도가 낮아짐을 서서히 깨달아 가게 될 것입니다. 그렇게 나의 극복 노력을 통해 무너져버린 나의 내면적 자존감과 신뢰를 회복하게 될 것입니다.

'이것만 없으면'이라고 말하지 말라

공황장애에게 자비를 구하지 마십시오.
증상이 덜 나타나길 갈망하는 행위는 이 병에게 자비를
구걸하는 것이자, 그에 굴종하고 그 권위를 인정하는 오류입니다.

"이 떨리는 증상만 없다면 공황장애를 이길 수 있을 것 같네요"

"어지러움이 요즘 심해요, 이것만 없다면 소원이 없겠어요."

"한동안 좋아지다가 최근 두근거림 때문에 미치겠어요. 두근거림만 없다면 잘 노력할 수 있을 것 같아요."

이런 안타까운 호소를 들으면 필자는 마음으로야 공감하고 안쓰러워 위안의 말씀을 드리곤 하지만, 아쉽게도 이런 호소를 하는 분들은 결코 공황장애를 이겨내는 극복 노력을 제대로 해나갈 수 없습니다.

'이 증상만 없다면'이라는 고통의 호소 안에는 이미 이 증상에 대한 '과대평가'가 들어있다는 것을 간파해야 합니다. 과대평가란 이 증상에 내 머리를 조아리고, 이 증상이 내뿜는 파동을 내 힘으로는 도저히 넘어설 수 없다고 굴복하고 인정하는 고백과 다를 바 없습니다. 그 고백 속에는 간절한 열망이 담겨 있긴 하지만, 거꾸로 부정적인 것들만 나의 뇌 안에 더 강하게 각인할 뿐입니다.

즉, 나의 뇌 속에 그 증상의 존재와 느낌을 우선순위에 놓는 강렬한 각인을 무의식적으로 수행하는 것입니다. 우리는 상대방의 역량을 인정하는 겸손을 미덕으로 여깁니다만 공황장애 증상을 추켜세우는 이런 방식의 고백은 미덕이 아닙니다.

굳은 투지를 마음에 심은 사람은 말이 없습니다. 그 사람은 정한 목표에 대하여 그 결과에 연연하지 않고, 나쁜 결과를 떠올리거나 염려하지 않고 잠잠한 마음을 유지합니다. 그 고요 속에서 내 마음속의 투지는 더욱 예리해지고, 그 예리함이 내는 빛은 더욱 눈부십니다.

내가 굳게 마음먹은 것은 마치 시퍼런 칼날이 어둠 속에서 번쩍이듯 눈부신 광채를 냅니다. 이 병을 추종하는 모든 증상들은 그 광채를 느끼고 오금이 저리고 비쩍 말라 천천히 힘을 잃어갑니다.

아무리 힘들지라도 그것을 호소한다고 해결될 것이 아니라면 나의 입으로 꺼내지 말아야 합니다. 힘든 증상이 사라지길 아무리 입으로 기원해도, 그 증상은 절대 사라지지 않습니다. 내 입 밖으로 꺼내면 꺼낼수록 오히려 내 마음이 그 증상들에 서서히 먹혀들게 됩니다.

힘든 증상이 있어도 그것이 주는 고통을 인정하지 말아야 합니다. 이는 마치 권투선수가 상대방의 펀치를 맞고도 상대방에게 절대로 아픈 티를 내지 않는 경우와 같습니다. 아픈 티를 내는 순간, 상대방은 노골적으로 대놓고 달려들어 나를 때려눕히려 하기 때문입니다. 내가 증상이 힘들다고 인정하는 즉시 이 병은 나를 때려눕히려 맘먹고 달려듭니다.

'이 증상만 없다면'이라는 말은 '빨리 와서 나를 때려눕혀줘!'라고 두 무릎을 꿇고 애원하는 행위입니다. 내가 얻어맞은 증상이 고통스러울수록 오히려 그 고통을 인정하지 마십시오.

'그래! 어디 한번 해보자!'

이처럼 '배 째라' 식의 강단을 내 안에서 끌어올려 상대방을 사납게 물어뜯어 버릴 것처럼 더 독하고 무섭게 노려봐야 합니다. 나를 괴롭힌 만큼 너도 그만큼 대가를 치를 것이라는 악독하고 옹골찬 근성을 보여줘야 합니다.

이 병에게 자비를 구걸하지 마십시오. 공황장애에게 사정해봤자 이 병의 목적은 오직 하나, '나의 극복 노력을 포기하도록 만들어서 평생 내 속에 기생하는 것'입니다. 이를 허락하고 싶지 않다면, 증상이 나를 괴롭히더라도 고통스럽고 힘들다는 것을 들키지 마십시오. 오히려 더 악착같이 노려보고 주먹을 계속 날려야 합니다.

피하지 않고 맞서는 근성! 증상이 나타난다는 것은 더욱 강단을 끌어내야 할 타이밍임을 잊지 마십시오. 이 병의 권위를 인정하고 애걸하면 결국 지게 됩니다. 모든 증상은 내가 이겨야 사라집니다. 이 병이 악독한 나의 근성과 배짱에 지쳐서 싸울 의지를 잃어버리도록 만들어야 합니다.

공황장애가 문제가 아니라 두려움이 문제다

공황장애는 '두려움'이 모든 것을 결정한다는 것을 명심하십시오. 내가 두려워하는 만큼 증상은 심해지고 이 병을 더 오래 앓게 된다는 것을 명심하십시오. 두려움은 내가 하는 극복 노력의 효과를 직접 감소시킵니다.

공황장애는 사실 별것 아닙니다. 공황발작은 몸에 나타난 불안의 강렬한 반응이고, 그 반응은 개인 차이만 있을 뿐 잠시 지나면 줄어듭니다. 여기서 '잠시 지나면'이라는 말에 이의를 제기하는 분들이 계시지만, 만약 자신에게 그 시간이 길었다면 그것은 내가 두려움을 남들보다 더 길고 강하게 느끼고 유지했음을 의미합니다.

공황 증상이 종일 길게 유지되는 것 또한 내가 두려움을 남들보다 더 오래 그리고 더 자주 느끼고 때로는 거의 종일 두려움을 유지하였음을 의미합니다. 더 나아가, 공황장애를 십 년, 이십 년 겪고 있다는 말은 지난 긴 시간 동안 두려움이라는 공황장애의 핵심 요소를 제대로 조절하고 해소해내지 못해왔다는 것을 의미합니다.

마찬가지로 공황장애의 극복 노력도 똑같습니다. 두려움을 크게 가질수록 운동을 회피합니다. 운동하는 도중에 누구나 흔히 경험할 수 있는 여러 증상과 느낌에 과도한 두려움을 느끼고 결국 그 두려움을 넘어서지 못해 움직이기 노력을 멈추게 되면, 결국 공황장애의 극복 노력을 제대로 유지할 수 없게 됩니다.

이 병을 이겨내는 전 과정은 '두려움'과의 싸움입니다. 이 병은 '두려움'이라는 것을 무기로 하여 끊임없이 나를 두렵게 만들고 나 스스로 회피를 통해 그 두려움을 더 키워내도록 부추깁니다. 그 장단에 맞춰 춤을 추는 만큼 이후 불안과 우울은 더욱 거대해져서 결국 집 밖에서 십 분도 걷지 못하는 겁쟁이가 되어갑니다.

필자가 한겨울 움직이기 노력을 시도하기 위해 안간힘을 내던 무렵의 기억이 지금도 생생합니다. 당시 필자는 공황장애의 밑바닥에 처해 광장 공포증이 아주 심했습니다. 혼자 바깥을 걷는다는 것이 너무나 두려워 엄두가 나지 않았기 때문에, 한겨울 삭풍이 몰아치는 인적 드문 공원을 필자 혼자 걷기 운동한다고 상상하는 것 자체가 너무나 두려웠습니다. 가까스로 용기를 내어 당시 살던 아파트 계단을 올라가는데 여지없이 공포의 염려가 머리를 쳐들어, '사람이 없는 층계에서 내가 혹시나 넘어져 쓰러질까 봐' 염려가 되었고, 정말로 그렇게 될까 봐 주머니에 언제든지 도움을 구하기 위해서 휴대전화를 넣고 다녔습니다.

필자의 이런 행동 양상은 '두려움'의 결과물이었습니다. 증상이 나타날까 봐 두려워하고, 이 느낌이 공황의 전조 증상일까 봐 두려워하고, 운동을 하는 도중에 가슴이 두근거리는 느낌이 더 강해져서 행여나 심장마비라도 올까 봐 두려워하고, 오늘 밤에 잠을 자다가 수면 공황이 올까 봐 두려워하는 두려움들이 필자의 삶 전체를 감싸고 있었습니다. 이런 두려움은 그대로 방치되어 시간이 흐를수록 서서히 생활 전반으로 퍼져나가게 됩니다.

처음의 두려움이 말초적인 느낌과 증상에 대한 두려움이었다면, 시간이 흘러 두려움이 더 깊어져 갈수록, 내가 처한 상황, 관계, 심지어 모든 상상에까지 개입하게 됩니다. 초기에는 내 몸에 일어나는 증상이 두렵지만, 심해질수록 질병, 죽음, 파멸, 재난 등 상상 가능한 모든 재앙적인 것들과 연결되는 모든 이미지들을 두려워하게 됩니다.

과거 필자의 집 부근에는 큰 병원이 있었는데, 한밤중에 응급환자들을 후송하는 구급차의 사이렌 소리가 자주 울렸습니다. 공황장애 이전에는 그 소리들에 별로 신경 쓰지 않고 살았지만, 공황장애가 심해질수록 그 사이렌 소리는 마치 필자를 병원으로 실어 갈 듯, 두려움을 더 자극했습니다. 날이 갈수록 차츰 그 사이렌 소리 듣는 것이 너무나 거슬리고 힘들어 모든 창문을 꼭꼭 닫아두기에 이르렀던 기억이 생생합니다.

그 뿐만 아니라 TV에서 흘러나오는 사고, 재난 뉴스 등 모든 종류의 부정적인 소식들을 듣는 것이 너무나 두렵고 무서워 TV마저 항상 꺼두었습니다.

이러한 두려움이 깊어질수록 결국에는 사람 만나기도 부담스럽고 두렵게 느껴졌습니다. 이는 그 사람이 두렵다기보다는 그 자리에서 내가 감당할 모든 상황이 부담스럽고, 힘들고 두렵게 느껴지는 것이었습니다.

두려움을 정리하지 않고 그대로 방치하면, 이렇게 삶의 모든 부분으로 가지치기를 해나가게 됩니다. 습관과 성향에 따라 이러한 두려움의 파급이 적은 사람도 있지만, 대다수는 방치된 공황장애의 두려움이 삶의 전 부문으로 가지치기를 해나가면서 정상 생활을 서서히 붕괴시켜 나가도록 만듭니다.

제1편에서 이해한 바와 같이, 두려움은 공황(발작)이란 현상을 공황장애로 이끌어가는 주범입니다. 공황장애라는 것은 공황발작에

대한 두려움을 크게 가져버린 결과이고, 이후 이어지는 힘든 신체 증상 또한 두려움이 나의 자율신경을 불안 상태로 유도해서 유발해내는 불편입니다. 이외에도 공황장애가 합병하는 우울증, 광장공포증 등 모든 신경증들도 결국 두려움이 그것들을 서서히 견인해가는 각종 불편들인 것입니다. 즉, 내가 이 '두려움'을 멈추지 못하면 공황장애의 극복 노력은 모두 소용이 없는 것입니다.

객관적으로 그 실체가 확실한 것에 발휘되는 두려움은 '긍정적인 회피'를 위한 필수적인 방어기제입니다. 방어기제란 위험한 것으로부터 멀리 도망가기 위한 우리의 본능적인 조건반사입니다. 하지만, 객관적으로 실제가 확인되지 않고 증거도 발견하지 못한 미지의 것에 대해 느끼는 두려움은 결국 '부정적 회피'로 이어지게 됩니다. 우리는 바로 이 부정적 회피로 생긴 두려움의 밑바닥에 '염려'가 깔려있음을 간파해야 합니다.

'혹시 이 증세가 심장마비가 아닐까?'
'혹시 이 어지러움은 뇌졸중이나 뇌종양이 아닐까?'
'근육이 자꾸만 떨리는 이것이 설마 루게릭병이 아닐까?'
'혹시 의사들이 진짜 부정맥인데도 잘못 오진한 것은 아닐까?'
'이 병이 자꾸 더 심해지면 어쩌지?'
'지하철에서 내가 쓰러지는 건 아니겠지?'
'운동하는 도중에 갑작스러운 공황발작이 나타나면 어떡하지?'
'병원으로부터 먼 곳에 있다가 위급상황이 생기면 난감해질 것

같은데….'

'내 심장에 문제가 있을지 모르는데, 혼자 있다가 무슨 일이 생기면 누가 나를 도와주지….'

염려의 생각이 '두려움'을 빚어내고 폭발적으로 부풀려 더욱 두려워지도록 만들면서, 결국 모든 것이 두려워지는 공포의 함정에 나를 서서히 끌어넣게 합니다.

두려움을 멈추려는 많은 노력들. 이 순간에 내가 해나가고 있는 모든 노력에서 그 두려움을 제일 먼저 제압해나가야 합니다. 두려움 제압은 나 외에 그 누구도 대신해 줄 수 없습니다.

그 두려움은 합리적으로 확인된 것들만 인정하고, 불필요한 모든 상상을 멈추고, 투쟁과 사생결단의 고약한 인상을 지으며, 모든 염려를 즉시 정지시켜 나가려는 나의 노력들 속에서 서서히 희미해져 갈 수 있습니다.

그 밖에 두려움을 없앨 다른 방도를 궁리한다면, 그 시간에 얻을 수 있는 것이라고는 대개 예외 없이 '회피의 연장선'에 있을 뿐입니다. 두려워하지 마십시오. '두려워할 이유가 없는 것을 두려워하는 것'은 세상에서 가장 어리석은 일입니다. 눈부신 호전의 길에 올라서고 싶다면 두려움을 멀리하는 요령을 습득하고 깨달아야 합니다.

◈ 깊게 들어가기- 두려움도 염려, 내적 확신

염려를 긴 시간 수행할수록 불안의 색채가 강해지고, 반대로 짧은 시간 수행할수록 공포, 즉 두려움의 색채가 짙어집니다. 불안과 두려움은 서로 다른 종류로 분류하겠지만, 사실 이 둘을 구성하는 원천의 재료는 똑같습니다. 그것은 바로 염려입니다.

어두운 복도에서 갑자기 알 수 없는 그림자가 등 뒤에서 나를 덮칩니다. 뒤를 돌아볼 시간 여유가 없을 정도로 매우 짧은 시간 동안, 우리의 머릿속에는 강렬한 이미지가 0.1초 이내에 스쳐 지나갑니다. 그 이미지가 스쳐 지나감과 거의 동시에 온몸에서는 공포 반응이 폭발적으로 치솟습니다. 그 현상을 '두려움에 의한 놀람'이라고 할 수 있습니다. 즉, 깜짝 놀랐으되 매우 무서워하는 색채가 그 놀람에 진하게 혼합되어 있다는 의미입니다.

또한, 그 놀람의 짧은 순간 우리가 떠올린 이미지는 '귀신'이 될 수도 있고, '강도, 성폭행범' 등 다양한 한 컷의 재앙이자 부정적 이미지가 될 수도 있습니다. 우리 머릿속에서 떠올릴 수 있는 오만가지 이미지들 중에서 가장 최악의 것을 떠올리고, 그에 상응하는 놀람 반응을 나타낸 것입니다. 이 현상은 표면적으로는 놀람이지만 두려움으로 포장하고 있고, 그 안에는 짧은 시간 수행된 '염려'가 내용물인 셈입니다.

반면 긴 시간 수행되는 염려는 그리 길게 설명할 필요조차 없습니다. 종일 뭔가 염려하면 결국 종일 불안해지고 몸에서는 불안 반응이 나타납니다. 이를 겪는 사람이 병원에 가서 하는 말은 "불안하다."일 것입니다. 즉, 불안도 결국 염려라는 주재료가 빚어낸 결과적인 현상의 하나이고, 그 염려가 비교적 긴 시간 수행되면 우리는 순간 이미지가 아닌 '재앙적인 시나리오나 소재'를 떠올리면서 불안 현상을 겪는 것입니다.

염려 습관이 심한 사람일수록 당연히 두려움과 불안을 공히 더 잘 겪습니다. 더불어 염려를 단시간 내에 예리하고 강하게 수행하는 것도 은근히 습관과 관련이 깊기도 하고, 반대로 긴 시간 거듭 반복하거나 유지하는 것도 마찬가지로 그 습관과 관련이 깊기도 합니다.

공황장애가 일반 불안장애와 구별되는 점은 그 염려의 수행 시간이 매우 짧은 점입니다. 가벼운 느낌에도 불구하고 공황장애를 겪는 사람들은 '심장마비'나 '쓰러짐, 실신, 미치는 것' 등 가장 최악의 이미지들을 순간 떠올리면서 스스로 깜짝 놀라는 경향을 보입니다. 그래서 공황장애는 '공포라는 색채가 유독 진한 불안신경증'이라고 표현하는 데 무리가 없는 질환입니다.

이러한 염려를 간파하고 조절하며, 습관들을 좋게 개선해나가는 노력은 그 어떤 방법보다 확실하게 완치로 이끌어줄 것입니다.

완치를 목표로 삼지 말고 과정을 목표로 삼아라

내용이 좋은 영화는 입소문으로 퍼져나갑니다.
내용이 좋은 극복 과정은 무조건 호전과 완치를 보증합니다.

완치는 좋은 과정으로 달성되는 여러 성과 중 하나입니다. 노력의 결과, 인내의 결과, 지혜로워지고 현명해진 결과, 그리고 실행하며 체득한 결과, 강력한 조절력을 확립한 결과 얻어진 소중한 선물입니다.

우리가 노력하는 모든 과정 중간에서 구할 것은 결코 그 완치가 아닌 '극복 과정'입니다. 노력해가는 나 자신의 모습이 그대로 투영된 보람 있는 과정, 그 과정이 쌓여가며 증상은 조금씩 완화됩니다. 어제의 증상과 오늘의 증상은 서로 비슷할지언정, 일주일 전과는 확연히 좋아진 것 같은 이 상황에 대한 만족감, 날마다 나의 노력을 기록하기로 다짐하고 그 약속을 잘 지켜가고 있는 나 자신의 모습에 대한 뿌듯한 기분, 이렇게 조금씩 좋아져 가다 보면 언젠가는 다 나을 날이 있을 것이라는 신뢰와 믿음, 우리가 노력하는 이유는 바로 이런 좋은 과정들을 위해서입니다.

좋은 과정은 신뢰를 낳습니다. 나 자신을 신뢰해야 결국 나의 내면이 안심합니다. 나의 내면이 불안정해서 생기는 병이 공황장애

이므로, 내면이 확신과 신뢰 속에서 안심해갈수록 예측이 불가능한 불안 상태에 놓이지 않습니다. 그 결과 증상도 불안도 제대로 줄어들게 됩니다. 내가 이 노력 과정에서 구할 것은 오로지 매일 해나가는 좋은 과정뿐입니다.

그럼에도 환우분들께서는 작은 호전으로도 완치를 떠올리고, 바로 완치 상태와 자신의 상태를 비교하려 애씁니다. 완치를 떠올리면 지금 내 상태는 여전히 부족하고, 그 결과 내 마음은 실망스럽고 조급해져 갑니다.

완치란, 완벽하기보다는 자유로워진 상태이고 새로운 습관이 나를 변화시킨 상태이며, 그러한 내 상태를 수시로 잘 유지할 수 있는 상태입니다. 내게 그럴 역량이 있다면 완치를 꿈꾸되, 아직 그 정도가 아니라면 우선 오늘 이 순간의 극복 과정 그 자체에 가슴 뿌듯해하는 나 자신에 만족해야 옳습니다.

극복 노력의 목표를 완치에 두니 매번 출렁이는 증상들은 필자에게 희망이자 절망이 되었습니다. 극복 노력 과정에서 증상들이 줄어들면 한없이 기뻤지만, 반대로 증상이 심해질 때면 필자의 마음도 심하게 요동치곤 했습니다. 그렇게 몇 번 출렁이는 정도까지는 어지간한 사람들은 잘 무시하고 이겨내지만, 수백 번도 더 출렁이면 그 자체에 대해 슬슬 진절머리와 짜증이 몰려오게 됩니다. 그 결과 노력에 흥이 나지 않고 매번 출렁이는 나 자신이 미워집니다.

그러나 완치가 아니라 나의 노력 과정 그 자체를 목표로 삼는 마음가짐을 유지하니, 희한하게도 증상들이 확연히 좋아지는 것을 느낄 수 있었습니다. '이렇게 노력하다 보면 언젠가는 다 낫겠지'라는 넉넉히 비워 두는 마음자세. 그 마음자세에서는 출렁이는 증상이 매일의 컨디션을 쥐고 흔들지 못했습니다.

그렇게 수백 번도 더 스스로에게 되새기고 읊으면서 보람만을 바라보고 노력하다 보니, 어느 날 과거 기록지를 들추어 보면서 정말 좋아지고 달라진 자신을 발견할 수 있었습니다. '격세지감'이라는 말이 나에게 해당되고 있다는 사실에 너무나 기쁜 마음이 되었습니다. 이후 더 큰 신뢰가 나의 진전에 대한 진실한 성취로 다가왔습니다.

완치라는 결과에 집착하면 매일의 증상 변화는 문제가 됩니다. 반면, 노력해가는 자신의 극복 과정에 몰두하면 매일의 증상 변화는 오히려 약화되어 갑니다.

극복 과정은 나를 변화시키며, 과정 그 자체가 약입니다. 극복 과정이라는 약은 나의 시름과 증상을 잊도록 만들며 조금도 부작용이 없습니다. 즉, 세상에서 가장 강력한 항불안제이자 항우울제입니다. 이 병이 상당히 호전되어 결국 완치에 이르게 될 때까지 오로지 '좋은 극복 과정' 그 자체만을 느끼고 추구하려 노력하십시오.

정리된 것은 잊어라

확인된 것은 잊으십시오. 혹시나 하는 의심을 버리지 못하는
습관은 극복 노력의 약효를 무효로 만드는 최악의 습관입니다.

세상에 추앙받는 모든 경전에는 '나 스스로 만들어내
는 유혹에 대한 위험성을 경고하는 메시지'가 들어있습니다. 어떤
사건이나 상황, 대상을 반복하여 확인하려는 행위는 인간의 특징
적인 본능 중 하나입니다. 반복된 확인으로 인간은 그 대상을 익
숙하게 인지하고 그 대상의 위험도를 재평가하여 우리가 미래 어
떤 행동 반응을 선택할지 계산해두려는 고도의 준비 활동을 합니다.

하등동물은 실체가 덜 파악된 것을 확인하려 하지 않습니다. 반
면, 고등동물일수록 실체가 덜 파악된 것들을 거듭 확인하려 합니
다. 유독 포유류에서는 어린 개체일수록 '호기심'이라는 강력한 기
전을 갖고 있어서, 그것이 위험하건 그렇지 않건 상관없이 강한
호기심을 보입니다. 이러한 호기심은 대상을 파악하고 그 특성을
이해하며 적절히 대처하려는 고등동물의 본능 중 하나이며, 특히
인간이 그 호기심의 정점을 점유하고 있습니다.

하지만, 어린 개체의 호기심은 그 개체가 성장해가면서 서서히
약해집니다. 뇌가 성장해갈수록 여러 이유로 인해 호기심을 일으

키는 뇌의 기전이 덜 필요해지기 때문에, 성인이 될수록 호기심이 줄어드는 경향이 강해집니다. 이렇게 성인이 되어 호기심이 줄어드는 와중에도 여전히 남아있는 뇌의 특성이 있는데, 그것이 바로 '위험 재확인'입니다.

인간은 어린아이가 아닌 성인일지라도 위험하거나 재앙의 가능성에 대한 분석이 덜 끝난 대상에 대하여 강한 집착을 보입니다. 만약, 그 집착이 과도하게 관찰된다면 이는 그 자체만으로도 '강박증'이라는 신경증의 한 양상에 해당됩니다. 강박은 '염려에 기초한 거듭 확인'이 특징인 심리 질환입니다.

강박증에 처방되는 약들은 다양하지만, 최근에는 SSRI(선택적 세로토닌 재흡수 억제제)가 주된 치료 약물로 우선 처방됩니다. 이 약의 매뉴얼을 읽어보면 마치 강박증을 빠르게 해결해 주기라도 할 것처럼 나와 있는데, 필자 개인적으로 강박증 환우들을 관찰해보면, 이 약을 복용하면서 강박 증세가 확연하게 나아지는 분들의 수가 그리 많지 않음을 알 수 있었습니다.

강박적인 경향을 철저하게 뇌의 특정 부위의 기능적 결함으로 바라보는 시각은 신경생물학적으로 밝혀진 사실이지만, 그 특정 부위의 기능적 결함을 획기적으로 사라지게 해주는 약은 아직 이 세상에 등장하지 못했음을 의미하는 대목이 아닐 수 없습니다.

'의심'은 극복 노력의 전 과정에서 가장 큰 비효율을 초래하며, 의심을 한다는 것은 아직 내가 그 대상을 파악하지 못했다는 것을 의미합니다. 만약, 해당 대상이 지적으로 덜 파악된 것이라면, 당연히 합당한 지적 이해 노력을 통해 지적인 파악 작업을 확실히 하면 됩니다.

그러나 '의심'에 '염려'라는 조미료가 뿌려질 경우, 내가 설사 그 대상을 정확히 파악했다 하더라도 그것이 발휘하는 '찜찜한 기분' 이 종일 나의 신경을 건드리게 됩니다. 이 찜찜한 기분은 '느낌'일 뿐, 의학적으로 해결 방법이 없는 요소이지만, 내 머릿속에 자꾸만 떠오르는 그 찜찜한 기분마저 해소하려 다시 원래의 '의심'을 끌어 올리는 행위를 서서히 반복해갈 경우, 결국 다양한 '의심'을 주된 재료로 하는 각종 신경증들이 고개를 쳐들게 됩니다. 그 의심의 대상이 '질병'이 되면 '건강염려증' 환자가 되어가는 것이고, 그 대상이 '상황'이나 '사건'이 되면 '강박증'으로 발전해가는 것입니다.

'찜찜한 기분을 지적 노력으로 멈추지 못하면 건강염려증이나 강박증으로 발전하게 된다!'

위 내용을 명료하게 이해해두고, 나도 그 흐름에 따라 비합리적인 사고를 하고 있지 않은지 제대로 되돌아봐야 합니다. 흐름에 휩쓸려 내려가는 자신의 모습이 조금이라도 인정된다면 곧바로 찜찜한 기분을 떠올리지 않는 그에 합당한 노력을 해나가야 합니다.

찜찜한 기분을 멈추려는 노력은, 특히 '망각'을 잘 활용할 때 효과적입니다. 망각이란 머릿속에서 지우는 것입니다. 이를 위해 '내 머릿속에 그 대상을 반복해서 떠올릴 여유를 주지 않는 것'이 가장 효과적으로 망각하는 방법입니다.

하나의 예로, 연인과 헤어져 아픈 마음을 달래는 가장 훌륭한 단기적 극복법이 바로 '새 애인 만들기'라고 합니다. 옛 애인과 이별한 후 쓰라린 가슴과 기분에 빠져 홀로 방에 틀어박혀 끙끙거리면 그 이별의 아픔은 더 오래가게 되고, 고통스러운 시간을 더 길게 겪게 됩니다. 그와 반대로 새 애인을 곧바로 만드는 데 성공하고 정신없이 새로운 연애에 바쁘게 몰입하면, 그 사람은 이별의 아픔을 훨씬 덜 느낄 수 있습니다. 연애에 있어 과연 이 방법이 도의적으로 옳으냐의 여부는 이 책의 취지상 논할 바는 아니겠지만, 이별의 아픔을 빠르게 망각해버리는 데 가장 효과적인 하나의 가정을 여담 삼아 들어봤습니다. 바로 이와 동일한 맥락의 방법들을 '망각'을 위해 사용하는 것이 현명합니다.

반복되어 내 머릿속에 자꾸만 떠오르는 증상과 감각. 이 증상들이 혹시나 큰 병은 아닐까 하는 염려. 움직이기 노력을 하는 중에 심한 증상이 생길까 봐 염려하는 부정적인 재앙화 사고까지, 모든 강박적이고 불쾌하며 절대 검증할 수 없고 해결도 불가능한 이런 종류의 찜찜한 생각들은, '나 자신을 바쁘게 만들고 움직이도록 만들어갈수록 확연하게 경감된다'는 사실을 유념하십시오.

필자는 극복 노력 초기, 밖으로 나갈 용기가 나지 않는 나 자신이 너무나 밉고 바보처럼 느껴졌습니다. 이렇게 허망하게 내 삶이 붕괴될 것 같아서 두렵고 무기력한 생각이 종일을 지배했습니다. 비록 극복이 무엇인지 희미하게 그 길이 떠오르기도 했지만, 그보다 더 또렷하게 반복적으로 떠오르는 이 우울과 무기력은 강박처럼 필자를 괴롭혔습니다.

　그러나 이 강박적인 생각을 멈추지 않고서는 이 노력이 성공하지 못하게 될 것이라 생각했고, 이후부터 강박적인 생각이 떠오르기만 하면 무엇을 하다가도 바로 일어나서 몸을 움직였습니다. 기력이 달려 힘든 운동을 할 자신이 없으면, 천천히 쉬엄쉬엄 걸레질을 하기도 했고, 집안을 그냥 왔다 갔다 서성이기도 했습니다. 분명한 것은 가만히 앉아있는 것보다 이렇게 조금이라도 몸을 움직이면 생각은 훨씬 덜 떠오르는 듯했고, 그 과정에서 무기력과 우울한 생각의 강박적인 집착으로부터 서서히 벗어날 수 있게 되었습니다.

　물론 노력 초기에 강박은 내 의지대로 잘 멈춰지지 않습니다. 하지만, 세상만사가 다 그러하듯 강박적 생각 멈추기는 노력의 시간이 쌓여갈수록 서서히 가속이 붙어 훨씬 더 수월해지게 됩니다. 노력이 더해진 만큼 보람이 생기고 기분도 가벼워지면서, 염려의 생각으로 종일 머릿속을 가득 메우던 그 고통으로부터 서서히 벗어날 수 있게 됩니다.

내가 정리한 모든 지적 이해와 증상이 와도 시간이 지나면 사라지게 될 것이라는 체험과 체감. 이것들을 확인해 본 적이 있다면 더 이상의 확인을 멈추려 노력해야 합니다. 이미 확인된 것을 다시 들춰내 혹시나 하며 또다시 염려하고 불안을 반복적으로 키워내는 것은 건강염려증만 강화해갈 뿐이며, 공황장애 극복 노력에 찬물을 끼얹을 뿐입니다.

이미 확인된 것은 의심을 멈춰야 합니다. 그것이 내 마음대로 잘 멈춰지지 않는다면 몸을 움직이십시오. 몸을 움직여 몸에 부하를 줌으로써 생각이란 작업에 할당될 에너지를 줄이는 방법이라도 사용해야 합니다.

생각을 멈추려면 몸을 움직이고, 생각이 부정적 습관으로 움직여 나가려고 할 때, 강력한 외침과 제압으로 모든 생각의 흐름을 멈추십시오. 확인된 것은 멈춰야 합니다. 다시 들춰보고 되돌아보지 마십시오. 잊고 지우십시오.

느려져라

증상의 고통을 자주 확인할수록 이 시간은 더 느리게 흐릅니다.
증상의 고통을 덜 확인하기 위해 나의 마음과 생각,
행동을 더욱 느리게 해나가십시오.
느려질수록 증상과 고통의 시간은 훨씬 더 빨리 지나갑니다.

우리의 뇌 속에는 낮과 밤 그리고 시간의 흐름을 본능적으로 가늠할 수 있도록 해주는 생체시계와 관련이 있는 청반이라는 곳이 있습니다. 청반은 내가 어떻게 생각하느냐에 따라 시간을 느리게 또는 빠르게 느끼게 하며, 내가 시간을 자주 확인할수록 시간은 길게 느껴지지만 시간을 덜 확인하고 생각을 멈출수록 시간은 더 짧게 느껴집니다.

고통스러운 시간은 길게 느껴집니다. 이 병의 극복 시간이 유난히 길게 느껴지고, 힘든 증상이 잠시도 나를 가만두지 않고 있다면 더욱 그러합니다. 고통스럽거나 무기력한 시간이 길게 느껴질수록 그 고통과 무기력을 몇 배로 강하게 느낍니다. 특히 두근거림과 어지러움이 심하게 올라온 그 순간에는 정말 일분이 몇 시간처럼 느껴지고, 빨리 이 병으로부터 벗어나길 갈망하는 마음만 더 강해집니다. 하지만, 그렇게 조급해할수록 무의식은 청반의 시간을 더 자주 체크하도록 만들고, 고통스러운 시간은 조급해진 마음으로 인해 더욱 느리게 흐르는 듯 느껴지게 됩니다.

공황장애 극복 노력 전 과정에서 우리는 모든 행위를 느리게 해야 합니다. 행동도 느릿느릿, 생각도 느릿느릿. 특히, 나의 기분은 더욱 느려져야 합니다. 이쪽을 바라보다 저쪽을 바라보는 행위도 느리게 하고, 몸의 변화나 컨디션의 변화에도 느리게 대응해야 합니다. 느리게 행동하고 느리게 움직일수록 뇌도 자연스럽게 청반의 시간을 덜 체크합니다. 그 결과 힘든 시간은 더욱 빠르게 흐르듯이 느껴집니다.

느려지기 위해서는 사전 연습이 필요합니다. 사전 연습이란 내가 어떻게 느리게 행동할지를 미리부터 머릿속에 나의 느려진 행동 양상을 동영상처럼 미리 그려보는 연습입니다.

먼저 조용히 눈을 감습니다. 이후 나의 머릿속 모든 것을 다 지웁니다. 그렇게 일분 정도 가만히 있은 후, 이제 서서히 내 모습을 머릿속에 그려 나갑니다. 머릿속에 내가 집을 나서 걷기 운동을 하는 모습을 떠올려 봅니다. 먼저 집을 나서는 나의 모습입니다. 마음을 서두르지 않고 아주 천천히 신발을 신고, 천천히 문고리를 잡는 내 모습을 그려봅니다. 생각 속의 내 모습은 조금도 서두름이 없습니다. 호흡도 느리고, 눈꺼풀을 절반쯤 감고 시큰둥하게 매사를 바라봅니다. 천천히 계단을 내려가 길로 들어설 때도 마음은 마치 천천히 흐르는 강물처럼 느리다고 그 모습을 깊게 암시합니다. 길가의 가로수와 가로등 그 무엇에도 시선을 빠르게 두지 않습니다. 자세히 관찰하지 않고 마치 뭉그러진 유채화 풍경처럼 모든 것을 아주 천천히 바라보고, 생각보다는 향기로 세상을 느낀다고 상상합니다.

걷기 운동을 본격적으로 시작한 내 모습도 마찬가지입니다. 걷는 동작만 일정한 속도를 가질 뿐, 그 외의 모든 것은 다 느려져 있습니다. 호흡도 못 느끼고, 숨이 찬 것도 잘 느끼지 못합니다. 모든 것들이 무덤덤합니다.

뿌옇고 잔잔합니다. 모든 세상이 파스텔 톤이고 그 세상을 바라보는 내 마음도 덤덤하고 차분합니다. 지나가는 사람들의 모습도 그리 신경 쓰이지 않고, 내 몸에서 일어나는 어떤 현상도 유연한 상태를 유지합니다. 운동을 마치고 집으로 돌아오는 내 모습도 마치 몽환적인 모습으로 느리고 천천히 움직입니다. 집에 다시 돌아와 샤워를 준비하지만 이 또한 서두름이 없습니다.

운동을 하고 샤워를 한 후 다시 편하게 방에 앉아있는 내 모습은 그 모든 신진대사가 느려진 모습이고, 작은 모든 것들에 별반 의미를 두지 않습니다. 안개처럼 뿌옇지만 상쾌하고 가벼운 느낌만 느끼게 됩니다. 마음은 요동치지 않습니다. 그리고 이 시간의 이후를 생각하지도 않는 모습입니다.

위의 요령으로 떠올린 이미지를 깊게 각인하고, 천천히 그렇게 해나가십시오. 매사 모든 행위와 생각을 느려지게 만들고, 과거 한 시간에 열 가지 일을 했다면 이제는 한 시간에 두어 가지 일만 해나간다고 생각하십시오. 설사, 생업을 위해 일을 할 때라도 동작은 최대한 꾸준하고 생각은 느리게, 때에 따라 생각이 멈춘 상태를 유지하며 뭐든 길게 오래 이어간다 생각하고 그렇게 해나가는 연습을 하십시오.

이를 자꾸 반복해서 연습하다 보면, 나 자신에게 놀랄만한 변화가 감지되기 시작합니다. 신기하게도 과거처럼 쉽게 지치지 않는 나 자신이 되어갑니다. 소모적인 생각과 염려도 크게 줄어들어, 머리가 아프거나 복잡해지지 않고, 불안도 우울도 그 무엇도 확실히 줄어들어 감을 느낄 수 있습니다. 호흡도 답답하거나 가쁘지 않고 각종 증상들도 예전보다 훨씬 더 그 예리함이 뭉그러져 덜해졌음을 느끼게 됩니다.

이 병이 낫기 위해서는 각자 자신만의 절대적 길이의 시간이 필요합니다. 사람마다 길이가 다른 그 시간 동안 꾸준한 극복 노력으로 고행의 시간을 짧게 느낀다면, 이는 아주 훌륭한 약효를 내줄 것입니다. 이 세상 어떤 약도 공황장애의 극복시간을 짧게 느끼도록 해주지 못합니다. 느려지기 노력은 실제로 나의 연습에 의해 그 약효가 좌우됩니다.

성실한 연습이 누적되어감에 따라 실제로 나에게 자각되는 고통의 시간은 훨씬 짧아지고, 하루의 노력과 생업을 해나가는 동안 체력과 기력 손실도 최소화할 수 있습니다. 느려지십시오. 매사 느려질수록 그만큼 고통은 덜 느껴지고 극복 과정은 수월해집니다.

◈ 깊게 들어가기 - 시간을 지배하는 방법, 선택적인 몰입

우리의 내면은 시간의 개념이 없습니다. 우리가 길게 느끼거나 짧게 체감하는 시간의 길이는 모두 우리 의식과 물리적인 몸이 시간의 지배를 받기 때문입니다. 반면 뇌의 본능 영역에서 일어나는 정신 현상인 내면은 마치 양자물리학에서 말하는 시간 개념이 없는 체계와 현상의 특징을 따라 존재해 나갑니다.

어떤 이는 최초 공황 발작을 겪은 직후부터 여러 평소 증상을 느끼기 시작합니다. 이런 분들은 자신이 공황장애임을 쉽게 이해할 수 있습니다. 물론 여기서 '이해'라 함은 의식 영역에서 그렇게 사고한 결과를 뜻합니다. 반대로 어떤 분들은 공황발작 이후 꽤 오랫동안 아무런 증세를 느끼지 못해서, 자신의 공황장애가 다 나았다고 여기기도 합니다. 하지만 그로부터 몇 주 또는 몇 개월이 지나서 어느 날 갑자기 평소 증세가 시작되는 경우도 허다합니다. 이런 분들은 자신의 공황장애는 이미 나았고, 또 다른 병이 시작된 것이라고 오해하기도 쉽습니다. 물론 이 경우도 공황장애가 맞습니다.

이렇게 사람마다 최초 발작 이후 평소 증상이 시작되는 시간적 길이 차이가 각양각색인 이유는, 최초 발작으로 내면에 각인된 두려움에 의해 다시 내면이 그에 대한 촉구와 표현을 증상으로 나타내기까지 시간의 길이가 사람마다 천차만별이기 때문입니다. 또한 그 시간의 길이는 당사자 본인이 조절할 수 있지 않을뿐더러, 그 시기를 정할수도 없고 또 언제가 될지 예상할 수도 없습니다. 이와 같은 이유는 바로 우리 내면이 시간의 개념이 없기 때문입니다. 즉 내면 마음대로이지요.

다른 한편으로는 우리 의식이 시간에 의해 영향을 받는 정도도 변할 수 있습니다. 일반적인 일상생활에서 우리는 시간의 길이를 개략 상식과 경험에 따라 가늠할 수 있습니다. 오늘 아침 한 시간 동안 운동했다면 애써 시계를 보지 않았음에도 한 시간쯤 되었음을 나의 의식이 판단할 수 있음을 뜻합니다.

하지만, 너무나 재미있는 만화나 영화에 깊이 몰입되어 소위 시간 가는 줄 모르고 두어 시간이 훌쩍 지나간 경험도 해보았을 것입니다. 우리가 이처럼 무엇인가에 매우 즐겁거나 보람 있게 깊이 몰입하면, 우리 의식 영역은 일반적 상태와 달리 내면과 일종의 접점을 늘리게 됩니다. 그 접점이 늘어날수록 의식 영역과 다른 세계인 내면의 지배가 부분적으로나마 의식 영역에 작용하게 됩니다. 그 작용의 결과 시간에 대한 인식이 크게 줄어들어, 위의 예시처럼 시간 가는 줄 몰랐다고 여기게 됩니다.

나의 삶을 누리는 과정에 몰입하거나, 지금 하는 작업과 그 일에 깊이 몰입하면, 나는 공황장애가 주는 불편을 인지하는 시간의 길이를 매우 줄여낼 수 있습니다. 위의 예시를 통해 우리가 이해한 그 원리를 내 생활 곳곳에서 잘 발휘할 필요가 있고, 어차피 일정 시간은 겪어야 할 공황장애이기에, 기왕이면 이 병이 주는 불편을 덜 체감하도록 시간을 지배해 나가는 것이 매우 큰 도움이 될 수 있습니다.

공황장애를 확고하게 완치하고 이후 그 지점을 상당히 지나쳐 온 분들은 공히 자신의 삶이 더 행복하고 즐겁게 느껴진다고 고백합니다. 그들이 처한 조건이 달라진 것이 없음에도 그들이 감사와 행복을 고백하는 이유는 곧 그들이 체감하는 여러 불편과 제약의 시간을 어떻게 줄이고 덜 느낄 수 있는지를, 그들의 의지와 상관없이 본인들도 모르는 사이 이 원리를 체득했기에 가능한 고백이기도 합니다.

행복한 사람이건 그렇지 않은 사람이건 물리적으로 처한 객관적 조건이 엇비슷한 경우는 허다합니다. 다만 그들이 그렇게 느낀 결과일 뿐이며, 그것이 그들이 어떤 지배력을 체득하고 일상에서 잘 발휘하고 있느냐에 달린 대가일 뿐임을 잘 유의해야 합니다.

모든 것을 단순하게 만들어 나가라

극복 과정의 모든 것들을 단순하게 바꿔나가십시오.
단순해질수록 이 병은 설 자리를 잃어갑니다.

극복 과정의 모든 부분에서 깔끔함과 단순함을 추구하십시오. 나의 생각이든 움직임이든 뭐든지 깔끔하고 단순하게 행하십시오.

생활 곳곳에 골치 아픈 일들이 너무 많아서 스트레스가 심하다고 말합니다. 주변에 머리 복잡한 사건들이 서로 뒤얽혀 마음 편할 날이 없으니, 이 병이 낫기 어렵다고 말합니다. 내가 하고 있는 일에서 감당하기 어려운 복잡한 일들이 항상 생겨나 도무지 정리정돈이 되지 않아 힘들다고 말합니다.

자, 좋습니다. 과거로부터 지금까지는 어쩔 수 없었다고 여기되, 이 순간부터 미래를 통틀어 내가 연관되고 벌어지는 모든 일은 최대한 깔끔하고 단순하게 구성해 나간다고 마음을 굳게 가지십시오.

복잡하게 뒤얽힌 일들은 그 자체만으로도 스트레스가 됩니다. 복잡하게 얽힐수록 답은 나오지 않고 일이 틀어질 변수는 더 많아지며, 그로 인해 내가 받는 스트레스는 급격히 증가합니다.

새로운 일을 마주할 때, 이 일을 잘하겠다는 마음을 먹기 이전에, 이 일이 얼마나 복잡하고 영양가가 없는 일인지를 먼저 평가하십시오. 복잡한 이 일이 잘 풀리기만 하면 유리해지거나 큰 대가를 얻을지도 모른다는 생각 자체를 이제부터는 접어버리고, 복잡하고 골치 아픈 일은 멀리해 나가십시오.

될 일은 항상 그 구조가 간단하고, 결과가 명료하게 보입니다. 또한, 일견 복잡한 일들도 잘 정리해서 간단한 구조로 다시 한번 재구상하면, 뜻밖에 단순해지면서 잘 될 일로 변신하기도 합니다. 아무리 생각해도 여전히 복잡한 일들이라면, 아무리 내게 큰 이익이 된다고 해도 손을 대지 않겠다는 자세로 일을 대하고 삶 속에서의 모든 일상을 그렇게 대응해 나가십시오.

공황을 극복하는 방식도 마찬가지입니다. 운동을 계획한다면 운동의 원칙은 굉장히 깔끔하고 단순해야 합니다. 운동의 스타일과 운동으로 인한 효과를 미리 생각하는 모든 과정도 굉장히 단순하게 만들고, 그 깔끔하고 단순한 것들을 매일 편하게 해나가야 합니다.

약을 끊거나 줄이는 원칙도 깔끔하고 명료하고 단순하게 설계해야 합니다. 물론 약을 줄이는 것은 잘 생각해보고 결정해야 할 일입니다. 다만, 약을 언제든 다시 늘릴 모든 만반의 준비까지 갖춰 놓고 약을 줄이면 약 줄이기에 실패하기 쉽습니다. 약 줄이기에도 나의 조급, 섣부른 욕심, 집착 등을 다 지우고, 오로지 '약을 줄일 자격이 내게 있는가?'라는 나에 대한 질문에 깔끔한 대답을 해본 후에, 그 대답이 긍정적일 경우 느리고 단순한 계획을 세워 꾸준하게 그에 맞춰 줄여 가면 될 일입니다.

노력의 모든 과정, 극복의 모든 과정에서 내가 계획하고 행하는 매사는 깔끔하고 단순하게 만들고, 매일 이를 해나가는데 조금도 너저분한 것이 없도록 주변을 잘 다듬어둬야 합니다. 다만, 이렇게 깔끔하게 행하는 이유는 '실행에 있어 부정적 변수 발생을 최소화하기 위함'입니다. 때때로 어떤 분들은 자신의 강박적 경향을 다시 이끌어 내는데 이러한 '깔끔해지기'를 사용하곤 합니다. 깔끔해진다 함은 깨끗해지는 것이 아니라, '내가 행하는 모든 생각과 행위들에 부정적 변수가 나타나는 것을 최소화하기 위함'이란 것을 명심하십시오.

매사 깔끔한 시작과 실행이 천천히 쌓여, 그것들로 내 생활이 구성되기 시작하는 미래 어느 시점부터는, 내 삶이 물 흐르듯 매끄럽게 흐르고 골치 아픈 일들이 덜 닥쳐오게 됨을 실감하게 될 것입니다.

무엇을 하든지 깔끔하고 단순하게 해나가십시오.

증상 경감이 아닌, 보람을 추구하라

노력 대비 증상이 얼마나 줄어드는지를 관찰하지 마십시오.

마음속 보람과 신뢰가 얼마나 늘어 가는지만 관찰하십시오.

전자는 실망과 좌절을 유발하고,

후자는 극복의 속도를 더욱 빠르게 만듭니다.

공황장애의 극복 노력들은 이 병의 실체를 파악하고 있는 그대로를 평가해, 나의 조절력을 극대화하기 위함입니다. 세상 어떤 것이든 내 맘대로 조절하고 움직일 수 있다면, 이미 그 어떤 것은 더 이상 나에게 두려움을 줄 수 없습니다. 두렵지 않다면 나를 힘들게 할 수 없고 그 결과 나의 내면은 깊은 안정으로 접어들 수 있게 됩니다.

그러나 대다수의 공황장애 환우들은 자신의 노력 그 자체가 이 병이 유발하는 현재의 불편들을 곧바로 사라지게 해주길 갈망합니다. 물론, 호전은 대게 천천히 이뤄져 가므로 가뜩이나 성급한 환우들은 다시 조급증을 끌어내면서 그 결과 짜증과 실망을 키워가기 쉽습니다. 조금만 노력해도 증세가 눈 녹듯 사라지길 기대하는 이러한 갈망들은 결국 다 욕심입니다.

이 병이 주는 모든 불편은 안심을 해야 사라져 갑니다. 안심은 내가 여유롭고 고요해져야 가능하며, 그것들은 모든 면에서 노력하는 나 자신의 모습에서 대견함을 느껴야 비로소 가질 수 있습니다.

공황장애 극복 노력의 순간을 고통으로 해석하면 매우 힘겨운 고행의 길이 됩니다. 필자 또한 그 고행의 시간을 겪으며, 매일 반복되는 그 고난의 시간이 빨리 지나가길 간절히 기원했습니다.

하지만, 빨리 호전되기를 갈망할수록, 증상과 불안의 경감 속도는 너무나 느리고 끝없이 느껴졌습니다. 그 인내의 고통은 이루 말할 수 없었고, 필자의 마음속에서 눈물을 수없이 쥐어짜게 만들었습니다.

그러한 힘들고 지루한 노력이 진행되어갈수록 끝을 바라보지 않고 묵묵히 지금 이 노력을 해가는 나 자신의 모습을 매일의 기록지에 옮겨 적게 되었습니다. 힘들다, 피곤하다, 절망스럽다 등의 매일 같은 내용밖에 적을 것이 없었기에, 조금은 새로운 것을 기록하려다 보니, 필자 자신의 노력하는 모습에 대한 대견스러움을 글로 적기 시작한 것입니다. 어제 내가 느꼈던 나 자신과 오늘의 나 자신을 비교하다 보니, 증상은 매일 큰 폭으로 출렁였지만, 그럼에도 불구하고 노력을 그대로 유지해 나가려 발버둥 치는 필자 자신의 모습을 기록지의 점수와 내용으로 적어가게 된 것입니다.

(*기록지는 책 제1편을 참조)

매일 꾸준하게 노력해나가는 자신의 모습은 기록지의 점수로 그대로 남게 되고, 간간이 기록지의 앞 페이지를 펼쳐보면서 그래도 움직이고 노력해나가는 자신의 모습을 마치 제삼자의 시선으로 차근히 볼 수 있었습니다.

그런 노력의 시간이 지날수록 나도 모르게 노력하는 자신을 서서히 신뢰해가고, 자신감이란 글자를 억지로 끌어올리지 않아도 어느덧 나 자신을 신뢰해가고 있음을 느끼게 되었습니다. 그때부터 진정한 자부심이 생겨나면서 드디어 이 병에 대한 주도권을 서서히 쥐어나가기 시작했습니다. 호전은 그때부터 본격적으로 상승 곡선을 그리기 시작했습니다.

노력에 따라 변화하는 증상의 정도를 수시로 관찰하면, 아무리 호전이 되어도 그 호전 속도가 불만족스럽게 느껴질 수밖에 없습니다. 반면, 증상 변화를 바라보지 않고, 매일 이 순간 노력해가는 나 자신의 대견스러운 모습 자체에 초점을 맞춰 노력할수록, 호전 속도에 대한 집착과 불만족은 사라져가고, 서서히 자신에 대한 신뢰감이 높아지게 됩니다. 또한, 고통스러운 노력 과정에 대해 지루함을 느낄 기회가 줄어들어서 훨씬 더 수월하게 극복 노력을 장시간 유지할 수 있게 됩니다.

공황장애는 아주 긴 시간 어떤 문제들이 축적되어 그 결과로써 발병합니다. 그런데도 며칠 노력하니 곧바로 마치 신기루처럼 증상들이 녹아 사라지는 모습을 갈망하는 것은 말도 되지 않는 욕심일 수밖에 없습니다.

긴 시간 묵혀 이 병이 생겨난 만큼, 마찬가지로 그 이상의 시간을 노력하여 이 병을 완치할 생각을 해야 합니다. 며칠 노력하고 곧바로 증상이 줄어드는지 조급하게 관찰하는 얄팍함을 버리고, 오로지 노력해가는 보람의 과정과 믿음직스럽게 변해가는 나 자신의 모습에 관심을 두십시오. 매일 기록지를 채워가는 대견한 나 자신의 모습. 그 모습 자체가 또 하나의 강력한 치료제가 됨을 유념해야 합니다.

믿는 구석이 있는 사람은 여유가 있습니다. 나 자신의 대견함을 발견해갈수록 나에겐 든든한 믿는 구석이 생겨납니다. 작은 증상에 쉽게 두려움을 끌어내지 않게 되고, 증상 변화에도 마음과 기분은 크게 흔들리지 않습니다. 이런 높은 경지는 특별한 수련에 의해 달성되는 것이 아니라, 날마다 노력해가는 나의 모습에서 보람을 발견해나가는 그 소탈하고 작은 노력이 쌓여 거대함을 이뤄가는 것입니다.

한숨짓지 말고 비웃어라

한숨을 쉬면 우울이 강화되고 노력을 지속할 수 없게 됩니다.
한숨짓지 말고 힘들수록 이 병을 비웃으십시오.

2001년 11월, 필자가 공황장애인지도 모르고 병원 순회에 지쳐가던 무렵, 내면적으로 큰 무기력에 빠져들기 시작했습니다. 이전까지는 병원 검사에서 무엇인가 원인이 나오길 그나마 기대하는 마음이 있었지만, 마지막 입원을 끝내고 몸이 지칠 정도로 정밀검사를 받았으나 역시 의사들이 시큰둥한 눈빛으로 '특별히 이상 없다'고 말하는 소리를 반복해 들으니, 아주 심한 절망감에 온몸이 마치 물먹은 스펀지처럼 처져버렸습니다.

그 당시 '답답하다', '미쳐버릴 것 같다'는 이 표현들조차 필자의 마음을 표현하는데 충분치 않았습니다. 그렇게 필자는 공허와 극도의 무기력에 빠져들기 시작했습니다. 하루하루 한숨이 이어졌고, 한숨을 쉴 때마다 인정하기 싫었지만 정말 세상이 무너지는 것 같은 절망이 내쉬는 깊은숨을 통해 온 집안으로 퍼져가는 느낌이었습니다.

한숨은 고등동물일수록 더 특징적으로 관찰됩니다. 한숨을 왜 쉬는지 과학자들도 아직 그 정확한 이유를 모릅니다. 한숨은 폐속의 공기를 크게 교환하고 폐부에 쌓인 긴장과 피로감을 해소하려는 일종의 재부팅을 위한 현상이라고 막연히 추측할 뿐입니다. 하지만, 분명한 것은 '심리적 피로감'이 커졌을 때 하는 행위인 것이 분명하며, 한숨을 통해 공기의 교환과 폐부의 긴장해소라는 작업은 명료하게 이루어진다는 것에도 이견이 없습니다.

우리가 신체적인 집중을 하면 숨이 얕아지는데, 정신적인 집중을 할 때는 숨이 더욱더 얕아집니다. 숨이 얕으면 폐가 충분히 부풀지 못하고, 가늘게 이어지는 잦은 호흡으로 온몸의 공기를 교환해야만 합니다. 이렇게 가늘고 얕은 숨은 주로 스트레스를 동반하는 고도의 집중 상태에서 각별하게 나타납니다.

스트레스가 강해질수록 우리 몸은 무의식적으로 흉곽과 횡격막을 경직시킴으로써, 최대한 흉강과 복강의 움직임을 멈춘 상태에서 흉곽 내부의 잔근육들로만 가슴을 움직여 숨을 쉬게 됩니다. 특히, 매우 집중된 상태에서 몸의 진동을 억제하여 손으로 정확히 작업하기 위해 이러한 흉곽 반응을 보이게 되는데, 이 상태를 오래 유지할수록 흉곽에는 큰 피로감이 쌓여갑니다.

'하품'이란 바로 그 흉곽의 피로감을 덜어내고 해소하려는 본능적 행위이기도 합니다. 또한, 하품을 통해 흉곽이 잠시 크게 부풀게 되면 흉곽 안의 폐도 오랜만에 크게 부풀면서 몸 안에 누적된 피로 물질들을 회수하고 신선한 공기를 혈액에 양껏 불어 넣습니다. 그 결과, 머리가 맑아지고 정신이 또렷해지는 부수적인 효과도 있습니다. 이것이 바로 하품의 원리이자 효과입니다.

반면, '한숨'이란 현상은 위의 하품과는 다른 효과를 냅니다. 한숨을 쉬면 몸은 대체로 나른해지고, 눈꺼풀은 늘어지며, 온몸의 여러 기관들이 이완되면서, 눈물이 나거나 표정이 풀리게 됩니다. 동시에 뇌에서도 나른함이 몰려옵니다. 즉, 하품으로 우리 몸이 깨어나고 신선해진다면 한숨은 오히려 몸을 더욱 나른하게 만드는 것을 의미합니다.

다만, 한숨을 쉬면 심리적으로 바로 직전까지 하던 고민을 잠시 고정해둘 수 있는데, 고민을 잠시 고정한다 함은, 앞서의 고민을 일단 뇌의 대기 상태 영역에 올려두게 되는 것을 말합니다. 이로써 한숨 직전의 고민은 '일단은 인정해두자'란 준비 태세로 사안을 유보해놓게 되고, 그 고민의 과정에서 내가 느낀 모든 부정적 감정들 또한 일단은 현재 상태의 이미지와 그대로 합치시켜 보관해두게 되는 것입니다. 고민과 부정적 감정이 뇌의 대기 상태 영역에 고정되는 현상. 그 현상을 이끌어내면서 온몸이 부정적 이완 상태로 멈춰있도록 유도하는 행위가 바로 한숨입니다. 이러한 한숨은 해소를 위한 처리 조치가 당장은 어려운 상황에서 흔히 나타나게 됩니다.

고민이 많은 사람들은 한숨을 자주 쉽니다. 한숨을 쉬면 그걸 보고 있는 사람들마저 기분이 처지고 늘어지고 무기력감을 느낄 수 있습니다. 그래서 역사적으로도 한숨이란 행위는 사람들 앞에서 해선 안 될 금기 행위였습니다.

한숨은 부정적이고 무기력한 상태를 인정하는 행위로 받아들여지고, 한숨을 쉬는 사람은 뭔가 빠져나오기 어려운 고민에 의해 갈등하고 있는 힘든 상황이란 것을 직접 표현하고 암시하는 행위로 간주되어 온 것입니다.

내가 한숨을 쉬면 나도 모르게 현재 나의 부정적 모든 상태를 일단 인정해두게 됩니다. 그 고정된 이미지들은 한숨이라는 '잠정적 인정 행위'를 통해 내 의식과 무의식의 중요한 장소에 저장 즉, '각인'이 됩니다. 이렇게 각인된 이미지는 결국 내 몸을 변화시켜 나갑니다.

온몸의 힘이 빠지고, 눈이 풀리고, 기력이 쇠해갑니다. 피부의 탄력이 떨어져 외부의 환경 영향에 더 민감해지게 되고, 소화 기관들은 힘을 잃고 동작이 굼떠집니다. 큰 근육들에 공급되는 혈액량도 줄어들어 팔과 다리에 힘이 빠지고, 등과 어깨도 힘이 빠져나가면서 축 늘어지고 처지게 됨으로써 그 사람을 작아 보이게 만듭니다. 이런 현상은 결국 잠정적으로 나의 패배를 인정하는 꼴이 됩니다.

모든 동물은 자존감이 높을 때 고개를 높이 쳐들고 어깨를 펴고 허리를 곧게 세웁니다. 이는 모든 포유류의 본능적인 행동 양식입니다. 반대로, 자존감이 낮아질수록 고개를 낮추고 어깨를 움츠리며 허리를 구부립니다. 이런 행위는 인간들에게도 그대로 나타납니다.

내가 한숨을 쉬면 그 즉시 나의 몸은 바로 이 '굴종의 자세'를 보이게 되며, 실제로 내 마음도 그렇게 굴종하기 적합한 상태로 바뀝니다. 공황장애 극복 노력을 하는 이유는 이 병을 제압하고 압도하기 위해서입니다. 내가 이 병을 주도하고 이것이 결국 내 앞에 무릎을 꿇게 만들기 위해서입니다. 내가 한숨을 쉬고 이 병에게 고개를 낮추고 허리를 굽힌다면, 결국 나는 이 병에 끌려가고 이 병이 원하는 대로 굴복해 나가게 됩니다. 오래 반복되어 습관이 된 한숨이라는 행위는, 결국 내 몸과 마음 전체의 주도권을 이 병에게 내어주는 직접적 표현이란 것을 명심해야 합니다.

내가 내쉬는 한숨은,
'아, 견디기 어려워. 난 지금 무척 피곤해.'
'답답해. 도저히 방법이 없어. 힘들어.'
'난 어찌할 바를 모르겠어. 이 상황에서 빨리 벗어나고 싶은데 무기력하고 용기가 안 나.'
'난 지쳐가고 있어.'
곧 이렇게 잠정적 패배를 인정하는 표현입니다.

한숨이 나오려 한다면 오히려 기지개를 크게 켜고 하품을 하십시오. 하품은 의학적으로 한숨과 동일한 맥락의 신체 행위이지만, 그 효과는 한숨과 정반대입니다. 긴장되는 순간 하품은 오로지 긴장을 푸는 효과를 내는 데 불과하지만, 강한 적 앞에서 하는 하품은 나 자신이 상대방을 충분히 대적할 자신이 있음을 표현하는 강한 자신감의 여유로운 표현입니다. 하품을 하면 온몸에서 특히 뇌에서는 신선한 공기의 교환이 이뤄지고 어떤 한 가지에 몰두하던 모든 무거운 초점을 하품을 통해 순간적으로 풀게 됩니다.

특히, 하품 직후 입가에 미소까지 함께 표현해 주면, 뇌는 불필요한 긴장은 물론, 염려에 기초한 상상까지 정지할 수 있게 됩니다. 즉, 하품은 몸뿐 아니라 마음속까지 경계를 풀어내는 잠깐의 휴식을 뇌에 허락하는 것입니다. 내 마음속에 긴장과 불안, 염려가 느껴진다면, 즉시 늘어지게 하품을 하고 입가에 미소를 지으십시오. 동시에 이렇게 잠잠히 말해주십시오.

"가소롭구먼."
"불안, 넌 한 입 거리도 되지 않아."

점잖고 나직하게 불안과 염려에게 말로 타이르는 겁니다. 한 입 거리도 되지 않는 별것 아닌 상대에게 큰 목소리를 낼 이유가 없습니다. 나직하게 무시하는 듯 비웃으며 조용히 타이르는 강자의 여유를 보여주란 의미입니다.

극복 노력의 전반에서 우리는 수시로 불안, 증상, 염려와 싸우게 되는데, 그 모든 과정은 다 연습의 과정입니다. 그 연습의 모든 과정에서 한숨이 아닌, 하품과 웃음을 잘 활용하십시오. 한숨이란 두려워 떨면서 '불안 너에게 두 손 두 발 다 들고 항복할 수밖에 없다'는 패배의 재확인이란 것을 유념하고, 강자의 여유를 불안에게 보여주고 비웃어 주십시오.

하품과 미소는 마치 사냥이 끝난 먹잇감을 앞에 놓고 앞발로 툭툭 건드리며 장난을 치는 배부른 사자의 심심풀이 행위처럼, 나 자신의 심리적 우위를 공황장애에 직접 보여주는 강력한 행위입니다.

겉이 아닌 내 속의 흐름을 바라보라

내 속의 흐름을 읽어내는 연습을 해나가십시오.
그 흐름을 객관적으로 읽을 수 있다면, 작은 증상이 어떻게 거대한
발작과 불안으로 자리 잡아가는지 그 원리를 깨달을 수 있습니다.
그 결과, 내 생각을 조절하여 증상과 불안을
멈추는 법을 알아가게 됩니다.

몸에서 느껴지는 작은 느낌은 염려를 불러내고, 그리고 염려는 다시 예기불안이라는 불쾌한 기분으로 드높아지고, 예기불안은 또다시 강렬한 신체 증상들로 커집니다. 인터넷을 검색해보면 이 모든 흐름들은 결코 내 의지와 상관없이 통제할 수 없는 양상으로 흘러간다고 표현되어 있습니다. 과연 그럴까요? 정말 내 의지대로 이를 조절하거나 통제하는 게 불가능한 것일까요?

이 질문에 대해 '그렇다'고 답하는 분이 계신다면, 그분은 결코 이 병을 낫지 못함은 물론, 증상을 경감시켜갈 수 있는 그 어떤 노력들도 장기적으로 잘해나갈 수 없는 분입니다. 그런 분들에게 유일한 위안은 오로지 주사, 약, 침, 뜸, 건강보조식품밖에 없습니다. 그런 분들에게 호전이란 이 병이 낫는 것이 아니라, 이 병이 장기화되어 익숙해진 상태를 의미합니다. 이런 상태를 평생 가져가면서, '공황장애는 완치가 없어요!'라는 주장을 하고 다니게 됩니다.

공황장애는 분명히 통제가 가능하고 조절도 가능합니다. 아니, 가능한 정도를 떠나 증상을 내 의지대로 줄여나갈 수 있고, 이후 나타나지 못하도록 또는 더 파급되어 가지치기해나가지 못하도록 모든 갈림길마다 내 마음대로 이정표를 세워둘 수도 있습니다.

내가 세우는 이정표에 의해 통제되고 조절되어 갈수록 이리저리 빠져나갈 길목들을 차단당한 공황장애는 더 이상 뿌리내리지 못해 서서히 굶어 죽어가게 되며, 그것이 바로 이 병의 호전이자 완치의 방식입니다. 이 병을 굶겨서 뿌리까지 말려 죽이기 위해, 중요한 길목마다 나의 의지대로 이정표를 세울 수 있는 역량을 갖춰나가야 합니다.

공황장애라는 놈을 내 손바닥 위에서 갖고 놀기 위해, 우선 이 병이 주로 나의 어떤 것들을 역이용하는지 간파해야 합니다.

이 병은 나의 '생각'과 '기분'을 먹이로 삼아 커져갑니다. 철저히 '기생'의 방식으로 생존해 나갑니다. 나의 생각과 기분이라는 먹이를 제공받지 못하면, 마치 소금물을 끼얹은 소나무처럼 공황장애는 누렇게 변색되면서 말라 죽어갑니다. 즉, 절대로 이 병에게 나의 생각과 기분을 먹이로 주면 안 됩니다. 증상이라는 것은 껍데기입니다. 움직이기 노력이나 실생활에서 갑자기 이상한 몸의 느낌이 올라온다면, 과거에는 이 느낌이 어떻게 변해가고 예기불안이나 공황발작으로 커지는지 그 겉의 껍데기를 관찰하는데 골몰

해왔습니다.

하지만, 이제부터는 느낌이 나타나는 순간부터 내 생각과 기분의 흐름을 집중하여 관찰하고 바라보십시오. 작은 느낌이 포착되는 즉시 그때부터 아주 짧은 찰나에 과거의 경험과 겪었던 고통스러운 상황에서의 증상들과 조건반사적인 비교 작업을 시작한다는 것을 이러한 관찰을 통해 쉽게 알 수 있습니다.

비교 작업이란 곧 생각입니다. 내가 그 생각을 의도했건 아니건 간에 나의 생각은 마치 급류처럼 생각 속으로 흘러갑니다. 내 안에서 일어나는 그 생각의 흐름을 정확히 간파하십시오. 그 생각이 통제 없이 흘러갈수록 자꾸만 '염려'의 색채가 강해지고, 그 결과 내 몸은 자동으로 염려에 합당한 준비에 들어갑니다.

생각에 염려라는 강력한 조미료가 뿌려지는 바로 이 흐름 과정도 면밀히 집중하여 관찰하십시오. 염려의 조미료가 뿌려진 내 생각은 '공황 발작, 심장마비, 뇌졸중, 쓰러짐, 도와줄 수 있는 타인, 빠져나갈 궁리, 구조될 수 있는 위치와 상황 평가'까지 정말 다양한 판단을 굉장히 짧은 시간 동안 '기분'으로 뭉뚱그려 진행시킵니다. 이 모든 과정까지 생생하게 똑바로 바라보고 관찰하십시오. 나에게 일어나는 느낌이 작은 불씨가 되고, 그 불씨가 어떻게 나를 집어삼키는 재앙으로 번져가는지, 내 생각들과 기분의 흐름을 철저하게 꿰뚫어 들여다볼 수 있어야 합니다. 내 생각과 기분의 흐름을 관찰할 수 있게 되면, 누가 가르쳐주지 않아도 그걸 멈출 수 있습니다.

염려라는 결정적 조미료를 뿌리지 않는 요령. 공황발작이나 치명적인 질병, 사건과 비교하는 행위를 멈추는 역량. 전혀 근거 없고 증거도 없는 위험으로 잘못 해석된 상황에서 빠져나갈 궁리와 도망가거나 구조받을 방법을 찾는 회피 행위까지. 그리고 그러한 생각들에 긴밀히 연동되어 울렁이는 파도처럼 거세게 나를 후려치는 기분의 요동까지. 그 모든 것들을 멈추려 자연스럽게 노력하게 되고, 그 노력은 연습으로 쌓여가게 됩니다. 이렇게 쌓인 연습은 바로 염려와 기분의 흐름을 멈출 수 있는 능력으로 서서히 발전해 갑니다.

카멜레온이 현란하게 몸 색깔을 바꾸는 모습은 대단히 현혹적이지만, 그 색의 변화에 깜빡 속아 풀잎 위에 앉아있는 카멜레온이 갑자기 사라졌다고 믿는 동물은 결코 카멜레온을 사냥할 수 없습니다. 하지만, 카멜레온이 어떤 색으로 위장을 시도하더라도 주위 배경과 카멜레온과의 거리와 입체감까지, 이 본질적인 모든 현상을 종합적으로 흐름을 읽고 관찰하고 판단한다면, 카멜레온이라는 먹잇감은 그대로 그 자리에 있다는 것을 쉽게 알 수 있기에, 그 카멜레온을 사냥하여 먹이로 삼을 수 있는 것입니다.

느낌이건 증상이건, 노력 과정에서 마주치는 그 흔해빠진 현상들의 겉껍데기의 변화만을 관찰하는 것은 아무런 의미가 없습니다. 카멜레온의 몸 색깔을 바꾸는 것에 그대로 속아, 조금도 진척없이 "카멜레온이 없어졌어요!"라고 외치는 바보가 되지 말아야 합니다.

느낌이 증상이 되고, 증상이 공황발작이 되는 그 밑바닥에는 바로 내 생각과 기분이 함께 흐르고 있습니다. 그 기분을 직시하고 흘러가는 양상을 차분하고 정확히 바라볼 줄 알게 되면, 내가 수행하는 '불안과 발작의 유도 행위'를 통찰할 수 있게 됩니다.

겉이 아닌 내 속의 흐름을 관찰하십시오. 관찰은 곧 '간파'이고, 간파되면 극복 노력을 하는 '나 자신에게 최대의 방해물이 가진 고유의 원리와 허점'을 알게 됩니다. 적과의 싸움에서 승리하려면 적이 에너지와 자원을 조달 받는 그 원천도 함께 막아야 적은 서서히 말라죽게 됩니다. 적에게 넉넉한 자원을 조달해 주는 그 주체가 바로 나 자신이란 점을 절대 간과하지 마십시오. 나의 생각, 염려, 기분의 흐름을 항시 잘 파악하십시오.

견하지 말고 관하라

넓고 깊게 바라보십시오. 넓고 깊게 바라봐야 내 생각과 마음이
예기치 못한 곳으로 튀어 달아나는 것을 막을 수 있습니다.
내 생각과 마음에 대한 강력한 조절력은 관으로부터 비롯됩니다.

'견'은 어떤 한곳을 뚫어져라 바라보고 지향하는 것입
니다. 반대로, '관'은 눈의 초점을 풀고 대상 전체를 주변과 아울러
관찰하는 것입니다. '견'은 대상 하나만을 생각하지만, '관'은 그 대
상과 연계된 모든 것들을 함께 생각하는 행위입니다.

'견'에서는 오감만 사용합니다. 눈으로 보고, 코로 냄새를 맡고,
귀로 듣고, 입으로 맛을 보고, 피부로 느끼는 행위가 바로 견입니
다. 이들 다섯 가지 감각은 우리가 외부 세계의 자극을 파악하기
위한 정보를 수집하는 도구이자 수단입니다. 오감은 대단히 뛰어
난 센서이지만 그 역할은 '외부의 물리적인 정보 수집'에 국한되는
단점이 있습니다.

시각은 오감 중에서 가장 민감하고 신뢰할만한 센서로, 우리는
시각에 각별히 의존합니다. 시각적으로 파악이 되면 다른 네 가지
감각이 뒷받침되지 않더라도 곧바로 대응 행동에 들어갈 수 있습
니다. 강력한 포식자인 호랑이가 눈앞에 나타나면 설사 귀로 들리

지 않아도, 냄새가 나지 않아도 즉시 도망을 가게 됩니다.

또한, 시각을 제외한 다른 네 가지 감각들의 경우, 설사 그들 감각에 의해 어떤 징후가 포착되었더라도, 추가로 시각을 동원하여 재확인하는 절차에 들어갑니다. 재확인을 통해 후각, 청각, 미각, 촉각이 감지한 대상을 정확히 파악하려 하는 것이 우리의 본능입니다. 그러나 이들 네 가지 감각으로 포착이 되었더라도, 눈으로 확인되지 않으면 우리는 크게 당황합니다. 또한, 어떻게 대응할지 판단도 잘하지 못하게 됩니다.

바로 이렇게 대응 행동을 결정짓기 힘든 상황에서 우리는 자동적으로 '상상력'을 동원하게 되는데, 그 상상력의 동원에 있어 가장 우선순위는 '위험물', '포식자', '치명적 질병'에 해당되는 기존에 듣고, 배운 가장 위험하고 재앙적인 정보들이 우선 떠오릅니다. 공황 발작으로 인해 강렬한 공포감이 유발되는 이유는 바로 이 네 가지 감각을 통해 강렬한 느낌을 경험함에도 '외부 세계의 위협 물체'가 파악되지 않기 때문에 우리 내부에서 그런 위험하고 치명적인 경우들을 상상해냈기 때문입니다. 그 결과, 심장마비, 뇌졸중, 급성 호흡부전 등 치명적인 질환명과 그에 연관된 각종 상황들을 조건반사적으로 상상하게 되는 것입니다. 이렇게 '견'에 의존한 파악 행위는 쉽게 오류를 만들어내고 그 결과는 전혀 엉뚱하게 흘러갈 수 있습니다.

반면, '관'은 다릅니다. '관'은 여러 가지 개념들을 아주 포괄적으로 평가하는 과정이라 할 수 있는데, 위의 오감 말고도, '합리적이고 균형 있는 판단 및 예측 능력'을 동원해 관찰하는 행위를 '관'이라 합니다.

　내 몸에 어떤 느낌이 들어도, 그 느낌에 곧바로 '심장마비'란 단어가 떠오를지언정, '관'하는 사람은 즉시 '심장마비가 맞는지에 대한 근거'부터 평가하기 시작합니다. 심장마비는 곰이 앞발로 내 가슴팍을 무겁게 짓눌러 가슴을 쥐어짜는 듯한 강하고 깊은 통증으로, 여러분들이 느끼는 가슴 불편과는 확연히 다릅니다.

　'관'하는 사람은 현재 내 가슴에서 느껴지는 이 불쾌감이 과연 심장마비에 해당되는지를 평가합니다. 이후 그에 대한 근거들을 합리적으로 비교합니다. '관'하는 사람은 내가 지금 느낀 날카로운 현기증에 대해서도 곧바로 '뇌졸중'이라고 믿지 않습니다. 뇌졸중은 어딘가 마비되고, 마치 의식이 기울 듯 한쪽으로 쓰러지는 현상이나 중심을 순간 잃는 듯한 현기증을 수반합니다. 즉, 내게 느껴지는 이 어지러움이 과연 그토록 위급한 뇌졸중인지 아닌지를 차근차근 평가하는 것입니다.

　'관'하는 사람은 설사 위의 증상을 검증하기 위해 응급실에 갔더라도, 의사의 문제없다는 말을 믿고 그 근거를 찾으려 애씁니다. 또한, 의사가 문제없는 이유를 간략하게 설명하면 곧바로 '내가 우매한 걱정과 염려를 했구나'라는 생각을 깊게 함으로써 스스로를 '안심' 상태로 곧바로 환원시키려 노력합니다.

'관'하는 이상 우리는 한쪽으로 쏠리지 않습니다. 즉, 침착해질 수 있습니다. 현재 상황이 위태롭다는 근거가 없음에도, 마치 숨이 넘어갈 듯 안절부절못하는 나의 모습을 허락하지 않고 침착하게 대응하는 것이, 가장 훌륭한 미덕임을 항시 명심해야 합니다.

'관'하는 사람은 자신의 몸에 모종의 증상과 예기불안이 감지되더라도, 그렇게 감지된 것들이 무의미한 더 강렬한 증상으로 이어지지 않도록 하기 위해 조건반사적으로 호흡을 깊게 하고, 눈을 반쯤 내리감으며, 마음을 호수처럼 차분히 유지하려 노력합니다. 즉, '관'하는 사람은 자신도 모르는 사이에 공황장애에 대한 조절력을 연습해 나가면서 서서히 그 조절력과 주도권을 찾아갑니다.

이 병을 극복하는 모든 노력에서도 '관'의 자세가 필수입니다.

'관'하는 사람들은 작은 느낌을 파국적으로 해석하고 염려하면서, 극복 노력은 며칠 유지하지도 못하는 이유가 '나의 얄팍하고 가벼운 생각의 대응 습관'임을 쉽게 간파하고 인정합니다. 그 결과 그들은 노력을 멈추지 않고, 다음번 그런 느낌이 설사 오더라도 지난번 내가 길바닥에 쓰러지지도, 정신을 잃지도, 심장마비나 뇌졸중으로 119에 실려 가지도 않았다는 기억을 강한 확신으로 떠올려, 스스로 노력의 고삐를 늦추지 않으려 합니다.

'견'을 하면 앞만 보이지만, '관'을 하면 비록 내 시야 밖의 영역인 뒤에서 이동하는 대상도 감지가 가능합니다. 감지란 결국 느낄 수 있음을 의미합니다.

노력 과정에서 우리는 굉장히 다양하고 새로운 경험들을 마주하게 되고, 그 경험들을 미리 글로 읽고 최소한 이해 상태에 두고 노력하고 있습니다. (이 책을 읽고 계시는 분들이라면 이미 1편을 읽으셨을 것이므로) '관'의 자세로 이 극복 노력의 미래를 가늠하고, 지금 내가 이 불편의 순간을 감내하는 고행의 경험이 쌓여, 결국 내 가슴속 깊이 뿌리내린 공포와 염려의 잔가지들을 서서히 걷어내는 것이 가능함을 느끼고 감지하십시오.

느낌이든, 증상이든, 공포나 우울, 그리고 불안이든, 모든 시각을 '견'이 아닌 '관'으로 바꾸십시오.

모든 양상을 거울처럼 맑고 차분한 마음으로 바라보려 하십시오. 내게 느껴지는 작은 느낌 그 자체의 몰입이 아닌, 그 느낌과 연관된 모든 것을 함께 호흡하면서 깊게 느끼고 체득하려 하십시오.

결국, 나를 위협하는 대상은 세상의 일부이고, 그것들은 작은 먼지와 동격임을 깨달아 가십시오. 크게 느끼면 거대해지고, 작게 느끼면 미미해짐을 내 머리를 넘어 내 가슴이 확신하고 이후 망각해 가는 것, 그게 바로 완치를 향한 노력의 과정임을 깊게 체감해 가십시오.

위안과 안심을 구분하라

위안을 받는 것은 잠시의 도움을 위해서입니다.
위안이 이 병을 낫게 해줄 것이라 기대하지 말고,
나의 내면을 강하게 만들어 안심하도록 노력하십시오.

위안을 받게 되면 짧은 시간 안심할 수 있습니다. 다만, 위안은 약효가 짧고 '의존성'이 강한 것이 흠입니다.

공황장애 환우들은 누군가 내 옆에 있어주길 바랍니다. 약을 휴대하고 다니길 원하고, 병원에서 가까운 곳에 위치할 때 위안을 받습니다. 그런 위안들은 지금 당장은 약효를 내지만 그 위안에 길들여질수록 이 병을 그만큼 더 길게 끌고 갑니다.

안심은 보이지 않고 들리지 않아도, 언제든 나 스스로 안정을 유지하는 조절력으로 아주 긴 시간 약효를 발휘하게 합니다.

안심이 두터워질수록 약, 도움 줄 사람, 병원 등 모든 외부 존재들의 필요성은 사라집니다.

이 병의 완치는 궁극의 안심을 하는 과정과 일치합니다. 내 머리로 이해한 내용은 내 몸으로 체감되고 그 결과 나의 무의식 밑바닥이 안심하게 됩니다. 무의식이 안심하면, 조절할 수 없고 예측 불가능한 불안과 증상은 올라오는 행위를 멈추게 됩니다.

위안은 단기간 사용하는 약과 같으며 장기적으로는 안심해나가야 합니다. 이해와 움직이기, 땀과 인내로 내 인생에서 이 병의 극복뿐 아니라 행복을 달성하기 위한 모든 필수적인 요소들을 안심의 과정에서 배워 나가야 합니다. 안심하게 되면 모든 증상은 사라지며, 완치를 향해 제대로 걸어가게 됩니다.

확신하면 믿게 되고, 믿으면 망각할 수 있다

의미 없는 것들을 의식적으로 망각하려 노력하십시오.
망각 또한 훈련이 되면 잘 해낼 수 있습니다.
무의미한 것들을 망각할수록 삶은 과거의 지배를 받지 않습니다.

'망각'은 신이 주신 최고의 선물입니다. 망각은 지워 버리는 것, 곧 내 밖으로 뱉어내어 더 이상 내 안에 존재하지 않는 것입니다.

가치가 0에 가까운 것들을 쓰레기라고 합니다. 그 쓰레기 중에서 각별하게 가치가 0, 그 자체인 것들은 쓰레기가 아닌 '폐기물'이라고 합니다. 쓰레기는 잘 다듬어 그 효용을 다시 끌어내면 재활용이 가능하지만 폐기물은 다릅니다. 폐기물은 우리와 멀찌감치, 우리에게 조금도 영향을 줄 수 없는 멀고 깊고 동떨어진 장소에 파묻거나 깊이 가라앉혀야 하는 것들입니다. 이렇게 폐기물로 처리하는 행위 자체를 바로 '망각'이라 합니다.

손에 만져지는 모든 것들은 이렇게 폐기물 처리가 가능합니다. 하지만, 손으로 만질 수 없는 것 중에서 특히 우리 마음속에 있는 것들에 대해서는 폐기물 처리가 어렵기도 합니다. 이는 '망각'이 쉽지 않음을 의미합니다. 만약 단숨에 망각할 수 있는 어떤 치료나 기술이 이 세상에 존재한다면, 아마도 이 공황장애라는 병을 치료하는 가장 우선적인 치료법으로 등극하게 될 것임은 자명합니다만, 아직 그런 획기적인 치료법은 없습니다.

이 병이 시작되면서부터 우리 마음에는 다양한 폐기물이 쌓여갑니다. 가치가 완전히 0 그 자체인 폐기물들이 서서히 마음에 쌓이고 하나의 습관처럼 굳어갑니다. 더 나아가 그 습관이 두터워질수록 모든 불편은 조건반사화가 진행되고, 결국 어떤 것이 폐기물이며 보관해야 할 것인지 구분조차 못 하는 뒤죽박죽의 혼란 상태로 접어들게 됩니다. 그 상태에서 우리는 매우 쉽게 무기력을 강화해 가게 되고, 무기력이 발전하면 결국 우울증이 됩니다.

공황 발작에 대한 기억, 각 증상의 느낌들과 힘든 기억들, 또 그 기억들끼리 서로 연상해내고 유발해내는 부정적인 고리들, 불편들에 대한 나의 우매했던 대응과 시행착오까지, 참으로 많은 것들이 폐기물에 해당됩니다. 바로 이 폐기물들을 내 마음으로부터 추출해서 깔끔히 망각해나가야 하는데, 바로 그 망각을 위해 해야 할 노력들이 있습니다.

그 노력 중에서 가장 중요한 것은 '이해'입니다. 앞서 말씀드린 것처럼 이해는 아주 깔끔하고 명료해야 합니다. 마치, 법원의 서고에 종결된 사건들을 보관하는 기록보관소처럼, 이해된 모든 것들을 정확히 내 머리와 가슴속에 정리 정돈하여 더 이상 펼쳐볼 필요도 없이 '이해를 넘어 각인'된 상태를 만들어 두어야 합니다. 이 렇게 각인되어야만 내가 이해한 내용들 중에서 진정한 폐기물을 추려낼 수 있습니다.

이해를 통해 폐기물로 분류되었다면, 그다음에는 '체험을 통한 반복된 재확인 과정'을 거쳐 폐기물이 맞는지를 확신하는 과정으로 들어섭니다. 내가 겪은 두근거림이 부정맥이 아니었음을 이해했다면, 이제 강력한 운동을 통해 내 몸에 부하를 걸어서 정말로 내가 심장질환 환자가 아님을 매일 반복해서 몸으로 체험해야 합니다.

그 체험 과정 중에 종종 겪는 두근거림은 직면과 무시를 통해 역시나 부정맥이 아니었음을 재확인해나가면서 더욱 깊게 믿고 신뢰해나가야 합니다. 이러한 믿고 신뢰해나가는 과정이 일정 시간 진행되면, 그때부터는 내 의지와 상관없이 무의식이란 기전이 자동으로 이 폐기물들을 내 뇌의 가장 깊은 곳, 도저히 쉽게 꺼낼 수 없는 심연 속에 파묻기 시작합니다. 뇌 속에 깊이 파묻힌 강렬한 경험 정보를 바로 '확신'이라 합니다.

반대로, 긍정적인 확신에 대해서라면 뇌는 이와 정반대로 처리합니다. 긍정적 확신은 언제든지 꺼내 쓸 수 있는 뇌에서 즉시 활성화가 가능한 영역에 올려놓게 되는데, 이는 부정적 확신처럼 쉽게 꺼낼 필요가 없는 것들이 버려지는 아주 깊은 폐기물 저장소의 맨 밑바닥에 보관이 되는 것과 상반되는 것입니다. 즉, 우리는 밝고 좋은 것들을 자주 느끼고 싶어 하기에, 긍정적 확신을 꺼내 쓰기 가장 편한 곳에 위치시키는 것이며, 더럽고 나쁜 것들은 느끼고 싶지 않기에, 부정적 확신들은 자주 꺼내 쓸 일이 없는 곳에 위치시키게 됩니다. 그 결과, 폐기물들은 애써 기억하려 해야 가까스로 떠오르는 상태가 되는데, 바로 이를 '망각'이라고 합니다.

이 병으로 인해 생성되긴 했지만, 반드시 버려져야 할 부정적인 것들은 이처럼 '이해의 확신'을 통해 '망각'으로 던져 넣어야 합니다. 그 상태가 되어갈수록 부정적 폐기물과 연결고리를 맺고 있던 수많은 느낌과 증상들도 함께 그 구덩이에 버려지게 되고, 항시 나를 괴롭혔던 신체 증상들과 예기 불안은 더 이상 예기치 못한 상황에 갑작스럽게 나타나기 어려워집니다. 바로 이 상태를 '완치'라고 표현합니다.

이해와 깨달음, 그리고 체감을 통해 우리는 확신합니다. 확신하면 믿게 되고, 믿게 된 것은 결국 망각 속으로 던져 넣게 됩니다. 내가 극복 노력을 하는 이유는 바로 이러한 완벽한 망각을 하기 위해서입니다.

병으로 인해 손해 본 것 vs 병으로 인해 얻은 것

공황장애는 우리의 내면을 개선하고 절제와 겸손, 그리고 감사와 행복의 가치를 심어주는 좋은 역할도 합니다. 극복 과정은 그러한 미덕을 내 것으로 만들어나가는 소중한 시간입니다.

공황장애로 손해를 본 것은 바로 '시간'이며, 얻은 것은 '효율'입니다.

어떤 분들은 이 병으로 삶의 모든 것을 잃었다고 합니다. 실제로 공황장애에 내 모든 것이 제압당하면, 나는 꼼짝달싹 못 한 채 일과 학업을 모두 잃게 되고 그 결과 삶이 아주 고단해지기도 합니다.

그러나 그에 대한 모든 책임을 공황장애로 돌리는 것은 잘못입니다. 공황장애는 오로지 예기 불안과 신체 증상을 일으키고, 내가 가진 모든 시간의 주도권을 자신이 가져가는 질환입니다. 시간을 빼앗긴 나 자신은 인생에서 특정 기간 동안 공황장애에 주도권을 내어주고, 공황장애가 주는 여러 고통들에 얽매여 결국 내가 하는 모든 가치 있는 것들을 포기하거나 유보하게 되어 갑니다. 내 삶에서 포기와 유보는 오로지 나 자신만이 할 수 있습니다.

공황장애는 시간을 장악함으로써 나 스스로 만들어낸 공포가 여러 생활의 가치들을 포기하도록 유도하는 질환입니다. 공황장애는 부추긴 것일 뿐, 포기는 내가 한 것입니다.

반대로 공황장애를 잘 이겨내 갈수록 나는 시간을 다스릴 줄 알게 됩니다. 증상이 나를 괴롭히는 상태에서 생업과 학업을 잘 유지하기 위해 얼마 버티지 못하는 체력과 기력으로 하루를 마감해야 합니다. 그 결과 나도 모르는 사이 시간을 더 잘게 쪼개어 사용하고, 내 체력과 여지를 더 효율적으로 사용합니다. 방만한 부분들이 사라지고, 오만하고 교만한 부분들도 누그러져 가게 됩니다. 그 결과 삶 자체의 시간 대비 효율은 더 오르고 성장해갑니다.

공황장애의 이러한 시간적 특성을 빠르게 파악한 사람일수록 이 병을 쉽게 이겨내고, 더 나아가 자신의 삶을 굉장히 효율적으로 꾸려갑니다. 공황장애로 인해 3년을 유보했다면, 앞으로 십 년은 그 3년 이상의 시간을 더 만들어내고 창조해가게 됩니다.

효율은 현대사회 최고의 가치입니다. 유한하게 주어진 가치를 활용하여 더 높은 성과를 내고 더 높은 만족을 누리는 것이 바로 효율입니다. 그 효율을 나의 시간, 생업, 학업, 인간관계를 위해 느리고 천천히 발휘해나가면, 늘그막한 삶의 황금기에 도달했을 때 건강한 타인들보다 훨씬 더 만족감 높은 생활을 누리게 될 것입니다.

공황장애를 통해 우리가 얻는 것은 바로 시간입니다. 시간을 지배하면 나 자신을 바쁘게 쥐어짜는 것이 자기개발이라고 믿는 수많은 사람들과 달리, 시간을 올바르게 사용하는 법을 알게 됩니다. 유한한 체력과 여지를 적절하게 분배한다는 것은, 인생이라는 강물에서 노를 천천히 저으며 목적지로 흘러갈 수 있음을 의미합니다.

시간을 지배한 자는 여유롭습니다. 시간을 지배하지 못한 자는 타인이 갖지 못한 물리적인 그 무엇만 가지려 하지만, 시간을 지배한 자는 '내 것으로 하기 어렵거나 내 것으로 만들어도 결국 더 큰 것을 얻어야 만족하는 부정적이고 소모적인 삶'으로 내 인생을 몰고 가지 않습니다.

시간을 얻으십시오. 시간을 주도하는 역량을 통해, 유한한 것을 무한한 만족과 행복으로 전환해 가십시오.

과거를 그리워 말라

내면은 그대로인 채로 예전의 몸으로 돌아가 보았자
이 병은 또 재발하게 될 것입니다. 내면을 바꾸는 것이
이 병 극복 노력의 핵심임을 명심해야 합니다.

과거는 이미 지나갔습니다. 과거의 나 자신으로 돌아가려 안달인 분들이 많지만, 그분들은 결코 과거로 돌아가지 못합니다. 과거로 돌아가는 것은 신께서 절대 허락하지 않기 때문입니다.

과거로 돌아가길 희망하는 분들은 '과거의 영혼'으로 돌아가길 원하는 것이 아니라 단지 '과거 내가 가졌던 신체적 조건'으로 돌아가길 원하는 것입니다. 즉, 불안의 신체 증상으로 아프지 않았던 그때의 육체로 돌아가길 희망하는 것입니다.

아무리 건강한 사람도 어린이가 될 수 없습니다. 인간은 누구나 노화하고, 그 노화의 순리에 역행하는 기적은 지금까지 인류 역사상 허락되지 않았습니다. 즉, 불가능한 일입니다. 공황장애라는 병을 겪으면서 과거의 내 몸으로 돌아가길 희망한다는 것은 결국 이루지 못할 꿈을 꾸고 있는 것입니다.

하지만, 신은 과거로 돌아갈 수 있는 특별한 길을 하나 열어두었습니다. 그 길은 돈으로 통행료를 지불해도 갈 수 없고, 오로지 '깨달음'으로만 갈 수 있습니다. 그 길은 바로 '새로움'이라는 길이며, 새로움은 새로운 육체와 새로운 정신, 그리고 새로운 사고방식과 가치관을 의미합니다. 다만, 공황장애를 너무 오래 앓은 분들은 그 지름길을 발견하는 것만도 수년 이상이 걸리기도 합니다.

옛것을 추구하면 그 특별한 길이 내 눈에 보이지 않습니다. 새로움을 추구하면 그 특별한 길은 비로소 희미하게 보이기 시작합니다.

근면 성실함은 내 몸을 새롭게 만들어갑니다. 근면 성실한 나 자신에 대해 신뢰와 믿음이 쌓여갈수록, 나는 나를 믿게 되고 그 결과 높은 경지의 안심을 취할 수 있게 됩니다.

또한, 절제된 삶은 욕심과 집착을 녹입니다. 과거에 아무리 술을 많이 먹어도 다음날 말짱했으니, 그런 몸으로 돌아가는 것이 완치라고 믿는 사람들은 이미 욕심을 가진 것입니다.

과거에는 사람들과 아무리 심하게 다투고 반목해도 내 몸에 증상이 나타나지 않았으니 그렇게 되는 것이 내가 나은 것이라고 믿는 사람들도 이미 욕심과 집착을 가져버린 것입니다. 그런 유형의 나는 이제 머리에서 지워야 합니다.

새로운 나는 근면 성실하고 땀을 두려워하지 않으며 안심과 신뢰를 추구합니다. 안심하고 신뢰하면 믿는 구석이 생기고, 나 자신에게 과부하를 걸지 않습니다. 과부하를 걸지 않음은 곧 절제가 생활화되어 있음을 의미합니다. 그렇게 될수록 바로 그 특별한 길은 더 선명하게 내 눈에 들어오게 됩니다. 그리고 그 특별한 길을 넉넉한 마음으로 조급함 없이 걷다 보면, 어느새 과거의 나보다 훨씬 강해지고 현명해지고 든든해진 자신을 발견하게 됩니다.

지금, 이 순간 극복 노력을 하는 궁극적인 목적은 바로 그 길을 걷기 위함입니다. 새로운 내가 되어야만 공황장애는 다시 내 삶의 영역에 등장하지 못합니다. 그것을 바로 완치라고 합니다.

잊으려 하지 말고 용납하라

우매하고 왜곡되어 있었던 과거의 자신을 따스하게 용납하십시오.
용납은 내 안에 쌓여있는 모든 부정적인 것들을 녹여 갈 것입니다.

잊는다는 것은 기억에서 지워진다는 의미입니다. 하지만 뇌는 공황발작과 이후 내가 겪은 증상, 불안과 우울을 절대 기억에서 지우지 않습니다. 깔끔히 지울 방법이 있다면 공황장애는 무의미해지겠으나 그런 기적은 일어나지 않습니다.

많은 이들이 이 병을 잊으려 합니다. 자신이 하는 모든 행위와 마주치는 사건들 속에서 공황장애가 증상과 연결되는 이 지긋지긋한 연결을 끊고 지우려 애쓰지만, 나의 기억은 공황장애의 끈을 절대 놓지 않습니다. 그러나 끊을 수 없다면 이해와 용납으로 녹이는 방법이 있습니다.

가슴 아픈 사건을 가슴 안에 오래 품으면 병이 납니다. 병이 났다 함은, 그 사건을 이해하지 못했다는 것을 의미하고, 동시에 그 사건을 마주한 나 자신에 대한 한심스러움과 좌절, 절망을 포용하고 용납해내지 못했음을 의미합니다.

누구나 힘든 기억이 있고, 두려운 사건이 있습니다. 그것들을 잊고 열심히 생활하다가, 그와 유사한 어떤 사건이나 상황에 마주치면 곧바로 그 기억들이 의식 위로 튀어 올라, 결국 나를 불안하거나 우울하게 만들기도 하고 때로는 증상으로 나타나도록 만들기도 합니다. 이런 현상은 우리 본능에 의한 조건반사로 다시는 힘든 사건이나 상황을 마주치지 못 하게 하기 위해 소위 '불쾌감'을 느끼게 하여 우리가 그것들로부터 회피하도록 하기 위함입니다. 그렇게 한 생명을 지키고 생존을 보장하는데 모든 초점이 맞춰져 있는 것이 바로 우리의 본능입니다.

공황장애 또한 그러합니다. 이 현상을 제대로 이해하고, 이 현상에 처했던 내가 어떻게 무엇을 얼마나 겪었으며, 그것들이 나의 어떤 생각과 마음가짐으로 인해 거대한 불안과 우울로 무르익었는지를 자세히 이해하고 깨달아야 합니다. 동시에, 이해가 설익은 단계에서 내가 행했던 수많은 시행착오의 모습을 이제는 여유롭고 따뜻한 마음으로 포용하고 쓰다듬을 줄 알아야 합니다. 그 결과, 서서히 공황장애라는 기억의 끈은 내 삶 속에 녹아 사라져가게 됩니다. 그렇게 희미해진 공황장애는 이제 유사한 사건과 상황에 맞닥뜨려도 이미 끈이 녹아버렸으므로 더 이상 위로 끌어올려지지 않게 됩니다. 그것이 바로 진정한 용납입니다.

두려웠던 것을 억지로 잊으려 할수록 그 두려움은 공포로 변하여 무의식의 밑바닥에서 조건반사를 이루게 됩니다. 반면, 두려웠던 것을 제대로 이해하고 직면하며 그 속에서 내가 했던 모든 오류를 깨달아갈수록, 그 두려움은 작게 쪼그라들면서 서서히 희미해집니다. 그 결과 나의 무의식은 안정을 취합니다.

공황장애로 말미암은 두려웠고 지긋지긋했던 모든 고통들을 억지로 잊으려 하지 마십시오. 오히려 그것들을 이해하고, 직면을 반복하며, 이제 그 속에서 대책 없이 힘들다고 몸부림만 쳐온 나의 오류들과 어리석음을 따뜻하게 쓰다듬고 용납하십시오. 그 결과 공황장애는 재미를 잃고 내 기억에서 진정으로 희미해져 갑니다.

◈ 깊게 들어가기- 용서와 용납, 트라우마

과거로부터 각인된 부정적인 경험과 기억. 소위 트라우마로 불리는 이 현상은 우리 내면이 생명을 보존하기 위해, 미래에 트라우마와 유사한 대상 또는 상황을 회피하기 위한 일종의 '통증으로 강하게 각인시켜 놓은 기억'입니다. 그 각인된 기억에 의해 우리는 자신의 트라우마와 조금이라도 유사하거나 연관된다고 여겨지는 모든 대상과 상황을 힘들어하고, 그 힘듦이 곧 회피로 이어져 결국 나의 생명을 보존하는 효과를 달성합니다.

여기서 문제는, 나의 의식은 트라우마 때문에 여러 불편과 고통을 느끼지만, 반면 나의 내면은 나름 성공적으로 자신이 깃든 이 생명(개체)을 생존시키는데 성공했다고 만족하는, 지극히 역설적인 충돌이 나와 내 안에서 동시에 발생한다는 점입니다. 일반적으로 목적을 달성하면 내적으로 보람과 행복이 증진되어야 합니다. 하지만 트라우마가 관계된 상황들은 내적으로는 목적을 달성했지만, 외적인 나의 의식 영역은 역으로 보람과 행복이 저하되는 현상을 맞이하게 됩니다.

이러한 트라우마에 대해 많은 이들이 범하는 오류가 있습니다. 그것은 다름 아닌 트라우마가 생성될 당시의 '무기력했던 나 자신을 용서'함으로써 그 정리와 해결을 도모한다는 점입니다. 물론 이러한 도모는 절대다수 거듭된 실패로 이어지기 쉽습니다. 물론 트라우마가 주는 통증을 조금 누그러뜨릴 수는 있겠지만, 장기적으로 그 트라우마는 전혀 해결되지 않고 이후 다시 고개를 들고 통증을 가해오기 시작합니다.

트라우마는 용서를 필요로 하지 않습니다. 용서는 곧 '마무리'이자 '해결'의 의미를 동시에 담고 있기 때문입니다. 무기력했던 나 자신이 준 내적 상처는 이미 과거로 시간이 흘러가 버렸기에 다시 복구할 수도 없고 마감될 수도 없습니다. 시간 여행을 소재로 하는 영화와 달리, 우리는 과거로의 시간 여행이 불가능하므로 트라우마가 형성된 당시 과거로 거슬러 올라가 그 상황을 다시 바로잡을 수 없기 때문입니다.

하지만 트라우마가 떨치는 영향력을 그대로 안고 평생을 살아갈 수는 없으므로, 우리는 더 효과적인 방법인 '용납'을 해야 합니다.

내 마음에 들지 않아도 그 사람의 면모를 있는 그대로 받아들이고 함께 공존하겠다는 의사를 표현해 주는 행위가 바로 용납입니다.

완벽한 사람은 정이 가지 않습니다. 그 이유는 친근함이 없는 오직 동경할만한 요소들로만 구성된 사람으로 느껴지기 때문입니다. 이는 그가 보유한 역량과 자원은 부럽지만, 그런 사람과 나의 모든 것을 함께 섞으며 동행하기에는 너무 무미건조하기 때문입니다.

다른 예로써, 한국말을 한국 사람과 똑같이 하는 외국인이 있다고 가정해봅시다. 그의 한국어 실력은 참 놀랍고 또 존경스럽기까지 하겠지만, 사실 그 사람은 나와 한국을 너무 잘 알고 있을 것 같아서 오히려 거부감이 들기 쉽습니다. 즉, 약간 부족하거나 어설픈 한국어를 구사하는 외국인이 더 편하고 신비로우며 사귀고 싶은 욕구를 느끼도록 만듭니다.

용서는 문제에 대한 완전한 마무리를 뜻하지만, 용납은 현재 상태 그대로 갈무리되지 않은 면모를 받아들이고 함께 즐겁게 동행해 나간다는 내적 자세로 규정해 볼 수 있습니다. 용서는 매우 비현실적인 어려운 경지이되, 반대로 용납은 매우 현실적이고 언제든 가능하며 부담스럽거나 행하기에 힘들지도 않습니다. 즉 용납을 위해 내가 감수하고 지불할 것은 없는 셈입니다.

이러한 용납을 생활 곳곳에서 연습해나가길 기원합니다. 용납은 연습될수록, 나의 삶 곳곳에서 그 용납이 적용되고 발휘될수록 트라우마와 같은 부정적 요소이든 타인보다 뒤떨어지는 나 자신에 대한 열등감이든 소재를 가리지 않고 그것들이 내게 가하는 의미 없는 통증들을 극적으로 감소시켜 나갑니다. 또한 용납이 거듭 연습될수록 그 용납의 미덕 자체가 나에게 무한한 관계 증진과 자족을 통한 행복감을 선물해 줍니다. 용납을 연습해 나갑시다.

기분이 항상 원인

좋은 일이 생겨나서 내 기분이 좋아지게 될 것이라 믿지 마십시오.
좋은 일은 그리 자주 생겨나지 않습니다.
내 기분이 좋아지면, 주위에 좋은 인연과 기회가 다가옵니다.
그 결과 나는 더욱 좋아지고 행복해집니다.

"요즘 그 일 때문에… 정말 기분이 나빠.""요즘 자꾸 열 받는 일이 생겨… 그래서 기분이 안 좋아."

이런 말들은 일상에서 흔히 넋두리하는 말입니다. 가만히 살펴보면, 어떤 문제나 상황으로 인해, 그 결과 자신의 기분이 나빠졌다는 뜻입니다. 우리는 기분 나쁠 만한 일을 겪거나 그런 상황에 놓이면 그 결과 기분이 더 나빠진다고 생각합니다. 즉, '기분은 어떤 일이나 사건에 의해 유발된 결과'라는 법칙이 사실이라고 굳게 믿고 살아갑니다.

그러나 그 믿음은 틀렸습니다. 우리가 기분이 좋을 때면, 타인에 대해 훨씬 너그러워지고 문제에 대해 훨씬 낙천적이 되며, 밖으로 더 활발하게 나가게 되고, 두려움이나 불안보다는 활력과 에너지에 더 관계된 반응을 보입니다. 사회생활에서 만나는 이웃 중에 낙천적이고 긍정적이며 적극적인 사람이 있다면, 우리는 대부분 그 사람과의 관계에 즐거움과 기대를 느낍니다. 누군가에게 즐거움과 기대를 자주 느끼게 되면, 그 사람과는 그냥 면식이 있는 사이보다 더 깊은 관계로 발전할 기회가 증가하게 됩니다.

여기서 입장을 바꿔, 만약 우리가 그 사람이라면 우리는 사회적 관계에 있어 훨씬 유리하고 좋은 기회를 만나게 되는 것입니다. 그런 사람들은 일, 기회, 도움 등 여러 가지 편의와 이익을 자연스럽게 마주칠 확률이 높아지게 되고, 그만큼 인생이 더 유복해질 수 있음을 의미합니다. 내 표정이 더 밝고, 더 좋아지고, 더 우호적이고 활동적이며 성실하다면, 심지어 직장 생활에서도 내게 더 중요하고 무게감 있는 임무가 맡겨질 확률이 높아집니다.

회사에서 높은 위치에 있는 사람일수록 부하 직원들에 대한 세부적인 분석과 판단이 어려워집니다. 당연히 정신없이 큰일에 몰두해야만 하는 상사는 부하 직원의 이미지에 더 많은 비중을 두고 일을 진행할 수밖에 없습니다. 부하 직원의 표정이 밝고 우호적이며, 활동적이고 적극적인 태도가 항상 잘 유지되는 편이라 느껴지면, 아마도 대부분의 상사들은 부하 직원에게 더 많은 기회와 배려를 하게 될 것입니다. 필자 또한 회사의 임원을 역임했기에 이 사실을 너무나 잘 알고 있고, 윗사람이 부하 직원과 많은 시간을 보낼 수 없다는 한계를 극복하기 위해 어쩔 수 없이 그렇게 될 수밖에 없는 경향임을 인정합니다. 이를 바꿔 말하면, 기분이 좋게 잘 유지되는 부하 직원은 그렇지 못한 직원보다 훨씬 좋은 기회를 만날 확률이 높아진다는 것입니다.

우리의 몸과 기분은 매우 밀접합니다. 좋은 표정과 밝은 행동에서는 좋은 기분이 나옵니다. 극도로 슬픈 일을 겪은 사람이 오히려 밝은 표정을 지으려 하고, 슬프지만 미소를 지으려 한다면 그 사람은 실제로 당한 일보다 훨씬 더 적은 우울감을 경험합니다. 즉, 우리의 물리적 행위가 실제로 우리 마음을 조절할 수 있음을 의미합니다. 기분을 좋게 만들려 하는 여러 노력들이 바로 우리 뇌의 도파민 농도를 더 잘 유지되도록 직접 영향을 주는 것입니다. 그런 노력들을 매사 작은 일상에서 꾸준하게 하는 사람은 상대적으로 훨씬 더 좋은 기분이 될 수 있습니다.

좋은 기분이 되면 나 자신의 사회성이 향상되고, 그렇게 향상된 사회성은 기회와 계기로 직결됩니다. 좋은 기회와 계기가 내 곁에 더 많이 존재한다면, 우리의 기분은 더욱 좋아질 수밖에 없습니다. 기분이 기회를 만들고, 다시 그 기회의 풍요가 기분을 더 좋게 만드는 무한 반복을 해가면서 우리의 삶이 더욱 우상향 곡선을 그려가는 것입니다.

'기분은 원인이 아닌 결과'입니다. 기분은 총구를 떠난 총알이 아니라, 총을 작동하도록 그 원인을 제공하는 방아쇠인 것입니다.

복잡한 현대사회에서 '소가 뒷걸음질 치다 쥐 잡는 격'으로 의도적이지 않은 아주 드문 행운이 갑자기 내게 찾아와서 아주 기분 좋은 하루를 보내게 된다는 비현실적인 망상. 그리고 그런 행운이 날마다 자주 생겨나서 내 기분이 날마다 자꾸만 좋아지길 기대한다는 것은 정말 확률 낮은 도박과 다를 바 없습니다. 확률 낮은 도박을 해나가는 사람은 불행한 사람이 아닐 수 없습니다. 그런 행운은 우리를 자주 찾아오지 않기 때문입니다.

반대로, 내 기분을 좋게 하기 위해 좋은 표정, 밝은 행동, 생활에서의 작은 즐거움에 대한 감사를 부단히 늘려나간다면, 개인적인 대소사는 물론 직장 생활이나 사회적 관계 속에서 훨씬 기쁘고 좋은 기회들이 많이 생겨날 것입니다. 그런 노력들로 내 기분을 더 좋게 유지해서, 좋은 기회들이 더 자주 찾아올 수 있도록 나 자신을 가다듬는 행위, 그런 행위야말로, 아주 현실성 높고도 확률 높은 행복 전략입니다.

기분은 방아쇠입니다. 방아쇠를 기분 좋게 당겨야 만사가 행복해집니다. 당기지 않음에도 총알이 발사되길 바라는 것은 '이 총이 고장 난 총이라서, 내가 당기지도 않았는데 총알이 발사되길 바라는 어리석은 바보의 기대'와 다를 바 없다는 것을 꼭 기억해야 합니다. 그 기대는 우리의 기분을 아주 나쁘게 만들고 심지어 내 인생도 망가지게 하는 주범입니다.

나 자신을 믿어라

나의 능력과 역량을 믿으십시오. 자신을 대견하게
바라보고 자신을 신뢰할 만큼 노력해 나가십시오.
그 이상의 약은 세상 어디에도 없습니다.

내가 눈을 감고 쓰러져도, 내 뒤에 서 있는 사람들을 깊게 믿고 있다면 그들이 나를 잘 떠받쳐줄 것을 알고 있기에 마음 놓고 쓰러질 수 있습니다. 믿으면 믿을수록 편한 마음으로 뒤로 쓰러질 수 있고 공포감도 작아집니다. 믿음이 커질수록 안심도 커지고, 나의 교감신경이 불필요하게 활성화될 이유도 없습니다. 그 결과 불안이 줄고 염려가 줄어갑니다.

염려라는 행위는 '불확실한 미래에 대한 끊임없는 예측과 평가를 하는 행위'입니다. 내가 지금 타고 있는 이 비행기가 추락할지 모른다고 염려하면 한없이 불안해지고 몸도 그에 따라 반응합니다. 반면, 비행기가 추락할 리가 없다고 믿고 있다면 불안해질 이유도 없고, 더 나아가 비행기 추락에 대한 가능성 자체가 머리에 떠오르지 않습니다. 즉, '믿음'은 '안심'과 '염려 줄이기' 이 두 가지를 동시에 잡아낼 수 있는 아주 중요한 덕목입니다.

공황장애 극복 노력의 과정 중 느끼는 순간적인 증상보다 그 이상 힘들게 하는 것은 바로 '불확실한 미래에 대한 염려'입니다. 보통 공황장애 환자들은 공황장애에 걸리기 훨씬 전부터 자신의 이러한 염려 성향이 다소 정상 범주를 넘어서 있었다는 것을 쉽게 인정합니다. 다만, 본인 스스로 자신의 염려가 정상 범주를 벗어나 있음을 구체적으로 인지하지 못한 채 공황장애에 걸리고, 공황장애를 극복해가는 과정에서 자신의 과도한 염려 습관을 제대로 인지하게 되는 경우가 대다수입니다. 또한, 공황장애가 깊어갈수록 이러한 염려 습관은 공황장애 이전보다 훨씬 강화되어 갑니다. 매사 예측 불가능하게 나타나는 불편한 증세들로 '미래에 대한 재앙적인 경우'를 스스로 상상할 기회가 증가하고, 실제로 이를 반복적으로 연습해가면서 염려 자체가 강화되기 때문입니다.

믿음은 이 염려가 최소화된 상태입니다. 제대로 믿어갈수록 공황장애 극복은 수월해지고, 스스로를 신뢰하여야만 이 병을 완치할 수 있다는 것을 반드시 명심해야 합니다.

믿기 위해서는 우선 그 흐름을 정확히 이해해야 합니다. 미진한 이해는 덜 이해된 그 작은 틈새로부터 새어 나오는 빛처럼 '염려'를 만듭니다. 만약 특정한 질환을 염려했다면 '왜 나의 증세가 그 병이 아닌지'부터 정확히 이해해야 하고, '망각'해나가야 합니다. 즉, 흐름에 대한 정확한 이해가 선행되어야 믿을 수 있습니다.

또한, 믿기 위해서는 '체험'해야 합니다. 체험이란 이해한 것을 몸으로 맞닥뜨려 검증하고 확인해가는 과정이자, 익숙해져가는 과정입니다. 나의 두근거림이 심장병이 아니라는 것을 검증하려면 우선 나의 두근거림과 심장병과의 차이점을 명료하게 이해한 후, 곧바로 심장병 환자들이 할 수 없는 운동과 활동 행위를 내 몸 전체로 체험하여 검증되어야만 비로소 나의 내면이 믿음을 제대로 고정할 수 있습니다.

또한 체험은 일회성으로 이루어지기에는 너무 미약합니다. 머리가 이해한 것을 애써 생각하지 않더라도 내 몸 전체가 당연히 그렇게 이해를 발휘해갈 수 있어야 합니다. 즉, '조건반사'를 통해 이해가 믿음으로 고정되어 가는 것입니다.

처음 수영을 배울 때, 우리는 잘하는 사람의 동작을 가만히 관찰하게 됩니다. 그 사람이 팔을 어떻게 움직이고, 다리를 어떻게 움직이며, 숨을 어떻게 쉬는지, 그 전체의 모습과 세부적인 모습을 자세하게 관찰하고, 그 과정에서 나의 뇌가 그 동작을 따라 할 준비를 하게 됩니다.

실제로 뇌는 이해한 내용을 몸을 움직여 따라 하면서 그에 적합하게 적응해 나갑니다. 처음에는 이해한 내용대로 몸을 움직여도 몸이 물에 가라앉고 입과 코로 물이 들어옵니다. 이 시행착오를 통해 뇌는 '불필요한 동작'을 기존 이해한 내용에서 하나씩 삭제해 나갑니다. 즉, 더 새로운 정보를 얻는 것이 아니라, 신속한 동작을 수행하기 위해 불필요한 모든 것들을 기존 이해한 것으로부터 제거함을 의미합니다.

실제로 뇌가 그런 정보 잘라내기를 꽤 수행하면, 우리는 별 어려움 없이 물에 뜨고 앞으로 나아가게 됩니다. 또한, 그 연습을 더 많이 반복하면 드디어 뇌는 논리적 판단이나 계산 없이도 자동으로 최적의 수영 동작을 몸에 명령하게 됩니다. 몸은 뇌가 주는 간단한 신호 한 번으로도 자동으로 자율신경계의 명령과 조율에 복종하고 불필요한 동작 없이 깔끔하게 이를 수행합니다. 이것을 바로 체득이라고 합니다.

몸으로 체험되지 못한 현상은 그냥 '이해'일뿐이고, '이해'만으로는 '믿음'을 갖지 못합니다. 완벽한 안심이란, 수영장의 깊은 물을 두려움 없이 곧바로 다이빙하는 행위와 같은 것으로, 몸이 완벽하게 그 행위를 체득하여 자동으로 반응할 정도가 되었다는 것입니다. 즉, 몸으로 부딪혀 체득해가는 과정, 바로 그 과정을 통해 우리는 '믿음'을 가질 수 있게 됩니다.

믿음을 갖기 시작하면 눈부신 호전을 시작합니다. 믿음은 한편으로는 '너무나 익숙해져서 따로 생각할 필요조차 없는 대상'이기도 합니다. 몸에 나타나는 증상들이 꾸준한 움직이기 노력을 통해 별로 위험한 증상이 아니란 것을 믿게 되고, 또한 심장병이나 뇌질환이 아니라는 것을 믿게 되면, 설사 운동 도중에 간간이 나타나는 각종 증상들에 대해서도 우리 뇌는 별로 주의를 기울이지 않게 됩니다. 이는 마치 큰 호랑이가 발아래 지나가는 개미나 벌레에 별 주의를 기울이지 않는 것과 같은 이치입니다.

뇌가 무시하기 시작하면, 어지간한 통증, 불쾌함, 두려움, 불안 등을 거의 느끼지 못합니다. 생활 속에서 간간이 손끝을 뭔가에 조금 베인다든지, 펜이나 연필에 살짝 긁히는 등의 그런 작은 부상들을 그 순간에 잘 알아차리지 못하는 경우와 같은 이치입니다. 또한, 시끄러운 백화점이나 시장에서 들려오는 수많은 소음들도 처음에는 조금 시끄럽게 느끼지만, 몇 분만 지나도 뇌는 그 소음들에 대해 별로 주의를 기울이지 않고 시끄럽게 느끼지 않는 것과 같습니다.

믿으면 안심하고, 긍정적인 대상에 대해서 자연스럽게 대응하게 됩니다. 동시에, 부정적인 대상에 대해서는 철저하게 무시합니다. 이 상반된 두 가지 반응은 공히 마음으로 믿어야 가능하고, 그에 대한 조절 또한 우리 뇌가 믿기 시작하면 자동적으로 아주 신속하게 이뤄져 내가 스스로 그것을 애써 조정하거나 균형을 잡을 필요조차 사라지게 됩니다.

이 정도 믿는 상태가 되면 결국 모든 것은 '습관'의 상태로 변합니다. 습관이란 앞서 말씀드린 대로 '중간 연산을 거치지 않고 자극이 즉각 결과를 내는 상태'를 말합니다. 불편이 느껴지면 나도 모르게 그것에 주의를 기울이지 않게 되고, 깊은 호흡과 안정된 이완을 자동으로 반응합니다. 운동을 하다 어떤 불쾌감이 느껴질 때도 마음은 염려의 생각을 스스로 멈추고 억제해버림으로써, 그 순간 나 자신이 그 멈춤과 억제를 위해 의도적으로 노력할 필요가 없게 됩니다. 이는 마치 수영선수가 한 손을 뻗은 후 다음 순서로 이쪽 다리를 뻗는 식으로 고민해가면서 수영을 빨리하려고 노력하지 않고도 수영을 잘하는 것과 똑같은 이치입니다.

믿으십시오. 이해된 것은 망각하려 애쓸수록 나는 믿을 수 있게 됩니다. 믿기 시작하면 내 몸은 불편함을 느끼지 않게 되어 명령하지 않아도 불안이 저절로 억제됩니다. 더 나아가 불안과 관계된 모든 행위와 생각들도 저절로 해소됩니다.

공황장애란 겨우 이거다

공황장애에서 두려움만 제거하면, 결국 불쾌감만 남습니다.
그 사실부터 간파하고 깨달으십시오.

별것 아닌 것이 예상을 벗어나게 되면서 거대해지고, 그 거대함이 주는 충격에 마구 밀려 당하다가 그것이 나의 이해 가능한 범주로 서서히 들어오면서 익숙해집니다. 또한 그것을 다루는 방법을 알게 되면서 자신감과 주도권을 회복해가는 양상을 보입니다. 아무리 거대하고 폭발적인 위력을 지닌 것일지라도 인간은 이와 같은 방법으로 그 대상을 파악하고 서서히 길들이고 다뤄가면서 그것을 지배합니다. 이것이 바로 인간이 가진 적응력이자 만물의 영장으로서의 역량입니다. 우리는 인간이므로 공황장애 또한 이 흐름을 따라 나의 지배하에 두어야 합니다.

'당황'은 곧 '공황'으로 이어집니다. 아무리 사소한 것이라도 날카롭고 강렬한 고통을 준다면, 우리는 온몸을 긴장하고 떨며 그것을 위험으로 인지합니다. 작은 가시 하나는 대단히 사소하지만, 그 가시가 주는 통증은 굉장히 날카로우므로 순간 우리를 화들짝 놀라게 만듭니다. 그러나 그것이 겨우 작은 가시에 불과하다는 것을 인지하면 곧 안심할 수 있지만, 만약 그 가시가 상처 안쪽으로 쏙 들어가 버려 잘 보이지 않을 정도로 깊게 박혔다는 것을 인지하게 되면, 그때부터 서서히 머릿속에서 각종 파국적인 염려의 시나리오를 상상해내기 시작합니다.

'혹시 가시가 깊게 박혀 뽑을 수 없게 되면 어쩌지' 이런 걱정은 가시가 손에 박혀본 경험이 있는 모든 이가 한 번쯤은 해본 걱정입니다. 이런 걱정을 하게 되면, 아무리 작은 가시라도 그 위력은 거대해집니다. 가시로 인해 따끔했던 통증은 즉시 욱신대는 묵직한 동통으로 서서히 변해가고 깊게 박힌 가시가 마치 내 혈관을 타고서 몸 깊은 곳으로 더 파고드는 상상까지 하기도 합니다. 때로는 이 가시를 결국 집에서 뽑지 못하고 병원에 가서 칼로 살을 가르고 뽑아야 할지 모른다는 끔찍한 상상을 떠올리기도 합니다. 이러한 상상을 통해 작은 가시 하나를 거대한 폭탄으로 만들어갑니다.

공황장애는 무지에서 비롯된 강렬한 일회성 이벤트입니다. 그 이벤트가 매일 반복되도록 만들어가는 주체는 바로 나 자신입니다. 공황 발작 이후 내가 얼마나 놀라고 가슴 철렁했느냐에 따라, 지루하게 반복되며 종일 괴롭히는 증상들을 불러내기도 합니다. 거기에 더 많은 상상을 얹으면 사지 멀쩡한 사람을 지하철이나 버스에서 식은땀을 뻘뻘 흘리게 하거나 바깥 외출도 어렵게 만드는 나약한 광장 공포증 환자로 돌변시킬 수도 있습니다. 이렇게 공황장애는 바로 내가 창조하고 만들어가는 현상이자 사건인 셈입니다.

반면, 살 속에 박힌 작은 가시로 목숨을 잃는 경우는 없다고 대수롭지 않게 여기면 가시의 통증은 희미하게 줄어들게 됩니다. 가시가 박힐 때 잠시 따끔했을 뿐, 이후 가시는 곧 해결될 수밖에 없는 사소한 이벤트임을 인지했기 때문에, 그것이 유발하는 잠깐의 따끔거림 외에 그리 큰 통증을 느끼지 않습니다. 설사 큰 가시가 박혔더라도 그 가시를 뽑는 것은 현대의학에서 아주 쉬운 일이므로, 이를 염려하며 한숨짓고, 수술실의 광경이나 119에 실려 가며 내 생명이 경각에 달린 상황을 떠올릴 이유도 없습니다. 그 결과, 가시는 그냥 사소한 가시에 불과해집니다.

　특정한 대상 주변에는 항상 그 대상을 장식하고 있는 수많은 액세서리들이 존재합니다. 액세서리라는 사소한 가시에 염려의 상상이라는 수많은 치장과 장식을 주렁주렁 매다는 행위를 의미합니다. 이는 인간관계나 회사 일에서도, 아니면 각종 사건과 사고에서도 예외가 없습니다. 우리는 그 액세서리들을 걷어내고, 그 대상 본질 그 자체를 바라보는 침착함과 합리적인 시각을 가져야만 합니다. 그러면 그 대상은 그 자체로서의 위력만을 지니게 되고, 그 대상 본연의 가치로 평가할 수 있게 됩니다.

　또한, 항시 공황장애와 관련된 나의 모든 문제들과 불편들을 체계적으로 분류할 수 있어야 합니다. 이 병에 걸린 지 얼마 되지 않아 조절력이 별로 없는 분들의 증언을 가만히 청취해보면, 그들이 하는 증언들은 하나같이 두서가 없고 앞뒤가 서로 바뀌어 있으며,

모든 것들이 뒤죽박죽이라서 지금 현재 그 환우분이 하는 말이 호소인지, 증언인지, 설명인지, 아니면 에세이의 한 구절인지를, 듣는 필자도 구분하지 못할 지경입니다. 그만큼 환우들이 이 병에 대해 체계적인 정리가 되어 있지 않다는 것을 의미합니다.

체계성이 결여된 모든 사건과 대상은 결코 정확한 사이즈를 측정할 수 없습니다. 공황 발작이라는 현상과 그 현상에 대해 내가 염려와 생각으로 덧붙인 거대한 주관적 느낌, 그리고 그 느낌에 연관된 염려의 상상까지, 내가 파국적으로 재생산해낸 부산물과 공황 발작 그 자체를 정확히 정제해서 분리해낼 수 없다면 나는 결코 호전될 수 없습니다. 공황장애를 극복하려면 반드시 느낌이나 증상, 그리고 내가 수행한 상상까지 모두 체계적으로 분류할 수 있어야 합니다.

뇌는 분류된 것들에 대해 하나의 묶음으로 기억해두려는 습성을 지닙니다. 즉, 스키와 눈이 쌓인 산기슭, 겨울, 스키복 등은 모두 하나의 카테고리로 분류합니다. 그 결과, 눈이 쌓인 산기슭만 봐도 스키를 바로 떠올리게 됩니다. 공황장애에 대해 체감하는 모든 것들을 이같이 체계적으로 분류하면, 뇌는 복잡하고 혼란스러운 양상들을 몇 가지 카테고리로 묶어 단순화하게 됩니다.

공황 발작, 예기 불안, 신체 증상, 힘든 상황에 대한 우울, 염려에 의한 광장 공포 그리고 회피에 의한 무기력과 활동 부족. 사람마다 수없이 많은 말과 문장과 몸짓으로 이 병에 대해 아무리 다양하게 표현할지라도, 공황장애는 결국 몇 가지도 되지 않는 카테고리로 깔끔하게 분류하여 단순화시킬 수 있는 병입니다.

내가 공황장애를 극복해가면서 체계화 및 단순화를 이루어가면, 나의 몸과 내면 또한 단순하게 대응하게 되고, 혼란으로 인한 염려나 증상의 재생산은 아주 쉽게 정지시킬 수 있습니다

뇌는 연습으로 단순화된 것들에 대해 조건반사적으로 대응합니다. 운동 중에 갑자기 숨이 차오르면,
'아! 지금 호흡이 조금 가빠서 불편해지나 보다'
'운동 속도를 조금 늦추고, 눈을 절반만 뜨고, 넋을 놓고, 긴장을 풀자.'
'그러나 운동은 느리게라도 계속 유지해야지.'

이상과 같은 생각들을 찰나의 순간에 조건반사적으로 떠올리고 곧장 몸도 그에 반응하게 됩니다. 이러한 긍정적인 노력들의 조건반사는 결국 최종적으로 공황과 관련된 모든 것들을 아주 익숙하게 여기도록 도와줍니다. 익숙해진 것은 대수롭지 않습니다. 두근거림도 하루 이틀일 뿐, 잘 정리되어 납득된 두근거림에 대해서라면 '그러려니…' 여기면서 아주 쉽게 무시해버릴 수 있습니다.

무시한다는 것은 추가적인 생각을 그 위에 얹지 않는 행위입니

다. 동시에, 매일 연습한 대로 그냥 몸의 힘을 조금 빼고 긴장을 풀어버리며 깊은 호흡과 더불어 증상이 아닌 다른 더 긍정적인 것으로 나의 관심 자체를 뿌리까지 뽑아버리는 것입니다. 이 모든 대응들이 자동적으로 빠르게 이루어질수록 조절력이 상승하고 결국 이 병의 주도권을 잡게 됩니다.

내 마음대로 주도권을 쥐고 뒤흔들 수 있는 상황에서 우리는 내면 깊은 곳으로부터 '조절할 수 없는 극렬한 공황'을 생산해내지 않습니다. 즉, 예기 불안이나 갑작스러운 신체 증상들의 빈도와 강도가 급격히 낮아지는 것입니다. 이 상태를 오래 유지하면, 조건반사적으로 증상을 주도할 수 있게 되고 결국 그것이 완치 상태가 됩니다.

완치 상태에서는, 내가 주도권을 쥐어 내 안에 비정상적으로 생성되는 어떤 존재도 사전에 흩어버려 압력을 낮춰버립니다. 마치 압력밥솥에서 김을 빼듯, 나의 스트레스가 정도를 넘어선다 싶으면, 무의식적으로 내 사고와 삶의 전반을 재조정하여 최단 시간 내 스트레스가 내게 가하는 압력을 낮춰버립니다. 이런 상태에서 재발은 있을 수 없습니다.

공황장애는 이상의 내용이 전부입니다. 겨우 이것이 다입니다. 아무리 많고 절절한 사연을 힘들게 열거해도, 공황장애라는 병 자체는 이 이상 더 특징 있고 세부적으로 나누거나 정리할 수도 없고, 그럴만한 방대한 소재도 없는 단순한 병입니다.

"겨우 이거였어?"

이 말투가 '부럽게' 여겨진다면 아직 공황장애 극복을 위해 더 많은 것들을 노력해 나가야 합니다. 이 말투가 '이해'된다면 공황장애 극복을 위한 준비가 잘 된 것이고, 이 말투에 고개가 끄덕여지고 입가에 미소가 나타난다면, 공황은 조만간 잘 극복될 것임을 의미합니다. 공황장애는 이것이 전부입니다. 매우 단순하며 그 구성 요소가 몇 가지 되지도 않는 심플한 병입니다.

제 5 장

극복을 위한
마음 조언

극복을 위한 마음 조언

스트레스는 공황장애를 재발시키는 데 큰 역할을 합니다. 그래서 많은 사람들이 스트레스를 받지 않으려 합니다. 물론, 내게 다가오는 스트레스를 모두 직면하여 이겨내는 것은 가능하지도 않을뿐더러 매일 스트레스와의 싸움으로 연관된 삶이 행복할 리 없습니다.

행복해져야 합니다. 행복을 타인이 가진 역량에서 얻으려 한다면 그 행복은 내 손아귀에 좀처럼 들어오지 않습니다. 그러나 내 안에서 만들어내는 행복이라면 그 행복의 크기와 깊이는 무궁무진해질 수 있습니다.

혹자는 이러한 이야기가 교과서에서나 나오는 말이라고 치부합니다만, 실제로 그것이 가능함을 하나씩 계기를 만들어 이해하고 체득해 나가면, 늘어나는 행복에 도취되어 생활 곳곳에서 내게 다가오는 스트레스 자체에 관심가질 일이 줄어들게 됩니다. 바로 그 원리가 공황장애 극복 노력의 효과를 영속적으로 유지하는 비결의 핵심입니다.

필자는 근완치를 이룬 직후, 다시는 이 병이 재발되지 않길 기원하던 시절이 있었습니다. 그러나 생업이란 피할 수 없는 숙명 속에서 등장하는 수많은 스트레스로부터 자유로울 수는 없었습니다. 극복 노력을 통해 얻은 자신감으로 생업에서의 모든 스트레스를 정공법으로 맞닥뜨려 이겨내려는 시도들을 수없이 했지만, 결국 스트레스로 인한 증상 재발을 마주치지 않을 수 없었습니다. 이것을 해결하지 않으면 평생 증상 재발과 싸우게 될 것이라고 생각되어, 어떻게 하면 이 스트레스와 나의 증상 재발 간의 연결고리를 끊을 수 있을까를 궁리했습니다. 오랜 고민과 궁리, 시행착오 시간을 겪은 후에야 비로소 얻을 수 있었던 해답은 바로 '전략의 전환'이었습니다.

전략이란 굵은 흐름이자 정책입니다. 내 삶과 생활에서의 굵은 흐름을 바꿔야만 생활 속에서 겪는 수많은 스트레스의 물길을 다른 곳으로 돌릴 수 있습니다. 작은 실개천일지라도 댐을 쌓아 정면으로 막아내려면 엄청난 규모의 거대한 댐을 건설해야 합니다. 하지만 그 실개천의 물길을 다른 쪽으로 돌려 길을 내면, 내가 영위하는 터전과 일상에 그 실개천이 야기하는 모든 범람을 예방할 수 있습니다. 내 인생의 최종적인 목표가 거대한 댐 만들기가 아니라면, 나는 더 이상 댐을 만드는 데 이 소중한 시간들을 허비하고 기력을 소진할 이유가 없습니다.

세상 사람들은 거대하고 엄청난 규모의 그 무엇을 존경하고 좋아합니다. 그들이 나에게 퍼붓는 박수갈채만이 내 인생의 유일한 낙이요, 목표라면 그것을 만드는 데 열정을 쏟아야 하지만, 그러기에는 내가 가진 역량과 자원, 그리고 본성적인 바탕과 그릇의 크기도 잘 고려해야 할 것입니다.

회피가 아닌 인정, 긍정적 인정을 제대로 깨닫고 내 삶의 물길을 좋은 방향으로 개선해가야 세상사의 스트레스는 크게 줄어들 수 있습니다.

이제부터는 타인들이 바라보는 그림이 아닌 나 자신이 흡족하고 행복에 겨운 자신만을 위한 그림을 그려나갈 준비를 해나가야 합니다. 세상이 내게 강요하는 기준에 맞추는 삶은 그 자체가 핍박과 강박을 유발시키고, 그것을 달성하지 못하는 나 자신을 바보스럽게 느끼도록 강요합니다.

공황장애의 극복 노력은 이해와 실행이라는 테마에 더하여, 내 삶의 자신에게 잘 맞춰 풍요롭게 그림을 그려가는 과정을 포함합니다. 그 그림이 노력에 의해 윤곽을 드러낼수록 나에게 다가오는 스트레스는 그만큼 줄어들고, 내 생활의 만족감은 더욱 높아집니다. 그렇게 쌓여가는 것이 바로 행복입니다. 행복하면 공황장애는 결코 재발하지 않습니다.

이 병의 궁극적인 완치와 그 고정은, 삶 속에서 생겨나는 고뇌들을 얼마나 잘 녹여내고 이전과 같은 문제로 다가오지 못하도록 예방하는 능력에 달렸다고 해도 과언이 아니기에, 공황장애 완치를 위한 삶의 습관과 태도의 일부를 마지막 장에 옮기니, 넉넉한 마음으로 이해해주시기를 부탁드립니다.

원칙을 만들고 준수하라

내면은 더 자유롭게 만들어가되, 나의 생활과 생계는
올바른 원칙 위에서 움직여 나가십시오.
그래야 불필요한 스트레스를 최소화 할 수 있습니다.

모든 스트레스 중에서 단연 '사람에 의해 유발되는 것'들은 가장 다루기가 어렵습니다. 사물이 주는 스트레스는 그 사물이 나의 대처에 따라 변화하고 움직이지 않기 때문에, 상대적으로 그에 대한 대응이 수월하다고 볼 수 있습니다.

하지만, 사람이 주는 스트레스는 내가 그 시점에서 잘 대응하더라도, 상대방은 나의 반응에 대해 곧바로 입장을 바꾸거나 요구 사항을 바꾸는 식으로 적극적인 변화로 대응하기 때문에, 그에 대한 해소는 정말 쉽지 않습니다. 설사 그 순간의 스트레스를 회피했다손 치더라도 감정의 문제, 기분의 문제는 그대로 스트레스의 장기적 불씨로 남기 쉽습니다.

혹자는 세상을 살아가면서 누구나 스트레스를 받기 때문에 이 병은 무한하게 반복될 수밖에 없다고 주장합니다. 이는 맞는 말처럼 들리지만, 실제로는 그렇게 생각을 해야 수시로 증상 재발을 반복하는 나 자신을 위안하며 합리화할 수 있습니다. 즉, 이러한 혹자들의 이야기는 결국 수시로 재발하는 그 실망과 좌절을 스스로 달래기 위해서 만들어낸 위장된 표현에 불과하다는 점을 간과하지 마십시오.

스트레스는 생물학적 바탕에 뿌리를 두고 있습니다. 스트레스 취약성의 바탕만큼은 부모로부터 물려받아 태어나는 일종의 '성향'입니다. 그러나 더 정확히 말하면, 이런 성향은 스트레스를 더 잘 받는 성향이 유전되는 것이 아니라, 내가 처한 환경에서 주어지는 각종 자극들에 대해 더 민감한가 덜 민감한가의 차이입니다. 더 민감하다면 당연히 스트레스를 더 자주 강하게 받을 기회가 증가합니다.

그러나 더 예민하다 함은 미래에 대한 사전 예측과 동시에 대처에 훨씬 기민함을 의미합니다. 즉, 나에게 다가올 미래의 불이익이나 재앙에 대해 미리 직감적으로 예측하고, 일종의 염려와 불안 반응을 통해 자신이 그에 대응토록 몸과 마음의 불편으로 강하게 촉구하는 현상입니다. 그 결과 스트레스에 무딘 사람보다 민감한 사람이 미래에 닥쳐올 위기에 훨씬 더 잘 대응할 기회가 증가합니다. 이는 곧 스트레스에 취약한 것이 무작정 내게 불리한 것만은 아니라는 의미입니다.

반면, 예민함이 일으키는 문제는 항상 '이러한 예민한 상태를 24시간 유지하는 경향'에 있습니다. 온종일 예민함이 활성화되어 우

리가 겪는 모든 일에 대해 예외 없이 매번 '위험한가?'란 질문을
자신에게 던지는 것이 습관화된 문제입니다.

우리 내면은 이 질문을 받을 때마다 그에 상응하는 심리적, 신체
적 반응을 나타냅니다. 심리적 반응의 대표적 현상 중 하나가 바
로 '갈등'인데, 그 갈등은 참으로 많은 의미를 담고 또한 몸으로 수
많은 현상들을 표출하게 됩니다.

여기까지 정리해보면, 민감성의 바탕 위에서 24시간 활성화되어
있는 '위험 비교'. 거기까지는 생물학적으로 나 자신의 개성에 속
할 수 있지만, 이후 '갈등'부터가 바로 몸과 마음에 병을 일으키는
본론입니다. 우리는 바로 그 본론의 과정에 길게 머무를수록 몸이
불편해지는 것이고 병이 생길 확률이 증가하는 것입니다. 따라서
가능하다면 이 '갈등'에 노출되는 시간을 최소화해야 합니다.

외부에서 주어지는 모든 사건은 자극이자 스트레스입니다. 문제
는 사람마다 처한 상황이 달라 어떤 사람은 비교적 이 스트레스를
덜 받을 수 있으나, 어떤 사람은 이 스트레스가 굉장히 높을 수밖
에 없는 경제적, 사회적 환경과 가족관계를 갖고 있습니다. 분명한
것은 모든 신경증은 전자에서보다 후자에서 더 많이 생겨나는 경
향을 보입니다. 이 경우 우리가 할 수 있는 노력으로 그 경제적, 사
회적 환경과 가족 관계에서의 모든 문제들을 줄이기가 참으로 어
렵다는 점이 문제입니다. 즉, 내 의지대로 이 스트레스가 나에게

다가오는 횟수와 강도를 나의 외부에서 차단해내기가 결코 쉽지 않음을 의미합니다. 이때 우리는 바로 '갈등'을 최소화해나가는 요령을 활용하여 외부의 자극들이 나의 내부에 오래 머무르지 않도록 해야 합니다.

갈등을 최소화하는 최고의 요령 중 하나가 바로 '원칙'을 세우는 것입니다. 원칙은 내가 원하든 원하지 않든, 내 마음속에 갈등을 유발할만한 모든 것들을 처리하는 나만의 규약입니다.

부천의 최 씨(여, 37)는 시부모에게 생활비를 매월 드리는 문제로 남편과 수년간 갈등을 빚어오고 있었습니다. 매월 생활비가 그리 넉넉지 않기 때문에, 최 씨는 가능한 한 꼬박꼬박 드리는 액수를 조금이라도 줄이길 원했지만, 남편은 오히려 그 액수를 늘리고 싶어 했습니다. 그 결과, 부부는 매월 월급날 즈음하여 다투는 일이 일상화되었고, 그러던 어느 날 남편과 심한 말다툼 중에 극렬한 공황발작을 경험하게 되었습니다.

이후 최 씨는 공황장애가 깊어져 지난 2년여간 이 병으로 고통을 받아 왔습니다. 최 씨는 이후 공황장애 자체에 익숙해지면서 발작 자체는 많이 줄었지만, 여전히 부모님 생활비 문제는 최 씨 부부에게 너무 큰 스트레스 중 하나였습니다.

이런 상황에 부닥쳤던 최 씨가 자신의 상태를 더 악화시켜가는

데 일조했던 '시부모 용돈 드리기 사안'에 대한 갈등을 해소할 수 있었던 좋은 계기는 바로 '원칙 세우기'를 통해서 가능해졌습니다.

최 씨 부부는 자신들의 월평균 수입 대비 몇 퍼센트를 정하여, 그들이 도의적이자 합리적으로 부담할 수 있는 금액을 정했고, 이후 수입이 늘건 줄건 상관없이 매월 정한 대로 몇 퍼센트의 금액을 부모님께 드렸습니다. 이는 수입이 늘거나 줄거나 정한 금액을 상황에 맞춰 임의로 바꾸는 것이 아니라, 몇 퍼센트를 하나의 원칙으로 삼아 그 원칙대로 해나감으로써, 이 문제가 유발하는 모든 갈등 상황을 종결지을 수 있었습니다.

이후 몇 달이 지나도 최 씨 부부는 이 문제로 더 이상 부부싸움을 하지 않았고, 최 씨 자신의 공황장애도 이전보다 훨씬 빠르게 호전될 수 있었습니다. 이는 원칙 세우기가 왜 중요한가를 말해주는 한 가지 사례입니다.

원칙이란, 생활 모든 부문에서 나에게 갈등을 크게 일으키고 내 의지대로 제거할 수 없는 모든 것들에 적용 가능합니다. 그 대상이 돈이든, 인간관계든, 아니면 나 자신의 어떤 습관이든 간에 분명하게 내가 할 수 있고 감당이 되며 도의적으로나 법적으로 나의 미래에 불이익이 생기지 않도록 원칙을 세운 후, 수시로 바뀔 수 있는 내 기분과 판단에 흔들림 없이 그 원칙에 따라 해나가야 합니다.

원칙의 종류는 절대 과도하게 늘리지 않는 것이 좋습니다. 꼭 필요한 곳에, 나에게 갈등을 크게 일으키는 것들에 대해서만 최소한으로 설정하되, 천천히 하나씩 단단하게 그 원칙을 세우고 성실하게 지켜가기만 해도, 내가 갈등을 통해 내 몸과 마음에 스스로 걸어대는 정답 없는 고민과 과부하를 크게 줄여낼 수 있습니다.

또한 원칙을 한번 세웠다면 큰 변수가 없는 한, 내 마음이 요동치거나 내 상황이 다소 바뀌었다 해도 결코 이를 변경하지 말아야 합니다. 즉, 일시적으로 내게 손해가 될 것 같거나 왠지 아까운 기분이 들어도, 결코 이 원칙을 어겨서는 안 됩니다. 이를 어기면 당연히 그에 합당한 '갈등'이 그 대가로 다가오기 때문입니다.

원칙은 반드시 내가 수행할 수 있고 이성적으로 납득 가능한 선에서 설정합니다. 개인적 차원에서는 원칙이지만, 사회적 또는 경제적 차원에서는 정책이 됩니다. 올바른 원칙은 곧 나의 현실 생활을 지탱하고 안정적으로 유지해나가는 아주 중요한 정책으로서 나 자신이 바로 그 정책의 길을 따라 걸어가는 것입니다.

이러한 원칙을 세우는 삶이 자꾸만 쌓이면 결국 더 효율적이고 자연스러운 삶의 준칙이 되어가고, 그 준칙을 잘 지키며 생각하고, 결정하고, 행동하고, 말하면 결국 내 삶에서 스트레스가 갈등으로 비화되어 내 몸과 마음을 깎아 먹는 상황을 미리 예방할 수 있습니다.

우리는 흔히 원칙이 바로 선 사람을 존경하고 흠모합니다. 삶 속에서 누구나 유혹이 존재하고 장시간의 흔들림을 경험합니다. 원칙이 바로 선 사람이란 결국 그러한 유혹과 흔들림에 요동치지 않고 항시 자신의 색깔과 모습을 일정하게 유지해나가는 사람을 의미합니다.

이처럼 원칙이 바로 서 있고 그 원칙에 따라 인간관계와 경제관념을 지키는 사람을 선호합니다. 그런 사람들이야말로 신뢰할 수 있고, 긴말로 치장할 필요도 없으며, 그 사람을 대할 때 다른 잔재주나 감언이설도 필요 없기 때문입니다. 원칙이 선 사람은 항시 자신이 하고 싶고 할 수 있는 균형 잡힌 선을 명료하게 밝힙니다. 그 선을 넘어서면, 자신도 그것을 들어줄 수 없음을 좋은 태도로 자연스럽게 밝힙니다. 그 선을 넘어선 협상을 받더라도 원칙이 선 사람은 작은 이익과 기회 때문에 원칙을 포기하지 않음으로써, 결국 더 멀리 그리고 더 길게 자신의 이미지와 자신의 내면을 좋게 관리해나갑니다.

조금 더 많이 가지려 욕심내고 조금 덜 피해 보려 집착에서 인간 세상의 모든 '갈등'이 생겨납니다. 원칙을 바로 세워 매사 긍정적인 사고로 대응을 하는 것이 올바르고 현명한 방법임을 명심하십시오.

비우고 또 비워야 합니다. 마치 세상사 모든 시름을 초월하려는 듯한 표정을 짓고 앉아서 아무리 복식호흡과 명상을 해도 결국, '원칙'이 없으면 아무짝에도 쓸모없는 행위이며, 죽을 때까지 '갈등' 속에서 평생 수련을 하는 고행의 삶을 살게 된다는 것을 명심하십시오. 그런 삶이 행복할 리 없습니다. 원칙을 세워가십시오.

'몸만 움직이는 요령'을 익혀라

하루 동안 내게 허락된 에너지의 총량은 일정합니다.
오로지 움직이고 일하는 것에만 에너지를 쓰고,
불필요한 잡념에 소모되는 에너지를 줄여 가십시오.
이것이 익숙해질수록 종일 나의 컨디션을 좋게 유지할 수 있습니다.

몸 전체가 하루 사용하는 에너지의 가장 많은 부분을 정신 활동으로 소모합니다. 물론, 이는 단순한 영양학적인 계산법이고, 실제로 정신적 고뇌에 빠진 사람은 훨씬 많은 에너지를 소모함을 물론, 수치로 나타내기 어려운 '기력'이라는 개념까지 소진하게 됩니다. 공황장애를 극복하는 과정에서 많은 분들이 바로 체력 부족, 소위 저질 체력 때문에 더욱 힘든 과정을 겪고 있습니다.

체력이 약해지면 기분도 나빠지고 쉽게 피로해지기 때문에 정신 활동도 원활치 않습니다. 약해진 체력에 비례하여 주변의 소음과 여러 자극에 대해서도 더 신경질적으로 되고, 그 신경질을 말과 행동으로 표출할 에너지가 부족해서, 내면에서는 추가로 그에 대한 억압과 회피 작용이 생겨납니다. 그 결과 체력 고갈 자체가 공황장애 증상을 직접 강화하고, 우울과 불안, 무기력을 크게 키워나가게 됩니다. 체력관리는 이 병을 치유해나가는 데 아주 중요한 요소입니다.

공황장애는 내 마음처럼 빠르게 호전되지 않습니다. 그에 더하여 내가 조급해질수록 호전은 더욱 느려지고 증상은 강화됩니다. 즉, 공황장애 전체를 깔끔히 털어내기 위해서는 사람마다 차이가 크긴 하지만 누구나 자신의 노력 속에서 '회복을 위한 절대적 길이의 시간'을 필요로 합니다. 그 회복 시간 동안에는 반드시 체력 관리, 기력 관리를 잘해나가야만, 내가 피하거나 놓을 수 없는 생업과 학업, 육아 등을 제대로 해나갈 수 있습니다. 체력 관리 실패로 생업 중에 어느 한 부분을 포기하게 될 경우, 이후 그 절망감은 공황장애에 우울증을 합병시키는 또 하나의 계기가 됨을 유념해야 합니다.

〈체력 유지를 위한 철칙〉
━━━━━━━━━━━━━━━━━━━━━━━━━━━━━━
❶ 체력은 강화하는 것이 아니라 관리하는 것이다.

❷ 내가 하루 동안 쓸 수 있는 체력의 총량이 빠르게 소진되지 않
도록 조절하고 아껴 사용하라.

❸ 몸을 움직여야 하는 시간이라면 말을 줄이고 생각을 멈춰라.

❹ 기분의 변화를 최소화하여 불필요한 에너지 소모를 줄여라.

　공황장애로 약화된 체력을 회복하는 속도는 내 마음대로 빨리 진행되지 않습니다. 물론, 시간을 충분히 허락하면 장기적으로 내 주도권 하에 서서히 체력이 놓여갈 수 있지만, 노력 과정 중에서 우리가 당면하는 모든 생업과 일상을 해나가야 하는 경우가 대부분이기에, 각별히 이 체력의 문제를 잘 다스려 나가야만 합니다. 또한, 체력을 잘 관리해나가는 것 또한 공황장애를 더욱더 빠르게 호전하는 데 아주 큰 기여를 하게 됩니다.

　불안이 줄어들수록 그에 비례하여 체력은 향상됩니다. 그러나 체력이 충분한 양만큼 증가하기 전까지, 하루에 쓸 수 있는 나의 체력은 유한합니다. 즉, 체력을 조급히 더 끌어올리는 데 주력할 게 아니라, 주어진 유한한 체력을 마치 건전지에 충전된 전기의 잔량을 관리하듯, 잘 아껴서 조절해나가는 것이 더 우선임을 명심

해야 합니다. 하루에 쓸 수 있는 체력은 깊은 잠과 적절한 영양 섭취를 통해 일정한 양만큼 충전된다고 믿고, 반드시 매 순간 나의 체력을 무분별하게 사용하지 말며 그 씀씀이를 잘 조절해서 그날을 잘 이어가는 것이 핵심이라는 점을 먼저 잘 이해해야 합니다.

이는 하루에 쓸 수 있는 체력을 잘 아껴 사용하는 요령이 연습 과정을 통해 매일 서서히 익숙해지고, 이후 그 요령을 습관화함으로써 별 신경을 쓰지 않고서도 그에 대한 조절이 가능해질 수 있음을 의미합니다.

그 요령들 중에서 가장 우선적인 것은 '말을 아끼고 생각 정지하기'입니다. 이를 바꿔 말하면 '머리는 멈추고 몸만 움직이는 상태'를 의미합니다.

직장에서 일을 할 때나 집에서 육아와 가사를 하는 시간에도, 몸은 최대한 적당한 강도의 운동 세기를 가능한 한 길고 안정적으로 유지하며 움직여나가되, 말을 줄이고 생각을 멈춰야 합니다.

과도하게 큰 목소리나 긴 대화는 체력을 아주 빠르게 고갈시키고 그 결과 호흡 불편, 두근거림, 어지러움 등 여러 신체 증상들을 직접 끌어올리는 역할을 합니다. 따라서 꼭 필요할 때에만 말을 하고, 나의 표정이나 몸에 무의식적으로 들어간 긴장을 풀고, 물 흐르듯 자연스럽게 몸을 움직이는 연습을 해나가야 합니다.

많은 공황장애 환우들은 어떤 행위를 하면서도 수많은 잡념과 근심, 염려를 쉽게 떠올리고 고민상태의 기분과 마음으로 생활을 해나가는 경향이 강합니다. 몸을 움직일 때는 꼭 필요한 대목만 생각하고 이후 모든 고민과 생각을 완전히 정지한 채로 몸만 움직이는 연습을 해나가는 것이 매우 중요합니다. 말은 줄이고 생각을 멈추어 몸만 움직이는 연습이 잘될수록 체력을 현명하게 사용하는 요령을 온몸에 익혀나가게 될 것입니다.

그에 더하여 때로는 우울해지고, 때로는 불안해지는 내 기분의 출렁임 또한 움직이기를 통해 최대한 멈추는 요령을 익혀나가야 합니다. 기분의 출렁임은 각별히 우리 신체의 체력을 초월하여 마음의 기력까지 빠르게 소진시키는 악영향을 줍니다. 남이 내게 무엇을 하든 그 일이 내 인생을 당장 좌지우지할 것이 아니라면, 마음을 과감히 넓게 가지고 상황 변화에 따라 내 기분이 큰 폭으로 출렁이지 않도록 의지를 가지고 노력하며 연습해야 합니다. 이러한 모든 요령들은 공황장애 극복을 깔끔히 이루고 거대한 조절력을 형성하는 아주 핵심적인 재료들입니다.

당장 이 순간부터 '몸만 움직이는 상태'가 무엇인지 가만히 생각해보고, 이를 느긋하게 연습해 나가십시오. 이 노력은 내 몸과 마음의 토양 자체를 혁신적으로 개선하는 효과를 장기적으로 발휘하고, 나의 이미지를 궁극적으로 좋게 바꾸는 결정적 계기가 될 수 있다는 것을 꼭 가슴 깊이 새기십시오.

고민이 아닌 생각을 해라

모든 생각에 고민을 얹는 습관에 빠지지 않도록 각별히 신경 쓰십시오.
생각을 고민으로 하면 스트레스가 급증하고 만병이 다가옵니다.
생각과 고민을 구분하십시오.

몸만 움직여서는 해결이 어렵거나 몸과 생각을 동시에 수행해야만 답이 나오는 상황은 흔합니다. 그러나 그 상황에서 모든 생각을 스트레스와 긴장으로 해나가고, 이것을 반복하다 보면 나도 모르는 사이 매사 '생각이 아닌 고민'을 하게 되며, 당장 뾰족한 해법이 나오지 않는 모든 일들에 대하여 더욱 분별없는 심각한 고민을 하게 됩니다. 앞서 말한 대로 '고민은 우리에게 그 자체만으로도 거대한 스트레스'를 줍니다.

고민을 오래 반복하면 습관화가 되어, 무엇을 하든 생각이 아닌 고민을 하게 됩니다. 이 고민은 쉽게 염려와 집착으로 진행해가면서 그 자체가 강박으로 발전하여, 조건반사적이고 무의식적인 긴장과 결합하여 불안으로 이어집니다.

고민의 습관화가 특히 더 무서운 이유는, 설령 특정한 고민을 내 머릿속에서 멈추었다 하더라도 나도 모르는 사이 몸은 고민 그 순간에 행한 긴장과 불안을 결코 풀지 않고 그대로 유지한다는 데 있습니다. 이로 인해 심하게 고민하고 나면 몸이 아파지고 불안과 우울이 그대로 유지되어 힘든 상태가 쉽게 해소되지 않는 모습을 보입니다. 이러한 고민 습관이 깊어진 분들은 내가 지금 고민을 하는 것인지 생각을 하는 것인지조차 분간을 못하기도 합니다. 즉, 무슨 생각을 해도 '생각이 아닌 고민'을 합니다.

고민은 기분을 수반합니다. 이미 앞서 이해한 대로 기분이 움직이면 몸이 그에 반응합니다. 고민은 일단 불안과 긴장을 직접 유발하며, 이 자체만으로도 온몸의 혈류와 대사의 비효율을 직접 초래합니다. 이는 고민이란 행위를 통해 우리 몸이 더 불편해지는 것을 의미합니다.

거기에 기분까지 나빠지면 고민이라는 행위 자체는 아주 고통스럽게 느껴지고, 실제로 가볍게 생각해도 될 일들에 고민을 하면서도 '그렇게 사는 것이 인생이며, 세상 모든 사람들이 다 그렇게 살고 있다'고 착각하면서, 자신이 비정상적인 고민 상태를 계속 유지하고 있는 것을 자각하지 못하는 상태에 이릅니다.

우리 내면은 안전한 것보다 위험한 것에 더 빠르게 반응하고 그 상태를 오래 유지합니다. 이는 위험을 먼저 회피함으로써 생존을 우선 추구하는 우리의 본능 때문입니다.

기분이 나빠지고 몸이 그것에 연동된 반응을 하게 되면, 그 고민을 멈추었다고 하더라도 내 기분과 몸은 고민 상태를 상당 시간 유지하기 때문에, 내가 하루 종일 고민한 것이 아님에도, 내 몸은 그 고민 상태를 종일 유지하게 됨을 의미합니다.

이 병의 극복과 호전된 상태를 더욱 발전시켜가려면 참으로 많은 부정적이고 조건반사화된 습관들을 구분해낼 줄 알아야 합니다. 특히, 나의 습관들 중에서 좋다, 나쁘다를 구분 짓기 쉬운 것들은 별 조언을 듣지 않아도 비교적 수월하게 교정해갈 수 있지만, 고민이나 생각 같은 추상적인 종류의 부정적 습관은 나 자신이 알아서 인식하고 교정해가기가 참으로 어려운 문제이기도 합니다.

필자가 표현한 '생각'이라는 활동의 의미는 논리적인 판단 과정입니다. 필요한 정도와 목적에 맞춰 그에 딱 알맞은 만큼의 계산을 뇌에서 수행하는 현상이며, 기분의 문제인 불안과 우울을 함께 불러내지 않는 행위를 의미합니다. 또한, 생각은 몸의 증상과 연동되지 않습니다. 생각은 꼭 필요한 것에 대해서 추리하고, 연산 가능한 범주 내에서 타당성과 해법을 계산해내는 행위이므로 몸의 혈류나 대사를 크게 방해하지 않습니다.

생각이 습관화된 사람은 대부분의 문제들에 대해 꼭 필요한 생각만을 수행합니다. 생각이 한계에 부딪히면 별 부담 없이 그 생각을 일단 뒤로 미뤄두기도 하고, 결론이 잘 나지 않더라도 심각한 좌절과 무기력을 끌어내지 않습니다. 또한 생각과 해법이 머릿속에 떠오를 때까지 조급함 없이 기다릴 줄 알게 되며, 그 결과, 스트레스를 강하게 수반하는 '고민'은 꼭 필요할 때만 수행하게 됩니다.

학문적이거나 의학적으로 긴 설명이 없이도 필자가 위에 설명한 '고민'과 '생각'이란 단어가 내포한 의미의 차이를 마음속에 충분히 떠올릴 수 있을 것입니다. 실제로 매사 고민인 사람은 간단한 일에도 고민하고 복잡한 일에는 더욱 종일 강도 높게 고민하며 자신의 정신적, 육체적 에너지를 고갈시켜 나갑니다. 이런 분들일수록 '자신에게는 특별한 문제가 없는데 몸이 아프다'고 하며, 병원에서 소모적인 진료를 전전하며 살아갑니다. 그런 분들은 생각이 아닌 고민을 항시 수행하는 나쁜 습관이 문제라는 것을 인지하지도 못할뿐더러 누군가 그것을 넌지시 조언해줘도 깊고 진지하게 받아들이거나 교정하려 하지도 않습니다. 이런 분들은 결코 이 병을 극복하지 못할뿐더러, 짧은 기간 중 몇 가지 고민거리만 생겨도 곧바로 증상 재발을 맞이하게 됩니다.

사람에 따라 상황은 다르겠지만, 자신이 처한 상황과 문제들이 이 세상에서 가장 불행한 경우가 아닌 것이 확실하다면, 지금 하고 있는 고민거리 정도는 다른 사람들도 흔히 겪으며 살아가는 것들입니다. 그럼에도 다른 사람들에게는 생기지 않고 나에게만 유독 이 병이 생겼다면, 정상적이고 보통 범주에 해당되는 일상의 사건들을 스스로 고민거리로 간주하고 생각이 아닌 고민만을 수행해왔기 때문임을 깨달아야 합니다.

고민하지 말고 생각을 하십시오. 실제로 우리가 당면한 대다수의 일들은 생각으로도 충분히 판단 가능한 일들이고, 고민해 봤자 해결되지 않는 일들입니다. 생각만 하면 될 것을 애써 고민해서 나쁜 기분을 끌어내고 내 몸에 여러 불편과 증상을 야기하는 우매한 습관을 멈추려 노력해야 합니다. 그래야만 공황장애를 잘 나을 수 있고 이후 재발을 예방할 수 있습니다.

서두르지 말고 느긋해져라

빨리 이루려 서두를수록 잘 될 확률보다 내가 병들 확률이 증가합니다.
오늘 내가 노력하고 있다면 그뿐입니다.
서두르면 집착이 생기고, 모든 생각이 근심으로 변합니다.

남보다 더 많이 가져야 행복해지고, 남이 나를 부러워해야 성취감을 느끼는 사람들은 그만큼 행복을 깎아 먹고 살아가는 사람들입니다. 남을 누르고 이기는 것으로 욕심을 채우려 하는 사람 중 행복을 유지할 수 있는 사람은 극소수에 불과합니다.

경쟁적인 삶의 가치관을 갖고 살아가면 항상 조급할 수밖에 없습니다. 먹이를 찾고 노리며 종일 혀를 길게 빼고 헐떡이며 다니는 하이에나처럼, 항상 귀가 열려있고 눈은 번들거리며 온몸의 털은 곤두서 있습니다. 그들은 편히 잠들지 못하고 한 가지 고민거리가 아니라 동시에 한 꾸러미의 고민거리를 등에 짊어지고 힘겹게 살아갑니다. 이 모습이 바로 조급증 속에서 살아가는 영혼들의 참모습입니다.

조급하다는 것은 현재는 무시하고 미래에만 가치를 두는 행위입니다. 미래에 대한 기도로 그 미래가 빨리 다가오길 안달하며 기다리는 것도 조급에 속하지만, 공황장애 환우들에게 있어 조급함이란 '조금이라도 빨리 이 증상이나 병이 낫길 갈망하는 행위'를 의미합니다. 조급함을 품게 되면 나에게 '현재'라는 의미는 사라집니다.

조급한 사람은 일분일초 흘러가는 소중한 시간 속에서 감사와 여유, 행복과 겸손(에 이르기)까지 나와 함께 존재하는 이 현재의 아름다운 기회들을 만끽해보지도 못하고 그냥 흘려버리게 됩니다. 좋은 것들을 느끼기 위해서는 우리의 마음이 현재에 위치해야 하는데, 이미 우리 마음은 조급이라는 급류를 타고 저 멀리 미래에 가 있고, 시선은 바로 내 발아래 한가득 피어 있는 예쁘고 향기로운 풀꽃들이 아닌 저 멀리 손에 닿지도 않는 신기루 같은 건너편 지평선 끝자락 눈 덮인 산봉우리에 꽂혀 있게 됩니다.

조급함을 갖는 즉시 소중한 현재가 사라지면서, 나의 마음속에 행복과 감사는 채워질 수 없게 됩니다. 이는 내 마음이 아주 척박해지게 됨을 의미합니다. 척박한 곳에서는 아름다운 만물이 자랄 수 없고, 긴 세월 척박해진 내 마음은 결국 아무것도 자랄 수 없는 모래더미에 불과합니다.

이 순간 증상이 조금 있더라도 현재에 감사하고 충실한 마음, 그 마음이 바로 '여유'입니다. 조급함을 버린다 함은 서두르지 않음을 의미하지만, 동시에 지금 나에게 주어진 감사하고 아름다운 것들을 만끽하고 나의 내면에 행복을 재충전해나가는 행위 전체를 의미합니다.

미래를 바라볼 때에 조급함이 아닌 '희망'으로 바라보아야 합니다. 나 자신이 현재의 삶을 즐겁게 즐기고 행해나가며 그 과정에서 작은 결과물들을 조금씩이라도 쌓아가고 있다면, 미래는 달성 가능한 희망으로 구체화되어 갑니다. 즉 미래는, 현재 내가 느끼는 감사와 즐거움을 주된 재료로 삼는 것으로, 내가 매일 감사와 즐거움을 느끼며 익숙해져 가는 생활 속에서의 모든 희망들이 복합된 결과물입니다. 즉, 미래 또한 결국 현재입니다.

현재에 충실한 것을 '여유'라고 합니다. 여유로워질수록 미래는 더 희망적이 되고, 그 희망적인 미래는 더 빠르게 나에게 다가옵니다. 현재의 과정 자체에 충실하면 우리는 조급한 마음을 가질

필요가 없습니다.

　필자도 병을 빨리 낫고 싶어서 마냥 조급했던 적이 많았습니다. 새로운 증상이 나타날수록 이 병이 빨리 내 인생에서 사라졌으면 하고 갈망했던 적도 많았습니다. 그러나 갈망할수록 증상은 더 오래 지속되고, 증상을 넘어 나 자신이 지쳐가는 것을 깨달았습니다. 필자가 과거에 작은 메모지에 깨알같이 기록해둔 글을 읽어보면서 새롭게 나타난 증상과 필자 자신의 조급증 간의 상관관계를 생각해 보았습니다. 그 결과, 나의 과거 기록들은 그 두 가지가 서로 긴밀히 비례 관계에 있음을 알 수 있었습니다.

　'내가 조급증을 가질수록 이 증상은 더 오래 가게 된다.'
　'느긋하고 여유로워질수록 이 증상은 수일을 넘기지 못하고 잦아들게 된다.'

　과거의 메모 기록들을 앞에 놓고 날짜를 면밀히 계산해보니 위 정의들이 사실임을 알 수 있었습니다. 물론 필자도 당시에는 이 정의들을 별로 진지하게 생각하지 않았지만, 공황장애를 완치하고 나서 되돌아 곰곰이 생각해보니, 위의 정의는 명백한 진리였음을 인정하지 않을 수 없었습니다.

　의학적으로도 뇌는 조급해질수록 시간을 더 길게 느끼고, 여유를 가질수록 더 짧게 느끼며, 시간에 대해 넋을 놓아버릴 정도로 무심해지면, 시간의 흐름 자체를 느끼지 않게 될 수도 있습니다. 뇌에서 시간이란 개념이 희미하게 지워져 갈수록 내가 자각하는 현상이나 느낌은 그 강도와 고통이 낮아지게 됩니다. 이는 인지과학의 이론이기도 하지만 숫자와 공식으로 설명하기 어려운 뇌의 정신 활동에서도 변함없이 그대로 들어맞습니다.

같은 조건에서 같은 강도의 고통을 가하더라도 시간을 배제한다면 그 고통은 훨씬 경감됩니다.

실제로 임상에서 항암치료로 고통받는 암 환자들에게 실시하는 여러 심리적 실험 사례가 있습니다. 일정 수의 환자들을 그룹으로 묶어, 그 환자들에게 24시간 철저한 통제 속에 아주 바쁜 일상을 부여하고 재미와 즐거움에 관련된 많은 임무를 부여한 그룹과 일반적인 암 병동에서 항암 약물치료만 받는 그룹을 설정하여 서로 비교하는 실험을 해보면, 역시 전자는 훨씬 더 항암치료 과정의 고통을 적게 느끼는 것으로 나타납니다.

즉, 아무리 힘든 고통일지라도 그 고통 자체에 몰입할 여유를 허락하지 않고, 수시로 내 뇌가 그 고통에 집착하고 전념하지 못하도록 끊임없이 현재의 즐거움과 재미, 일상에의 몰입에 주의를 돌리도록 유도하면, 결국 고통은 극적으로 감소할 수 있다는 것을 의미합니다.

내가 무언가를 갈망하고 집착할수록 조급증이 쉽게 생겨나고, 나의 뇌는 주어진 통증에 대하여 더 강렬한 고통으로 해석합니다. 즉, 조급증은 '고통을 증폭시키는 역할'을 한다고 말할 수 있습니다. 반대로, 갈망도 집착도 하지 않고 고통에 대하여 넋을 놓아버리면 즉시 고통을 훨씬 덜 느끼게 된다는 것을 명심해야 합니다.

집착을 버리고 느긋해지십시오. 느긋하게 현재의 즐거움과 보람에 집중하는 것이 세상 최고의 진통제라는 사실을 기억하고 그대로 연습해 나가십시오.

머리가 아닌 가슴을 채워라

가슴으로 깨달으면 긴말이 필요 없습니다.
가슴은 나의 모든 것을 다 포용하고 녹이고 정제하는 공간입니다.
머리가 아닌 가슴으로 이해하고 가슴으로 노력해나가십시오.

머리는 이해이자 균형이며, 가슴은 포용이자 용납입니다.

오감을 통해 수집된 모든 데이터는 우리의 머리에 이르러 이해

되고 해석됩니다. 머리는 이해하고 해석한 것들에 대하여 어떻게 대응할지를 계산합니다. 머리가 매우 좋다면 모든 세상만사를 다 이렇게 머리로 이해하고 분류하고 체계화하여 아주 현명하게 그에 대처할 수 있을 것 같기도 합니다.

하지만, 역사를 통틀어 그 정도 명석한 머리를 가진 위인들이 몇몇 있긴 했지만, 역시 평범한 우리는 그토록 좋은 머리를 갖고 있지 못한 것이 우리의 한계이고 현실입니다. 즉, 우리의 머리로는 모든 것을 다 이해하고 해석하고 현명하게 대응해낼 수 없습니다.

머리에 주어진 임무는 '이해'입니다. 이해란, 곧 대상을 파악하고 평가하는 작업을 의미합니다. 잘 파악되고 평가된 것은 평가된 '위험도'에 따라 '염려'와 '불안'의 반응을 자율신경계에 유발하고, 또한 평가된 '기대 이익'에 따라 '안심'과 '설렘'의 반응을 자율신경계에서 유발하게 합니다.

우리 머리가 할 수 있는 역할은 정확히 거기까지입니다. 우리 머리의 한계가 거기까지임에도 우리 머리에 그 이상의 임무를 맡기게 되면 우리 몸에는 병이 생겨납니다. 공황장애 또한 그런 방식으로 유발되는 병의 한 종류입니다.

다만, 우리가 살면서 축적해가는 '경험'에 의해 나의 머리에 다른 한 가지의 능력을 더해줄 수 있기도 한데, 그 능력이 바로 '균형'입니다. 균형이란 '한쪽으로 치우치지 않도록 조절하는 행위'입니다. 과하지 않고 부족하지도 않은 적당히 균형을 이룬 상태. 나의 머리는 이 '균형' 능력을 통해 현재의 골치가 아프거나 확실한 선택과 행동을 할 수 없는 대상들에 대한 '유보'를 합니다. '유보'란 결국 지금 당장 해결이 어려운 것들에 대하여 당분간 현재 상태로 묶어두고 그 결정을 지연해두는 행위를 의미합니다. 우리는 경험 여하에 따라 이렇게 '균형'을 잡을 수 있게 됩니다.

이 세상에서 머리의 능력으로 해결되는 일만 마주치며 살 수는 없습니다. 오히려 이 세상의 모든 사건 중에서 칼로 자르듯이 정확히 머리에 의해서 정리정돈이 끝날만한 일들은 그리 많지 않습니다. 내 일에 관계된 상대방 거래처의 입장은 수시로 변하고, 인간관계에 있어서도 내 친지들의 이해관계도 끊임없이 흐르고 변해갑니다. 모든 것은 상대적이므로 내가 어떤 입장을 정해도 상대방들이 가만히 멈춰 내 입장대로 일이 흘러가기를 기다려주는 것이 아니므로, 어떤 경우이든 내 머리로 행한 결론에 세상 사람들이 그대로 동의해 주는 일은 실제로 많지 않다는 것을 의미합니다. 내 머리로 계산한 판단대로 흘러가지 않는 여러 상황 속에서, 머리의 한계를 극복하고 보완할 수 있는 유일한 대안은 바로 '가슴'입니다.

가슴은 머리와 전혀 다른 처리과정을 수행합니다. 머리가 분석을 한다면 가슴은 여러 사안들을 융합하여 새로운 결론을 만들어냅니다. 강렬한 스트레스가 머리에 도달하면 머리는 그 스트레스를 잘게 나누고 분해하는 데 능숙하지만, 가슴은 그 스트레스 전체와 그 스트레스와 연관된 내 안의 세계가 아닌 내 외부 세계의 모든 것들을 함께 합쳐 새로운 대안을 빚어냅니다. 이렇게도 빚어보고 저렇게도 빚어보고, 그렇게 여러 가지 경우를 빚어보며 시험하는 과정을 해가면서, 가슴은 이 스트레스가 지금 당장 해결 가능한지 아닌지를 저울질하고 마치 냄새를 맡듯 강렬한 스트레스의 향기를 맡고 이 스트레스를 어떻게 처리할지를 직관적으로 결정합니다.

가슴이 행하는 처리 과정은 굉장히 추상적이지만, 머리가 복잡한 계산에 많은 에너지를 사용하는 것과 다르게, 가슴은 에너지를 불필요하게 낭비하지 않습니다. 머리는 스트레스를 잘게 쪼개 여러 가지 요소로 구분해서 저장해두는데 능하다면, 가슴은 내 앞에 등장한 스트레스를 깊은 심연 속에 가라앉히듯 내 안에서 그 스트레스들을 망각시켜 버리는 재주를 갖고 있습니다. 그렇게 망각의 심연에 스트레스를 던져버리는 방식으로 가슴은 하등의 영양가 없는 스트레스들을 잊고 녹이는데 능합니다.

가슴이 스트레스를 망각하고 녹여버리면, 잔뜩 과부하가 걸렸던 머리는 염려의 상상과 분석을 즉시 멈추고 제대로 휴식에 들어갈 수 있습니다.

가슴은 마치 따뜻한 엄마의 품과 같아서, 내가 겪은 억울한 일, 울화통 터지는 일들을 부드러운 미소로 들어주고 고개를 끄덕이며 상처받은 나를 포근히 안아줍니다. 가슴은 그렇게 함으로써 분노와 불안과 우울이 내 머리에 쌓이지 않도록 해줍니다. 머리가 커질수록 많은 정보를 저장하고 내가 당면한 그 대상을 수치로 분석할 수 있다면, 가슴이 커질수록 그 대상뿐 아니라 그 대상 주변의 배경과 처한 느낌까지 모두 감싸 안아 그 전체의 향기를 맡고 수용하고 용납해 갑니다.

그렇다고 나의 가슴이 모든 일에 관용만을 베푸는 것은 아닙니다. 어지간해서 가슴은 쉽게 화내지 않지만, 가슴이 진정한 분노를 이끌어내면 가슴의 분노에 놀란 머리는 곧바로 마비되어 버립니다. 가슴이 내뿜는 강렬한 분노로, 머리는 합리적이고 냉정한 생각을 할 수 없게 되고 전신적인 분노를 명령하게 됩니다. 즉, 내 머리가 나를 지배하는 것이 아니라, 나를 궁극적으로 지배하고 있는 것은 바로 나의 가슴입니다.

균형과 포용과 깊은 여유를 가진 나의 가슴은 머리가 사소하고 작은 것들에 대해 과도한 집착을 하지 않도록 조절해 줍니다. 머리로 해결이 안 되면 곧바로 염려를 불러내며 살아온 것이 우리이고, 머리에 그 대안이 빨리 떠오르지 않으면 곧바로 불안을 불러내는 것이 우리입니다. 미래 나에게 불리해질 상황이 예상될 때 온갖 신체적 불편을 내 온몸에 일으켜왔다면, 이제는 가슴에서 이런 말초적이고 얄팍한 머리의 연산과정 전체를 아우르고 녹여내도록 천천히 내 가슴을 사용하여 연습해 나가는 것이 좋습니다.

공황장애 환우들은 성격이 예민하다고 합니다. 예민하다는 것은 곧 머리의 반응속도가 잘 조절이 안 된다는 것을 의미하며, 가슴으로 머리를 토닥여 머리가 섣부르게 움직이지 않도록 조절하는 데 미숙하다는 것을 의미합니다. 맞닥뜨린 골치 아픈 상황들에 대하여 머리로 그 해결책이 잘 떠오르지 않음에도 불구하고 계속 머리만 쥐어짜 그 사건에 대응하기 때문에 종일 예민해지는 것입니다. 나의 가슴은 나의 머리에 '기다림의 현명함'을 부여할 수 있습니다.

머리가 시간을 허락할 수 있으면 골치 아픈 사건에 대응할 타이밍과 요점을 잘 판단할 수 있게 됩니다. 가슴의 조절 없이 내 머리의 조급한 연산 과정만 거친 대응 행위들은 결국 대부분 나중에 어설픈 대응 행위에 따른 부작용들을 수반하기 쉽지만, 가슴의 조절 과정을 거친 머리의 대응 행위들은 대개 물 흐르듯 매끄럽고 마찰이 적습니다.

가슴을 여는 행위는 내 가슴을 남에게 여는 것이 아닙니다. 가슴을 연다 함은 곧 내 머리를 내 가슴이 통제하고 포용할 수 있도록 하는 것을 말합니다. 내 가슴이 내 머리를 잘 포용할수록 내게 다가오는 모든 일상은 의외로 부드럽게 잘 해결되어 갑니다. 남이 나를 예리하게 찔러도, 가슴이 나를 잘 포용하고 내 머리의 섣부른 대응을 조절해 주면, 그 예리한 비수는 나의 핵심적인 기분까지 찌르지 못합니다. 즉, 어떤 경우에도 남이 내 기분을 흔들지 못하고, 세상의 부정적인 것들이 지금 내가 움직여나가는 삶의 흐름을 막지 못하는 것입니다.

나 자신에게 가슴을 열어가는 연습, 그 과정은 아주 고귀합니다.

내 가슴의 도움 없이 내가 앓고 있는 공황장애를 완치하기란 쉽지 않습니다. 더 나아가 완치 달성 후 증상 재발을 예방하고 나의 행복과 삶의 질을 더 높게 유지해가는 것에, 나의 넓은 가슴을 잘 활용해야 합니다.

◈ 깊게 들어가기 - 이해, 깨달음, 확신 그리고 체득

극복 노력 과정에서 새롭게 얻은 것들은 처음에는 나의 머리에서 이해하는 단계로부터 천천히 가슴으로 이동합니다. 이해든 깨달음이든 모두 앎의 차원이지만, 이 둘의 차이는 명료합니다.

깨달음은 이해에 '공감', '납득'이라는 중요한 조미료가 첨가된 상태로 표현할 수 있습니다. 고개를 끄덕이며 공감하고 납득한 사실은 그 자체가 나의 그 무엇에 깊은 영향을 주게 됩니다. 같은 일을 해도 이해의 경지에서 수행한 결과물과 깨달은 경지에서 수행한 결과물은 그 질적인 수준이 다릅니다. 이해는 좀 더 기계적이자 투입 대비 산출이라는 다소 이성적인 프로세스에 기대어 일을 수행하는 성격이 강하지만, 깨달음은 그보다 더 자연스럽고 그 일의 전후 맥락을 포괄적으로 조율해가면서 그 일을 수행합니다. 이해는 정해진 계획대로 기대된 수치만큼의 만족도를 이끌어내지만, 깨달음은 훨씬 더 자유롭고 자연스럽게 일을 수행할 뿐만 아니라 상황과 한계까지 부드럽게 완충해가면서 그 일을 마무리 짓습니다.

이러한 깨달음 차원에서 더욱 장시간 극복 노력을 해나가다 보면, 어느새 그 일의 모든 것을 확신하게 됩니다.

우리가 어떤 일을 하더라도 정도의 차이만 있을 뿐, 그 일의 불확실성이 존재합니다. 불확실성은 우리의 염려를 끌어내는 부정적 영향을 주는 개념이기에, 불확실성이 해소될 때까지, 또는 그 일이 마무리되어 모든 결과가 자명해질 때까지 우리는 염려를 거둘 수가 없습니다. 바로 이러한 염려가 스트레스를 창조하는 주범입니다.

일을 즐겁게 하고 싶은데 일을 통해 스트레스를 과중하게 받는다면, 그것은 그 일로 인해 내가 불확실한 부분을 염려하고 있다는 반증입니다. 다만 이해한 상태에서의 그 불확실성은 대부분 큰 편이고, 깨달은 상태에서의 불확실성은 그보다 규모가 작습니다.

반면 확신의 단계까지 이르게 되면 불확실성은 작게 위축되거나 거의 사라집니다. 불확실성이 없으므로 염려를 수행할 필요나 이유가 없습니다. 따라서 확신 있는 자가 하는 극복 노력은 모종의 비효율이 사라져, 본격적으로 가속도가 붙습니다. 가속되는 만큼 효율이 높아지고, 투입한 노력은 더 큰 대가로 그에게 돌아옵니다. 물론 이러한 확신이 그저 단순히 노력을 반복한다고 무작정 내 것이 될 리가 없습니다. 노력의 과정에서 무수히 시행착오를 경험하고 그 안에 깃든 많은 고뇌들이 그 확신을 선물하는 것입니다.

이렇게 확신에 다다른 모든 것들은 우리 안에 깊이 자리를 잡아서, 내가 하는 연관된 일과 행동 그리고 사고들에 깊은 영향을 줍니다. 그 영향력은 지대하고 매우 자연스러워서, 마치 나와 합일된 것처럼, 더 나아가 마치 한 몸처럼 연동되어 나갑니다. 이 단계를 바로 '체득'이라고 합니다.

체득된 모든 것은 그 일의 수행을 넘어서서, 나의 삶 전체에 영향력을 발휘합니다. 물론 그 일을 매우 편하고 당연하게 해내는 것은 물론, 매우 오랜만에 그 번거로운 일을 또 해야 하면, 부딪혀도 아주 편안하고 묵묵하게 그 일을 해낼 수 있습니다. 이를 다른 표현으로 갈음해보면 "마치 내 몸의 일부가 된 것 같다."라고 할 수 있습니다. 내 몸의 일부가 된 그 역량은 내가 무엇을 하든 그 언행에 깊은 색채와 향기로 묻어납니다. 그래서 체득한 이를 바라보는 이들은 그의 깊이와 역량을 넘어 그를 존중하는 마음까지 갖습니다. 이는 마치 명장이나 장인들이 뿜어내는, 매우 높고 숭고한 품격과 닮아있다고 할 수 있습니다.

혹자는 극복 노력이 공황장애를 해결하는 데 필요한 한시적인 과정이라고 여깁니다. 즉 자신의 인생에서 이 병 해결을 위한 소모적인 시간이므로 어떻게든 빨리 이 시간을 끝내야 한다고 여기며 극복 노력에 임하기도 합니다. 물론 그러한 내적 자세로 '체득'의 단계는 요원합니다.

극복 노력은 이해와 깨달음을 거쳐, 그 시간을 거듭 반복하면서 '확신'에 이르고, 그로부터 더 나아가 '체득'의 단계에 이름으로써 결국 자신도 모르는 사이 오래전 공황장애의 완치 지점을 통과해버리는 일련의 과정입니다. 누차 강조한 것처럼, 완치는 결과가 아닌 일련의 과정 속 한 부분입니다. 체득에 이르기까지 묵직하고 의연하되 나 자신의 모든 정성을 싣는 노력을 길게 유지하길 기원합니다.

대가로 받아라

대가에 집착하고 노력하면 항상 부족합니다.
대가가 자연스럽게 내게 다가오게 됨을 믿으십시오.
먼저 바라고 요구하지 마십시오.

아마도 가장 많은 스트레스를 우리 삶 속에 유발하고 행복을 잘라먹는 주범이 바로 '돈'과 '인간관계'일 것입니다. 세상 살아가는 모든 이들에게 가장 무겁고 힘든 짐들은 대게 이 두 가지로부터 시작하는데, 언제나 문제는 이 두 가지에 당면하여 임하는 우리의 마음이 너무 얄팍하고 근시안적이라는데 있습니다. 즉, 그 문제들이 당장 해결되어 편해지기를 바라는 것입니다.

우리는 '분노'와 '울화통'을 구분할 수 있어야 합니다.

분노는 상대방의 일방적 행위 때문에 단기적으로 생겨날 수 있지만, 내가 어떻게 마음을 먹고 이를 흘려보내느냐에 따라 비교적 수월하게 녹일 수 있습니다.

그러나 '울화통'은 이야기가 다릅니다. 울화통은 상대방이 나를 자극하면 생겨날 수도 있지만, 주로 스스로 심적 갈등이나 욕구가 해소되지 않을 때 더 심하게 생겨나고 오래갑니다. 특히 위의 두

가지, 경제적인 것과 인간관계에서의 문제에서 각별히 그러합니다.

울화통이 치밀어 오르면 행복감은 순간 사라지고, 펄펄 끓는 용암이 내 가슴속에 생성되어 그것이 즉시 화병을 일으킵니다. 극렬한 화병이 아니더라도 이 울화통을 장시간 해결하지 못하면, 나 자신에 대한 무기력을 만들어가게 되고, 이러한 무기력은 우울증을 불러일으킵니다. 즉, 분노는 보통 시간이 지나면 사그라지지만, 울화통은 나의 비뚤어진 습관에 의해 해소 여부가 좌우되고, 안타깝게도 어떤 사람들은 울화통이 터지는 이유조차 알지 못하는 경우도 흔합니다.

세상의 모든 것을 어떻게 받아들이느냐는 나 자신에게 달려있습니다. 남과 좋은 관계는 곧 나를 위함이요, 돈을 위함도 결국 나를 위함입니다. 나의 인품이나 성향이 좋으면 대다수 사람들은 나를 좋아합니다. 설사 남과 관계가 조금 어려워지더라도 시간을 허락하고 집착을 버리면, 그 일로 인해 내 속에 울화통은 터지지 않습니다. 그리고 시간을 조금 흘려보내면 조금 어려워진 사람들과의 관계 또한 편해질 계기가 생겨나면서 자연스럽게 해결됩니다.

경제적 문제도 이와 같습니다. 내가 돈 자체를 추구하면 돈을 기준으로 나를 맞춰가게 되는데, 문제는 다른 이들도 돈을 원하고 추구하기에 돈을 쉽게 벌기가 어려운 것입니다.

내가 근면 성실하고 새로운 마음으로 생업을 꾸준하게 유지한다면, 언젠가는 나의 근면한 값어치를 바라보는 사람들이 생겨나고, 그 결과 자연스럽게 나는 더 많은 돈을 노동의 대가로 받을 기회가 반드시 생깁니다. 게다가 변함없이 노력하는 나의 근면함에 시간을 충분히 허락한다면, 인간적인 신뢰감까지 쌓여 결국 나의 가치 상승으로 이어지게 됩니다.

이상의 진리를 추구해가는 과정에서 가장 큰 걸림돌은 실제로 남이 아니라 나 자신이 가지는 질투입니다. 사돈이 땅을 사면 배가 아픈 것이 인간의 마음이기 때문입니다. 내 배가 아파봤자 실제로 나에게 달라질 것은 아무것도 없고 '울화통'만 치밀어 오르게 됩니다. 울화통이 치밀어 오르면 결국 내 몸이 아파지고 나의 성향만 더 나빠지는 꼴이 됩니다.

우매한 사람들은 당장 눈앞의 사람과 돈을 거머쥐려 하지만, 현명한 사람들은 스스로를 가꾸어 사람들과 돈이 내게로 오도록 만들어갑니다. 그리고 그 과정 자체에 보람을 만끽하며 매일을 살아갑니다. 그래서 현명한 사람들은 울화통을 가슴 한가득 품고 살아가지 않습니다.

기복이 큰 삶은 건강을 해칩니다. 사람이든 돈이든 내가 가진 것들의 기복이 심하면 그것은 행복의 가치가 아닌 불행과 스트레스를 유발하는 부정적 가치로 변모합니다. 사람과 돈은 언제든지 손을 떠나기도 하고 다가오기도 하므로, 인생 전반을 통틀어 항상 더 가지기도 하고 크게 줄어들기도 합니다.

사람과 돈을 얼마나 가졌느냐에 모든 삶의 가치를 두고 살면, 사람과 돈이 줄어들 때를 곧 불행이 닥친 것으로 착각하게 되기 쉽습니다. 그럴수록 오만 가지 병이 내게 다가오게 됩니다. 그렇게 기복이 큰 삶의 이유는, 결국 내가 단단하지 못하기 때문이므로, 모든 문제는 세상이 아닌 나 자신에게 있습니다. 반면, 내가 단단해서 세상이 뒤흔들려도 타인보다 내 기분과 성향이 덜 출렁일 수 있다면, 결국 나는 훨씬 더 행복해지고 건강해질 수밖에 없습니다.

무엇이든 추구하지 말고, 대가로 받아야 합니다. 품질에 자신이 있으면 팔고 난 후라도 환불을 해줍니다. 환불해 주지 않은 물건이 있다면 그것은 품질이 높지 않고 단지 가격만 싸거나 아니면 낮은 품질을 높은 가격으로 위장하고 있는 물건들임이 대부분입니다.

또한, 품질과 가격에 모두 자신이 있으면 심지어 후불제로 물건을 팔 수 있습니다. 가져다 써보고 품질을 느끼고, 같은 가격에 이만한 물건을 도저히 구할 수 없다면 절대다수 고객은 나의 물건에 쾌히 지불하기 때문입니다. 이 정책을 물건 판매의 원칙으로 삼고 지속하여 행하는 업체의 물건은 대게 믿을 수 있습니다.

세상은, 줄 여유를 가지고 있다면 나에게 반드시 그 대가를 줄 것이라고 믿으십시오. 남이 더 챙기고 남이 더 잘난 것에 관심을 두지 마십시오. 내가 근면 성실하게 노력하고 일하며 항상 꾸준한 나의 모습을 다스려가면, 그 결과에 대한 대가는 시간의 차이만 있을 뿐 내 뒤를 천천히 따라오게 됩니다.

사람과 돈을 추구하면 나는 건강해질 수 없습니다. 성향이 좋고 근면한 나를 추구하면 결국 그 속에서 나의 내면은 단단히 다져지고, 이 병은 재발하지 않습니다. 그에 더하여 운이 따른다면 돈을 가진 사람이 나를 귀히 보고, 그것이 계기가 되어 돈을 벌 수 있는 행운도 만날 수 있게 되는 것입니다. 그렇게 흘러 살아가는 것이 인생이라 여기십시오.

감동이 없는 것은 하지 말라

나의 노력과 생활 모든 것들의 테마를 감동으로 채워 가십시오.
내가 무엇을 하든지 그 속에서 감동을 추구하십시오.
매 순간이 즐겁고 행복한 상황 속에서 공황은 재발할 수 없습니다.

필자는 종종 이런 질문을 받습니다. "왜 카페를 이렇

게 오래 하고 계시나요? 번거롭고 힘들지 않으세요?" 그 답으로 필자는 그냥 적당히 웃으며 넘어가지만, 정확한 답은 '감동'이 있기 때문입니다.

공황장애 이전의 필자는 매사 효율을 추구하는 사람이었습니다. 하지만, 공황장애를 겪고 완치한 이후 필자는 효율보다 '감동'을 더욱 추구합니다.
'감동이 없으면 손을 대지 않겠다.'
이것은 공황장애가 필자에게 가르쳐준 여러 원칙 중 하나입니다.

인간은 어떤 동물보다 변화를 추구합니다. 풍족한 환경을 유지하도록 가만히 그대로 두면 인간은 스스로 궤멸합니다. 풍족한 물질과 환경은 곧 안정된 삶의 기준이 되지만, 이런 과도하게 안정된 상황에 인간들을 두면 서로 편하고 행복하게 살지 못하고, 물어뜯고 싸우며 스스로 소진하며 붕괴해 버립니다. 이는 거창하게 그리스, 로마 등의 여러 문명을 거론하지 않더라도 익히 증명이 가능한 역사의 교훈이기도 합니다.

물질적 풍요의 한계에 다다르면 인간은 다른 동물들은 이해할 수 없는 행위를 합니다. 아무것도 부족한 것이 없음에도 인간은 뇌의 도파민이 주는 쾌감의 보상을 받기 위해 과감한 일탈과 파괴를 자행합니다.

풍요를 오래 누릴수록 마약, 지능 범죄, 퇴폐적이고 폭력적이며 자극적인 행위를 빈번하게 강화해갑니다. 그런 퇴행의 추세가 반복되어 더 이상 필요로 하는 도파민이 채워지지 않으면, 원형 경기장에 동족들을 보내 그들이 서로 죽이는 모습을 즐기고, 입에 댈 생각조차 못 했던 마약과 기호품을 추구하며, 동물들이 이해할 수 없는 괴상스러운 향기를 만들어 그것으로 목욕하고 온몸에 뿌리며 또한, 그렇게 사는 모양새를 다른 동족 인간에게 자랑하고 과시하려 하며, 육체를 움직이는 생산을 위한 노동을 천시합니다. 즉, 풍요가 오래 지속될수록 생산을 멈추고 서서히 극단적인 '소비를 위한 생산'을 하고, 손에 잡히지도 눈에 보이지도 않는 다른 동물들은 절대 이해할 수 없는 '머릿속 상상의 세계를 위한 쾌락'에 막대한 돈을 사용해 갑니다. 또 그렇게 지불하는 돈을 더 벌기 위한 활동이 가장 숭고하게 추앙받는 '이상한 행복 가치관'이 지배하는 세계를 만들어갑니다.

인간이 풍요 속에서 자족하고 더욱 근면함을 유지하지 못하는 이유는 바로 뇌의 '도파민'이란 화학적 기전과, 상상력을 중요한 진화 시스템으로 활용해온 인간의 독보적인 특수성으로부터 유래된 것이라는 결론은 이미 학계에서 기정사실입니다. 즉, 인간은 상상이 현실화될 때 그 어떤 것보다 가장 만족스러운 뇌에서의 쾌감을 도파민 분비라는 현상을 통해 맛보고, 그래서 기본적인 생존을 위한 의식주가 만족에 다다르면 곧바로 뇌에서의 쾌감을 높이기 위하여 도파민을 추구하는 본능을 가진 것입니다.

인간의 역사를 통틀어, 인간이라는 종이 스스로의 문명을 붕괴시키는 현상은 항상 이 '도파민이 주는 쾌감'에 의하여 발생해 왔습니다. 도파민이 분비되지 못할 경우 인간은 그 어떤 행위를 통해서도 행복감을 느끼지 못합니다. 또한, 아무리 즐거운 행위라도 그것을 자주 반복하면 그 행위로 인해 도파민은 더 이상 분비되지 않고, 기존의 방식을 탈피하는 새롭고 낯선 일탈 행위를 통해 다시금 도파민을 맛보려는 행위로 서서히 극단으로 치달아가게 되는 것입니다.

물론, 우리 뇌의 활동에서 도파민을 배제할 수는 없습니다. 우리 뇌의 행복이란 현상 자체가 화학적으로는 '도파민 분비'에 의하여 느껴지게 되는 결과적 현상이므로, 우리에겐 도파민이 필요합니다. 다만, 그 도파민을 어떤 행위를 통해 어떻게 분비해내느냐가 더 중요한 것입니다.

앞의 인간 역사에서처럼, 말초적인 것들에 의한 도파민 분비는 대단히 큰 비용과 위험이 따르고, 도파민 분비 행위 이면에서 나의 몸과 건강을 크게 해치게 됩니다. 그러므로 물질적인 것이나 타인에 의하여 내 머릿속에 도파민을 유발하려 하는 행위는 반드시 그에 대한 부작용을 경험하게 되므로, 스스로 만들어가는 보람을 통해서 행복의 도파민을 창출해낼 줄 알아야 합니다.

거실에 청초하게 피어 있는 작은 꽃 화분은 지금 이 순간 세상에서 가장 아름답습니다. 이 화분이 비록 몇 푼 되지 않는 싸구려에 불과할지라도, 내가 물을 주고 벌레를 잡아주고 먼지를 닦아주면, 날이 갈수록 그 화분에서는 남이 볼 수 없는 아름다움과 가치가 새록새록 느껴지게 됩니다. 그 화분은 남이 보면 보잘것없고 초라한 것이겠지만, 내가 보면 이 우주에서 가장 아름답고 기쁜 것 중의 하나가 됩니다. 이렇게 우리의 도파민을 생활 곳곳에서 작은 것들을 통해 분비해낼 줄 아는 것이 바로 '보람'을 만들어내고 '감동'을 만들어내는 행위입니다.

필자가 운영하는 〈공황장애 완치 카페〉는 세상에서 가장 큰 카페도 아니고, 화려하지도 않습니다. 하지만, 카페가 공황장애라는 힘든 질환을 소재로 하기 때문에, 필자가 카페 환우들을 위해 수시로 답을 달아야 하는 노동량은 과대할 경우가 자주 있기도 합니다.

그러나 이러한 부담감을 초월하여 카페는 필자에게 큰 행복을 줍니다. 힘든 환우 한 분이 들어와 이 카페에서 호전의 계기를 마련하고, 이후 꾸준히 회복하는 모습으로 더 훌륭한 덕목을 쌓아가면서 소박한 감사의 쪽지를 필자에게 보내올 때….

'도움이 컸어요. 감사해요.'

이러한 한 줄의 쪽지가 필자의 가슴에는 세상에서 쉽게 충족할 수 없는 감동스러운 행복감을 선물해 주기도 합니다.

이 카페가 유명해서 세상이 이구동성으로 칭송하며 알아주는 것
도 아니고, 이렇게 번거롭게 일일이 답을 달지 않아도 돈을 벌고
명성을 얻을 수 있는 일이 세상에는 많겠지만, 필자가 이 병을 완
치하면서 터득한 도파민 창출을 위한 덕목인 '감동'이 바로 그 쪽
지로부터 느껴지기 때문에, 필자는 이 카페를 아직도 멈추지 못하
고 있습니다. 그렇게 필자는 공황장애를 완치한 이후로 더 이상
'감동을 느낄 수 없는' 것에 손을 대지 않습니다. 그것을 삶의 원칙
중 하나로 삼고 있습니다.

논리적인 연산을 해보면 세상에는 당연히 더 멋지게 보일만한
것들에서 많은 도파민을 분비할 수 있을 것 같지만, 이는 내가 익
숙해지고 길들이기에 달려있습니다.

갓 태어난 아기는 특정한 맛에 쉽게 길들여집니다. 그렇게 길들
여진 입맛은 그 아기가 성인이 되어도 아기 때 익숙했던 맛을 추
구하도록 합니다. 이런 현상은 맛에서뿐만 아니라 향기에서도 그
러하고, 촉감에서도 그러합니다.

문명사회의 인간들이 정말 향기롭다고 생각하고 값비싼 비용을
지불하는 유명 향수. 그 향수를 비문명 사회에 원주민들에게 맡게
하면, 그들은 인상을 잔뜩 찡그리며 그 냄새를 이해할 수 없는 심

한 악취로 간주합니다. 소위 체취를 최대한 탈색하고 인공적 향기로 잔뜩 치장한 문명인이 발산하는 냄새는, 문명의 것에 익숙하지 못한 자연의 원주민에게는 '생소하고 이해할 수 없는 악취'일 뿐입니다. 이처럼 뇌는 느끼는 모든 자극을 과거의 경험에 의해 판단하고 평가하는 성향이 있고, 뇌에 기록된 과거의 수많은 경험과 그와 연동된 이미지와 추억까지 동원해서 '도파민'의 분비 정도와 양을 결정합니다. 원주민은 자신이 익숙하지 않은 인공적인 것에 대하여 행복의 물질인 도파민을 분비하지 않고, 오히려 경계와 긴장의 물질들만 가득 분비하는 것입니다.

무엇인가에 익숙해지면 길가에 작은 화초가 내는 향기만으로도, 수십만 원을 호가하는 명품 향수보다 더 큰 행복감을 맛볼 수 있습니다. 즉, 도파민도 내가 길들이기 나름인 셈입니다.

삶의 곳곳에서 즐거움과 행복감을 느끼는 것도 결국 '감동'을 추구하는 행위이며, 행복에 가까워지는 가장 쉽고 편한 방법입니다. 남들과 경쟁과 반목을 해야만 얻어지는 것들. 그것들을 반드시 내 손에 쥐어야만 도파민이 분비되도록 뇌가 길들여진 사람은 필히 병을 얻어 가게 되고, 그들이 원하는 돈과 명예는 경쟁자의 변수와 경제 사회적 변화에 의해 어쩔 수 없는 상황이 생기므로 결국 위기에 봉착하거나 큰 불행을 맛보는 상황과 필연적으로 만나게 됩니다. 그런 사람들에게 행복은 오래 머물 수 없습니다.

사람들이 나의 부를 나눠 가지려 굽실대고 나의 지위에 얹혀 이익을 보기 위해 머리를 조아려 주어야만, 내가 행복하다는 착각을 평생 하면서 살아가는 사람은 결코 행복을 오래 지킬 수 없습니다. 자신의 집안을 가난에서 부자로 일으켜야만 효자 노릇을 제대로 하는 것이고, 남들이 떠받들어주는 지위를 성취해야만 성공한 삶을 사는 것이라고 착각하며 살아가게 되면, 결코 평생 감동이 가득한 행복한 날은 허락될 수 없습니다.

현자 왈, "약간의 돈은 내 노력으로 벌지만, 큰 부자는 하늘이 내리는 것이다."

이 말은 옳습니다. 큰 부자라는 용어 자체가 너무 상대적이라서, 남들보다 훨씬 더 많은 돈을 계속 더 잘 벌어야만 하고, 남들보다 공부를 더 잘하고, 더 빨리 진급해야만 큰 부자가 될 수 있기 때문입니다. 즉, 우리들 대부분은 결코 큰 부자가 될 수 없음을 의미합니다. 이를 머리로는 잘 알면서 큰 부자가 되기 위해 죽을 때까지 귀중한 시간을 소진하며 살아가는 삶. 그런 삶이 행복할 리가 없겠지요.

우리가 추구하는 것은 결국 뇌의 도파민입니다. 이것을 가장 쉽고 잘 얻는 방법은 삶속 모든 것으로부터 '감동'을 찾아내는 것입니다.

매사 감동할 수 있는 것을 하고 그 속에서 소소하게 감동해나가면, 결국 나는 행복질 수밖에 없습니다. 그 감동 만들기에 익숙해져 갈수록 안정되고 편해지며, 타인과의 무의미한 경쟁 속으로 스스로를 몰아가며 공황장애를 다시 불러내는 어리석은 우매함에도 빠지지 않을 수 있습니다.

뭐든 감동을 느낄 수 있는 것을 하십시오. 삶의 소소한 것들에서 감동을 추구하고, 그 감동들을 놓치지 말고 만끽하고 바라보려 노력해 갑시다.

중심을 내 안으로 옮겨라

나의 가치를 외부 세상에 맞출수록 나의 행복은 타인의 것과 비교되어 작아집니다. 나의 가치를 나의 자족에 맞출수록 나의 행복은 충분합니다. 또한 그럴수록 내 인생이 더 잘 풀려갑니다.

세상은 아주 복잡하게 뒤얽힌 곳입니다. 명료한 그 무엇도 조금만 시간이 흐르면 아주 복잡하게 얽혀 변해 갑니다. 돈이 될 만한 것들일수록 빠르게 변해가고, 남의 칭찬이나 인기를 얻는 유행도 빠르게 변해갑니다.

뭔가 조금 된다 싶으면 많은 이들이 그것에 뛰어들어 개입하고 그 결과 치열한 경쟁의 복잡한 도가니로 변해 버립니다. 복잡해질수록 더 많이 고민해야 하고, 수시로 막대한 관찰을 해야만 그 현상을 이해할 수 있습니다. 즉, 중심을 나의 외부에 두면 나는 그에 상응하는 복잡한 경쟁에서 치열하게 싸워야 함을 의미합니다.

나를 벗어난 외부 세계는 지속적인 관찰을 해야 하고 그 관찰의 과정에서 나는 이해를 위한 고도의 그 무엇, 방대한 그 무엇을 위해 이해해가야 합니다. 이런 인생은 도무지 휴식할 수 없으므로 나의 중심은 내 안에 있어야 합니다.

최근에는 사회가 고도로 복잡해지고 있어, 그 모습은 마치 거대한 유기체처럼 세상 모든 것들이 뒤얽혀 맞물려 돌아가는 듯합니다. 일분일초를 다투는 '속도'가 가세하고, 해변 모래 알갱이의 수보다 더 방대한 정보가 매일 쏟아져 가세하면, 도무지 어떤 것이 내게 이롭고 어떤 것이 그렇지 않은지 구분할 수도 없습니다.

이런 세상 속에서 나의 중심을 진흙 수렁 속에 두면, 내 곁의 수많은 사람들은 내 생존을 위협하는 경쟁자가 되어버리고 치열한 쌈박질을 통해 그들을 다 때려눕혀야만 기껏 생존을 할 수 있습니다. 그러려면 언제든 야비해져야 하고 냉정해져야 하며, 가식의 탈을 쓰고서 마치 찔려도 피 한 방울 나오지 않을 만한 낯 두꺼운 모략의 전사가 되어야 합니다. 매일 속지 않기 위해서 고도의 계산

으로 머리를 쉬지 않고, 남을 깔아뭉개 버리고 나 자신의 힘든 과
부하를 여유 있게 외면할 줄 알아야, 훌륭한 전사라 칭송받는 세
상에서 평생 살아가야 함을 의미합니다. 이런 세상에 중심을 두고
살아간다는 것은 그 자체만으로도 고통이요, 고행이 아닐 수 없습
니다.

완치는 내 중심을 공황장애 이전의 세상으로 복귀시키는 것이
아닌, 나 자신 속으로 새롭게 이주시키는 행위입니다.

공황장애에 걸렸다는 것은 세상 속 진흙 수렁 싸움 속에서 나의
예민함이 신경증의 방아쇠를 쉽게 당겼음을 의미합니다. 또다시
세상이라는 진흙 수렁으로 돌아가 아주 훌륭하게 싸워 승리해야
이 병을 잘 완치할 것 같지만, 실제로 그것은 착각에 불과합니다.
완치는 세상으로의 원상 복귀가 아닌, 새로운 내적 세상으로의 설
레는 이주 행위입니다. 새 하늘과 새 땅으로 나의 중심을 이주시
키는 행위이자, 그것이 실현되어 잘 유지되고 있는 것이 바로 완
치 상태인 것입니다.

내가 추구하고 있는 것이 내 안의 것, 즉 나의 만족과 보람, 나의
뿌듯함과 풍요라면 나의 중심을 내 안으로 잘 옮기고 있는 것이
됩니다. 이는 '남이 보기에'라는 평가 주체의 시점을 '내가 보기에'
로 옮긴 것을 의미합니다.

못생긴 곰 인형도 정이 들면 남들이 아무리 그 곰 인형이 지저분하다고 손가락질해도, 그것은 나에게 세상에서 가장 푸근하고 기쁜 장난감이 됩니다. 중심을 내게 옮긴다 함은 남의 시선에 상관없이 나만의 그 무엇이 있고, 그 무엇을 추구하며, 그 행위 속에서 보람을 찾는 상태입니다.

공황장애로 힘들 때는 힘든 증상만을 바라봅니다. 하지만 서서히 증상이 사라져가고 혼란했던 것들이 제자리를 잡아갈수록, 이 증상이 나의 생각으로부터 다양해지고 커진다는 것을 알게 됩니다. 또한, 완치에 근접해갈수록 나의 몸과 마음에 가득 치받아 있는 염려와 긴장을 제대로 이해할 수 있게 되고, 온몸의 힘을 빼고 이완하라는 의미가 무엇인지를 알게 됩니다.

완치를 잘 이루신 분들은 나의 중심을 나의 내부로 옮긴 분들입니다. 그렇게 완치한 분들은 모두 같은 말을 합니다.

"기분과 마음을 스스로 조절할 브레이크가 없을 때 공황발작은 발생한다."

"두려움과 불안이 내 안에서 어떻게 작용하고 있는지 파악하지 못한 상태에서 공황발작은 공황장애로 깊어질 수 있는 현상이다."

"완치는 언제든 이런 흐름들을 인지하고 조절할 수 있는 상태로부터 비롯된다."

"완치에 가까워지면 증상은 없어진다. 피로감이든 스트레스든 조금이라도 커지려 한다면 이를 즉시 해소하고 멈출 수 있는 능력이 갖춰져 있는 상태가 바로 완치이다."

공황장애에 대하여 인터넷 어디를 뒤져봐도 위와 같은 정의는 나와 있지 않습니다. 오로지 약물치료 그리고 한약, 침, 뜸, 건강보조식품 등 세상의 수단만 나열되어 있을 뿐입니다. 완치를 위한 내적 핵심은 나와 있지 않고 오로지 외적인 내용이나 증상을 잠시 경감하는 한시적 방편만 나열되어 있는 것이 사실입니다.

뿐만 아니라 소위 '자기개발서'라고 하는 부류의 수많은 베스트셀러들의 내용은 하나같이 우리 자신의 내적 과부하를 강요하고, 남과의 무한 경쟁에서 더 똑똑해지고 더 예리해지며 더 우월한 위치에 서는 요령만을 가르치고 있습니다.

그 책들은 우리에게 아침형 인간이 되어야 남에게 당하지 않는다고 가르치고 그렇게 사는 형태가 행복해지는 길이라고 강조하지, 결코 '당신의 체력이 아침형 인간으로 살기에 너무 약하다면 이렇게 살아가라'는 현실적인 대안을 알려주지 않습니다. 우리에게 정작 필요한 것은 '외적 한계에도 불구하고 틈새를 발견하고 나 자신이 그 틈새를 잘 활용하여 내적으로 행복하게 살아가는 방법'임에도, 그것을 소재로 쓴 책들은 없거나 설사 있어도 잘 팔리지 않는다는 사실은 정말 비극이 아닐 수 없습니다.

고전이 주는 교훈은 '바른길과 삶', 그리고 '행복과 인간 본연의 삶'입니다. 고전이 사랑받는 이유는 그것이 옳기 때문이고, 그것을 추구할 때 우리는 더 행복해질 수 있습니다. 지금까지 세상에 모든 중심을 맞춰놓았던 것을 바로 나 자신에게 되돌려 놓아야 합니다. 그 과정이 곧, 바른 삶이기 때문입니다.

나도 모르는 사이에 세상에 맞춰진 나의 중심을 하나씩 해체해 가십시오. 성공, 돈, 명예 그것들을 내 중심에서 포기해버리면 '염려'는 생겨나지 않습니다. 세상으로부터 중심을 거둬들여 이제는 나 자신에게 맞추고, 내가 보기에 아름답고, 보람되고 행복한 것들로 내 삶을 구성하십시오.

또한, 세상으로부터 거둬들인 중심을 아무것에도 맞추지 않음을 곧 '게으름'이라고도 합니다. 그 게으름을 잘 경계하고 모든 중심을 나 자신으로 옮겨가면, 신기하게도 내 몸이 건강해지고 행복해집니다.

이런 방식으로 얻어지는 것이 바로 완치이고 재발 방지이며 행복입니다. 이는 쟁취가 아닌 내 안으로 중심을 옮기는 것에 의하여 달성된다는 것을 꼭 기억해야 합니다.

◈ 깊게 들어가기 - 자의적 만족, 행복한 자족

타인의 시선에 맞추어 꾸미고 청소한 곳은 깔끔하고 깨끗하며 쾌적합니다. 번화가 좋은 브랜드 매장들을 떠올려 보면 쉽게 이해가 될 것입니다. 그러한 매장은 쾌적함과 편리함에 초점을 맞추고 있고, 그 자체가 바로 그 상점 주인의 또는 그 브랜드의 사업 정신이자 정책입니다. 좋은 상품과 서비스를 제공하는 매장들은 대부분 그렇게 쾌적합니다.

물론, 그 쾌적한 상점에서 근무하는 직원들은 매우 피곤합니다. 고객들에 대한 응대뿐 아니라, 수시로 매장을 점검하고 끊임없이 치우고 정리하고 다듬어야 하기 때문입니다. 더욱이 일정 시간 한 번씩 하는 매니저의 매장 검열은 직원들로 하여금 치가 떨릴 정도로 스트레스를 받게 만드는 시간이 되기도 합니다.

그 직원 중에서 원래부터 습관 자체가 깔끔하거나 강박적인 소수 직원을 제외하면, 직장에서 하도 치우고 정리를 하므로, 퇴근 후 집에서는 청소와 정리할 모든 에너지가 고갈됨을 토로합니다. 즉 마치 퇴근 후 증후군이나 휴일 증후군 환자처럼 집에서 달콤한 시간을 정리 정돈에 쓸 마음이 사라지게 됩니다. 이는 이미 직장에서 진이 다 빠졌기 때문입니다.

이와 반대로, 아주 오래된 골목에서 그 골목만큼 오래된 항상 단골들과 사람들로 넘쳐나는 상점들은 앞서 큰 매장과 달리 그리 쾌적하지는 않습니다. 청소를 잘해도 건물 자체가 워낙 낡아서 우중충한 세월의 때와 흔적마저 지울 수는 없습니다. 하지만 그 작은 매장을 자세하게 살펴보면 정이 깃들어 있고 물건의 배치와 오래

된 매장 구석의 모서리까지 정성껏 치우고 손질하고 관리해왔음을 알 수 있습니다.

　오래되어 낡은 것에 정성과 사랑을 더하며, 그 자체가 주인에게 즐거움과 보람이자 기쁨인 곳은, 거의 예외 없이 낡았지만 청결하고, 어수선한 듯해도 잘 정돈되어 있으며, 또한 불편하지만 사랑과 애정이 깃들어 있습니다. 마치 한 폭의 그림처럼 오래된 가게 안의 모든 것마다 풋풋하고 가슴 아린 이야기와 사연들이 맺혀져 있는 것처럼 느껴지기도 합니다.

　앞서의 유명한 매장은 주인에게는 자부심이겠으나, 직원들에게는 급여를 받기 위해 일하는 곳일 뿐입니다. 즉 주인은 만족할 수 있겠지만, 직원은 그렇지 않을 수 있습니다. 반면 후자의 낡은 가게는 주인의 만족이 곧 그 가게를 찾는 모든 이들의 만족입니다. 만약 낡은 가게에 직원이 있다면 그 직원은 역시 그 주인의 애정과 기대를 듬뿍 먹고 자라나서, 그의 눈빛에는 세상의 자부심이 아닌 편안하고 자연스러운 일상의 감사가 깃들어 있습니다.

　당사자는 일이 행복하다고 여기지만 타인이 진정한 마음으로 그를 볼 때 그의 행복 여부는 알 수 없기 때문입니다. 하지만 그 환경이 현재 나의 기쁨이자 미래에도 지금 이 기쁨을 잘 지켜내기 위해 정성을 쏟는 곳이라면, 그 가게를 찾는 손님들도 마음으로 그것을 읽어내게 됩니다. 그 결과 그 가게의 주인과 직원을 마음

깊은 곳에서 부러워하게 됩니다.

　물론 떼돈을 벌거나 유명해져야만 행복이라는 몰개성의 등식을 인생관으로 가진 이들에게 그 작은 가게는 그저 초라한 곳일 뿐일 테지만, 돈과 명예에 상관없이 '진실한 행복'의 가치를 존중하며 추구하는 이들에게는 그 작은 가게가 앞서 큰 매장보다 훨씬 더 방문할 맛이 나는 아름다운 장소가 됩니다. 바로 그 작은 가게에서 일하는 주인과 직원은 '행복한 자족'을 하며 살아가는 사람들입니다.

　행복한 자족을 추구하는 이들에게는 그래서 주변에 사람들이 모여들고, 그 사람들은 절대 되바라지지 않습니다. 일정 기간 잘해 주고 미래에 그 대가를 바라는 이들이 아니라는 의미입니다. 작은 가게에 있는 모든 것을 그대로 좋아해 주고 존중해 주며 부러워하는 진실한 마음을 가진 이들만이 그 가게의 단골이 되기 때문입니다.

　나를 바로 그렇게 행복한 이로 만들어나가는 것이, 이 험한 세상의 온갖 스트레스와 인연을 단절하며 평화롭게 살아가는 주된 요령의 한 가지가 될 것입니다. 행복한 상태에서라면 공황장애는 쉽게 올 수 없음을 기억합시다.

항상 그 자리에 그 모습으로

변함없이 한결같은 사람이 되도록 노력해 갑시다.
그 속에 완치와 행복이 모두 들어 있습니다.

필자가 고등학생이던 시절 동네 어귀에는 두 개의 가게가 있었습니다. 등하굣길이면 꼭 그 두 개의 가게를 좌우로 지나쳐야 했는데, 두 가게는 크기도 비슷했고 파는 물건도 같았습니다.

하지만, 그중 한 가게는 항상 손님이 많고 그 구멍가게로 자식들 시집 장가를 다 보낸, 장사가 아주 잘되는 가게였지만, 다른 한 곳은 항시 파리를 날리고 소위 근근이 먹고사는 형편이었습니다. 시간이 지날수록 장사가 잘 되는 가게는 여러 물건을 다양하게 구비해 동네의 작은 마트처럼 자꾸 번영해져 갔고, 장사가 안되는 가게는 어린아이들의 뽑기, 불량식품, 자질구레한 장난감 등 분별력 없는 동심을 노린 말초적이고 얄팍한 물건으로 채워져 갔습니다.

고등학교 시절 해뜨기 전 등굣길에도 장사가 잘되는 가게는 이른 새벽부터 문이 열려있는 모습을 하루도 빠지지 않고 보았습니다. 그리고 늦은 밤 야간 자율학습을 끝내고 집으로 돌아올 때에도 역시 늦게까지 불을 밝히고 장사를 하는 모습을 단 하루도 빠지지 않고 볼 수 있었습니다. 그 가게에는 항시 신선한 우유, 유통

기한이 넉넉한 빵, 심지어 작은 핀, 지우개, 부탄가스, 바늘과 실까지, 작은 가게의 공간에 정말 먼지 하나 없이 요모조모 잘 진열해둔 모습이었고, 그 흐트러짐이 없는 모습은 항상 그 모습 그대로였습니다.

공휴일이건 평일이건 항상 그 가게가 열려있다는 것은 온 동네 사람들은 조금도 의심하지 않았고, 비록 부근에 더 크고 더 값이 싼 큰 슈퍼가 있었지만, 동네 사람들은 소소한 가격 차이를 무시할 만큼 더 큰 신뢰감과 푸근함을 그 가게에서 항상 느낄 수 있었습니다.

그 가게는 지금도 여전히 필자의 본가가 있는 동네에 있습니다. 흰 백발의 노부부가 지금도 느릿느릿 돈을 계산하고 빙긋한 미소로 가게를 열고 있지만, 주변의 그 어떤 대형마트와 화려한 백화점도 이 가게만큼은 집어삼킬 수가 없습니다. 이 노부부의 얼굴에서는 조급함과 염려를 조금도 느낄 수가 없습니다.

우리는 변하지 않는 근면한 모습에 반합니다.
그리고 그 모습에 서서히 긍정적으로 중독되어 갑니다.

근면한 사람은 언제나 사람을 편하게 만들고, 내 옆에 머물러 주었으면 하는 마음이 들게 만듭니다. 특별하고 개성 있는 것과 달리 장시간 근면함을 유지하기는 어렵기에, 우리는 오래 질리지 않는 근면한 사람을 선호하는 것입니다.

위의 그 가게의 노부부는 정말 근면한 분들입니다. 그분들과 깊은 대화도 나눠보지 않았고, 그분들이 필자를 기억하고 계시는지도 모르지만, 필자는 이미 마음속에 그들을 동경하고 존중하며 그들을 인정하고 있음을 쉽게 고백합니다. 그분들은 참 대단한 분들입니다.

만약, 나 자신이 근면하다고 나 스스로 인정할 수 있다면, 내게 어떤 경우가 생겨도 두렵지 않습니다. 나를 둘러싼 세상이 어떻게 변해가도, 내 마음은 항상 호숫가에서 한가로이 노니는 백조처럼 여유로울 수 있습니다. 근면함은 은근히 우러나고, 그렇게 은은한 향기로 타인을 감동시켜 나갑니다.

타인의 감동을 위해 근면함을 과시하지 않아도, 타인들은 근면한 나에게 다가오고 설사 몸이 멀리 있더라도 마음이 다가옵니다. 많은 사람들과 시끄럽게 떠들고 함께 교제하지 않아도 근면한 나는 외롭지 않습니다. 나만의 세계가 확고하고 조용하고 고즈넉한 삶이기에 전혀 고독하지 않습니다.

타인의 눈은 나의 외모를 바라보지만, 그 바라보는 시선은 내 중심을 꿰뚫습니다. 반면 얕박하고 편협한 사람들일수록 그 눈은 나의 외모를 예리하게 훑고 자신의 욕심을 채워줄 만한 소재를 찾습니다. 그러나 그 사람의 인성이 얄팍하건 그렇지 않건 간에, 시간이란 변치 않는 요소가 충분히 흐를수록, 결국 양자 모두 나의 중심을 느껴가게 됩니다.

내가 근면하고 그 근면을 내 마음의 밑바닥, 뼛속까지 이르도록 다스려가면, 나는 더 고요해지고 아름다워지며, 평안해지는 삶에 이르게 됩니다. 그들은 바로 나의 이러한 풍요를 동경하고 부러워합니다.

내가 무엇을 추구하건 그것은 내가 가진 근면의 절반만큼만 소망해야 옳습니다.

내가 가진 근면의 도를 넘어선 것을 추구하게 되면, 결국 그 추구 과정의 모든 것들은 거대한 스트레스로 변해서 나를 짓누르기 시작합니다. 감당할 수 없는 빚을 은행에서 빌려 그 이자에 짓눌려 끌려가는 사람들처럼, 내가 행하는 근면을 넘어서는 모든 소망과 희망은 예외 없이 욕심과 집착으로 변하게 됩니다. 그리고 그 욕심과 집착들이 결국 나를 갉아먹습니다. 내가 무엇을 잘하고 무엇을 가졌더라도, 그 모든 것들을 주장하고 어필하는 것 또한 내 근면의 절반을 넘어서는 안 됩니다. 그 절반의 원칙을 지켜나가려 노력하면 결국 나는 스트레스 없는 편한 삶을 누릴 수 있게 됩니다.

내가 바라본 나 자신이 언제나 그 자리에서, 변함없이 그렇게 해가는 연습. 이 이상의 도는 세상에 없을지 모릅니다. 그 연습 속에서 나도 모르게 감사하고, 겸손하며, 절제와 덕을 쌓아간다면 추구하지 않아도 고요해지고, 많은 말도 필요가 없어져서 사람과 갈등을 빚지도 않습니다. 내가 의도하지 않아도 사람들은 그들이 알아서 나의 장점을 배우려 하고 나에게 감사를 표합니다. 물론, 그들이 나에게 표하는 감사는 과분한 칭찬으로 느껴지고 넘치는 대가를 받는다고 느껴지기에 언제나 더욱 큰 감사함이 내 삶을 지배해 갑니다.

근면함은 이 병을 잘 극복한 후에도 변함없이 노력해야 할 가장 큰 덕목입니다. 근면하면 이 병은 다시 오지 못합니다. 그리고 물 흐르듯이 자연스럽게 건강해집니다.

내 마음속에는 언제나 산들바람이 불어오는 아름다운 풍경이 있고, 모든 세상의 소리는 내 귀를 간질이는 아름다운 새의 지저귐이 됩니다.

고매하게 도 닦는 행위. 오체투지의 고행. 나를 쥐어짜는 이러한 고행 없이도 스스로 편한 세계에 머물고 건강히 살아가게 됩니다. 거짓도 희미해지고, 나를 치장할 필요도 없어지며, 점잖을 떨며 살지 않아도 됩니다. 그리하지 않아도 부드럽고 잔잔한 즐거움이 내 삶을 종일 적시기 때문입니다.

그 상태에 가까워져 갈수록 나는 병의 재발을 예방하고 노력할
필요도 사라집니다. 더하여 이 모든 좋은 상태를 유지하는 과정이
생각보다 어렵지 않다는 것을 알아가게 됩니다. 그것이 가장 이상
적인 완치 이후 내가 지향할 진정한 모습입니다.

이 글을 마치며

이미 필자가 머리로 알고 있었던 모든 것들은 제2편이 나오기까지 필자로 하여금 몸으로 체험하도록 만들었습니다. 조급해하지 말라고 여러분께 조언을 드리면서도 스스로는 제2편을 낼 날이 빨리 오기를 때로는 설렘이 아닌 조급한 마음으로 기다렸습니다. 그렇게 수십 차례 조급함을 누르고 녹여내면서 드디어 이렇게 제2편을 발간하게 되었으며, 준비하는 모든 과정이 곧 배움의 과정이었음을 동시에 고백합니다.

극복 노력은 가장 고귀하고 소중한 과정입니다. 극복 노력을 진행하면서 필자는 새로운 내가 될 수 있었고, 새로운 방식과 원칙들을 나의 삶 속에 도입할 수 있었습니다. 그 결과, 극복 과정을 잘 해낸 나 자신을 자랑스럽게 여기게 되었습니다.

물론, 극복 노력은 뒤로 갈수록 증상을 억제하기 위함이 아닌 내 삶 자체가 구조적으로 이 병에 대한 면역력이 강화될 수밖에 없도록, 거대한 하나의 '유기적이자 정신적인 시스템을 구축하는 방향'으로 흐르게 됩니다.

즉, 특정한 하나가 무너져도, 이미 그 하나와 연관된 수없이 많은 다른 면역기전들이 나의 중심에 빼곡하게 들어서 있기 때문에 어지간한 사건이나 자극들이 더는 스트레스가 될 수 없음은 물론, 나 자신의 행복을 그리 크게 갉아먹지 않습니다. 이 같은 시스템이 잘 형성된 모습이 바로 완치 상태에 도달한 나 자신입니다.

완치에 이를수록 증상은 잊혀져갑니다.

또한, 완치에 이를수록 공황발작, 공황장애, 신체 증상, 응급실 등, 기존에 나의 염려를 직접 자극했던 모든 단어들이 그 위력을 완전히 잃어, 내게 아무런 자극이 되지 못합니다. 또한, 완치에 이를수록 몸의 컨디션이 나빠지기 전에 이미 나 자신이 그것을 감지하고 내 생활의 문제를 바로잡는 노력을 나도 모르게 조건반사적으로 실행하고 있음을 깨닫습니다. 그 결과, 완치는 더욱 공고하게 다져집니다.

이 병의 극복 과정은 긴 시간이지만, 이는 분명히 지불할 가치가 있는 소중한 시간들입니다.

이 시간을 쾌히 근면 성실하게 지불하여 완치에 올라선 분들은, 앞으로 인생에서 동년배 타인들과는 격이 다른 초월적이고 광범위한 역량을 발휘할 수 있을 것입니다. 이는 마치 피겨 스케이팅 선수가 기본적인 댄스나 발레 자세에 능숙한 모습을 선보이는 것과 같은 이치입니다. 즉, 극복 노력 그 자체는 짧게 보면 이 병의 극복 과정이지만, 길고 넓게 보면 내 인생의 가치를 풍요롭게 만들 수 있는 절호의 기회인 셈입니다.

극복 노력의 초기 모습은 비록 고행으로 여겨질 수 있겠지만, 그 고행은 거대한 깨달음을 나에게 선물해 줄 수 있습니다. 그 깨달음 중에서 가장 고귀한 것은 역시 '세상의 모든 가치는 내 안에 있음'을 알게 되는 것입니다. 내가 보기에 좋고, 내가 즐거움을 느끼며 자족할 수 있다면, 세상 그 무엇도 부럽지 않고 누구에게도 질투나 샘이 나지 않는 상태, 바로 그 상태에 자연스럽게 나를 올려놓는 작업이 바로 극복 노력이라 볼 수 있습니다.

비록 모든 극복 노력 과정을 글로 다 옮기지 못했지만, 이 책이 여러분의 완치를 향한 극복 노력에 큰 힘이 되기를 기원합니다. 또한, 제3편은 공황장애의 핵심인 '불안을 개선해 나가는 요령'을 보다 구체적으로 다루게 될 것을 예고 드리며, 제2편을 마무리 하도록 하겠습니다. 환우분들 힘내십시오.